Le Siècle.

ÉLIE BERTHET.

NOUVELLES ET ROMANS CHOISIS

LE
ROI DES MÉNÉTRIERS

PARIS
UREAUX DU SIÈCLE
RUE DU CROISSANT, 16.

A. VIALON. DEL.   J. GUILLAUME. SC.

On trouve encore dans les bureaux du Siècle :

HISTOIRE DES DEUX RESTAURATIONS (DE 1813 A 1830), par M. ACHILLE DE VAULABELLE.
Huit volumes in-8°. — Prix : 40 fr., et 20 fr. seulement pour les abonnés du journal *le Siècle*.
Ajouter 50 c. par volume pour recevoir l'ouvrage *franco* par la poste.

N. B — Afin de faciliter aux abonnés l'acquisition de cet ouvrage important, il leur sera loisible de se le procurer par partie
de deux volumes chaque, au prix de 5 fr. pris au bureau, et de 6 fr. par la poste

Publication du Journal LE SIÈCLE.

ROMANS CHOISIS

DE M. ÉLIE BERTHET.

LE ROI DES MÉNÉTRIERS

LA MAISON DU COMTE.

Dans la partie septentrionale de l'Allemagne, au centre des vastes plaines, landes incultes ou *marschland* fertiles, qui s'étendent jusqu'à la Baltique, s'élève une chaîne de montagnes dont le point culminant est une masse granitique de quatre mille pieds d'élévation, couverte de bois épais, hérissée de rochers abruptes et bizarres, entourée de vallées profondes où mugissent des torrens écumeux.

L'aspect de ce pays est sauvage, son climat rigoureux, et, pendant six mois de l'année, une bise glacée, venue du pôle, roule de sombres nuages au-dessus de la tête de ses rares habitans.

Cette contrée montueuse s'appelle le Harz; ces bois sont tout ce qui reste de l'antique *forêt Hercynienne*, qui, du temps de César, avait neuf jours de marche en longueur et six en largeur.

La montagne qui domine toutes les autres est le Brocken, l'antique *Bructerus*, d'où l'on plane sur un horizon de soixante-dix lieues de tour.

Ces vallées, creuses comme des abîmes, recèlent des métaux précieux qui font prospérer au loin le commerce et l'industrie.

Les habitans, pour la plupart bergers ou mineurs, sont les descendans de ces Saxons qui envahirent l'Europe au moyen âge ; et dans la solitude de leurs pâturages aériens ou dans les ténébreuses profondeurs de la terre, ils conservent, comme une empreinte ineffaçable, leur caractère traditionnel.

Le Harz est aussi la terre classique des sorcelleries, des enchantemens, des légendes merveilleuses qui plaisent tant à la poétique Allemagne.

Ses forêts silencieuses, ses aiguilles de rocher, ses grottes aux brillans stalactites passent pour être le théâtre des plus étranges et des plus incroyables histoires.

Bien avant que Méphistophélès transportât Faust sur la cime du Brocken, ce plateau aride était consacré aux puissances infernales.

C'était là que les anciens Saxons, obligés de se cacher des chrétiens de la plaine, sacrifièrent, disait-on, des victimes humaines à la grande idole Krodo ; c'était là que Witikind offrit ses prières au dieu *Thor*, et harangua ses soldats avant de marcher contre Charlemagne.

C'est là encore aujourd'hui que, le premier mai, à minuit, vient s'abattre la bande croassante des sorciers, sorcières, larves, vampires, diables et diablesses de tout l'univers, montés les uns sur des manches à balai, les autres sur des boucs à cornes fourchus ou sur des dragons ailés. Après avoir célébré dans ce désert des mystères inconnus, la troupe infâme se sépare aux premières lueurs du matin, en poussant des cris que nul être humain ne saurait entendre sans mourir d'effroi.

Dans les idées de l'habitant du Harz, l'air, la terre, les eaux étaient remplis d'êtres invisibles qui prenaient une part active aux affaires des mortels.

Ici un sylphe, aux ailes de papillon, lutinait la jeune fille occupée à chercher des fleurs dans les prés ; il dérangeait les boucles blondes de sa chevelure et lui donnait sur les lèvres un baiser furtif dont elle ne pouvait se défendre.

Là une ondine à la robe verte, aux longs cheveux humides, soulevait sa tête mélancolique au-dessus des eaux pour regarder un jeune pâtre assis sur le rivage. Une touffe de joncs fleuris et de nénuphars cachait la nymphe :

20

1860

on l'entendait soupirer, et on soupirait comme elle sans savoir pourquoi.

Plus loin, un gnome noir, tortu et mal fait, gardait les mines et les trésors cachés dans les montagnes ; ou bien un lutin espiègle, sous la forme d'un feu follet, égarait les voyageurs et les conduisait dans les marécages, dont il s'éloignait ensuite en poussant de grands éclats de rire.

Souvent aussi une femme vêtue de blanc se montrait, dit-on, le soir à la brune, au pied d'un arbre ou sur le bord d'une fontaine, se tordant les mains et versant d'abondantes larmes, apparition menaçante qui présageait les plus grands malheurs.

Mais de tous les êtres fantastiques dont le Harz était fréquenté autrefois, aucun n'a eu la célébrité de cet esprit célèbre appelé également l'*Homme sauvage*, *le Démon du Harz*, *le Spectre du Brocken*.

Son nom se trouve mêlé à la plupart des événemens importans accomplis dans le pays depuis l'antiquité la plus reculée ; les monnaies sont frappées à son image, et les *wildmans-thalers* ou thalers à l'homme sauvage sont connus de toute l'Allemagne.

C'était un être capricieux, fantasque, bienfaisant ou malin, suivant l'humeur du moment, en tout semblable pour le caractère à son voisin Rubezhal ou *Compte-navets*, génie des montagnes sudètes.

Cependant, en général, le Wildman du Harz ne passait pas pour méchant.

Il y a dans sa légende beaucoup de trésors indiqués à des pauvres diables désespérés, beaucoup de dons merveilleux faits à des malheureux qui ne s'y attendaient guère, quelques niches et mystifications parfois très spirituelles à l'adresse de certains esprits forts qui doutaient de son pouvoir, mais très peu de reins cassés et de cous tordus.

On a prétendu, il est vrai, que ses faveurs devenaient tôt ou tard funestes à ses obligés ; et Walter Scott, dans sa délicieuse légende de Martin Waldeck, faisant partie de l'*Antiquaire*, a paru adopter cette opinion.

Mais les habitans du Harz traitaient de calomnies ces assertions au moins hasardées, et il était sans exemple que l'un d'eux eût jamais refusé, au risque de ce qui pourrait arriver plus tard, la bourse d'or, le talisman précieux, la cassette de diamans bruts que leur offrait généreusement l'esprit.

Du reste, le portrait que l'on faisait du démon du Harz est pastoral et terrible à la fois.

On le représentait sous les traits d'un géant velu, aux cheveux hérissés, aux yeux malins ; son vêtement consistait tout naïvement en une ceinture de feuillage ; il tenait à la main par les racines un énorme sapin arraché du sol.

Telle était du moins la forme la plus ordinaire du démon montagnard et celle sous laquelle il est représenté encore aujourd'hui sur les monnaies du Harz, car, en sa qualité de puissance supérieure, il pouvait se métamorphoser à l'infini.

Mais c'était avec cet extérieur un peu rude, et sous le costume un peu primitif, que des chasseurs, des pâtres du pays, souvent même des voyageurs étrangers, l'avaient rencontré en plein jour, gravissant le Brocken ou quelque autre montagne du voisinage, enveloppé de vapeurs diaphanes, parfois même entouré d'une auréole lumineuse.

Des milliers de témoins avaient, le fait avait acquis un degré d'authenticité qui ne permettait pas de le révoquer en doute.

Aujourd'hui que le scepticisme s'infiltre partout, et que de nombreux visiteurs appartenant au monde élégant de toutes les contrées de l'Europe viennent chaque année s'éfablir au magnifique Friedrichshohe, sur le sommet du Brocken, on a dû chercher l'origine de cette vieille légende.

La science moderne, fort peu crédule en fait d'esprits, et capable de les exorciser beaucoup mieux que le célèbre Gasner lui-même, a commencé son enquête sur le spectre de Brocken, et voici à quel résultat elle est parvenue.

A l'heure du lever ou du coucher du soleil, il arrive parfois que la personne qui gravit une montagne aperçoit son image répétée par le brouillard transparent dont elle est entourée.

Cette image, allongée par l'obliquité des rayons solaires, prend des proportions gigantesques ; souvent même elle se montre encadrée d'un brillant arc-en-ciel, effet de la réfraction de ses rayons sur les molécules liquides du nuage.

Ce phénomène, fort commun dans les Alpes, les Pyrénées, et en général dans les montagnes habituellement couvertes de vapeurs, peut donner l'explication des nombreuses apparitions qui effrayaient les habitans du Harz.

Le prétendu spectre n'était autre que l'ombre, l'*eidolon* de l'observateur, prodigieusement agrandie par la disposition de la lumière, marchant et gesticulant comme lui.

D'après le même principe, le sapin déraciné pouvait n'être rien de plus qu'un simple bâton de voyage ou une houlette de berger.

Quant à la peau velue et à la ceinture de feuillage, il est permis raisonnablement d'en faire honneur à l'imagination des bons paysans du Harzwald.

Après une démonstration aussi insolente, le pauvre diable de spectre du Brocken n'avait qu'à disparaître pour toujours et, comme d'autres génies méconnus, à aller bouder les générations modernes, devenues trop savantes pour lui, dans quelque retraite inaccessible aux mortels.

En effet, il a gardé rancune à cette troupe frivole et moqueuse de touristes qui, chaque été, parcourent ses domaines. Depuis longtemps il a refusé de se montrer, et il a jugé indigne de lui, vieil esprit allemand, de se compromettre avec ces étourdis étrangers.

Il les a laissés l'appeler en se raillant sous le feuillage épais du chêne druidique, dans le carrefour de la forêt Hercynienne, auprès de la fontaine qu'il affectionnait autrefois ; enfin il a poussé la longanimité jusqu'à leur permettre de révoquer en doute son existence et de s'égayer à ses dépens.

Cette patience, si opposée à son irascibilité et à sa jalousie bien connues d'autrefois, eût pu ébranler la foi de ses plus hardis sectateurs, si en effet son pouvoir s'était entièrement éclipsé dans son ancien royaume.

Mais en dédaignant les voyageurs et les savans, les habitans des villes du Harz et même quelques jeunes montagnards incrédules, qui, dans les usines et les mines du pays, acquièrent des connaissances pratiques de physique et d'histoire naturelle, le vénérable Wildman n'a pas prétendu rompre avec d'anciens sujets et loyaux amis.

La majorité des montagnards est restée fidèle à son culte, et il honore encore quelquefois de ses apparitions quelque bûcheron du Rostrappe ou quelque vieille chevrière du Hirscherner.

Il offre très rarement des cadeaux d'or et d'argent ; il ne bâtit plus d'un coup de baguette des châteaux de nuages pour recevoir les voyageurs perdus ; mais il fait retrouver aux pâtres les bêtes égarées, il indique au mineur un filon ignoré, il guérit la fièvre quarte des petits enfans.

En outre, pour ne pas laisser perdre son ancienne réputation de malice, il prend souvent la forme d'un chien noir, qui suit le soir les promeneurs attardés et leur cause d'atroces frayeurs ; il brouille le lin des fileuses à la veillée, ou il tourmente les bœufs dans l'étable.

Grâce à ces signes permanens d'existence, le Wildman n'a pas laissé que son souvenir s'efface de sitôt chez les montagnards du Harz.

Or, au siècle d'incrédulité où nous vivons, le spectre du Brocken a conservé de zélés croyans, on ne s'étonnera pas que dans le siècle dernier, il y a soixante-dix ans environ, l'universalité des habitans du Harz ait reconnu son existence et son pouvoir.

Ces montagnes n'étaient pas alors, comme aujourd'hui, coupées de routes commodes, que fréquente le monde aristocratique de toutes les nations civilisées.

Sans communication directe avec les autres contrées de l'Allemagne, dont la constitution même garantissait alors l'isolement, cette population simple et rustique avait conservé, en dépit du christianisme, les superstitions que lui avaient léguées ses ancêtres, sectateurs de Krodo et de Vodan.

La mythologie païenne du Nord s'était entée, tant bien que mal, sur la religion du Christ, et l'on croyait à l'homme sauvage du Harz comme à Dieu lui-même.

Quelques hommes éclairés du pays, avec cet esprit d'examen universel propagé par Luther, avaient bien pris le spectre du Brocken pour objet de leurs études, et avaient peut-être entrevu la vérité sur ses apparitions ; mais, soit qu'ils n'eussent pu se dégager entièrement de leurs préjugés d'enfance, soit qu'ils eussent craint de soulever contre eux la colère de leurs compatriotes, aucun n'avait tenté d'ébranler l'opinion reçue.

Que de vérités restent ainsi perdues pour l'humanité, parce que personne n'ose les dire !

A l'époque dont nous parlons, on voyait, non loin de l'ancienne hôtellerie du Brocken-Werthaus, sur la hauteur appelée Heinrichshohe (hauteur d'Henri) un petit édifice de construction antique et singulière.

Cet édifice, connu dans le pays sous le nom de la maison du Comte, appartenait aux comtes de Stolberg, seigneurs du Harz.

Il consistait en un seul corps de logis de pierres noircies par le temps, avec un escalier extérieur et une galerie à jour comme les chalets du voisinage.

Il servait alors de résidence au justicier ou bailli du Brocken, le digne Hermann Stengel.

Depuis bien des années cette charge de justicier était héréditaire dans la famille Stengel, comme l'usage de la maison du Comte elle-même, en sorte que le vieil Hermann pouvait presque se dire propriétaire de cette habitation, où son père était mort, où ses enfans étaient nés.

C'était donc dans cette tranquille et solitaire demeure que se traitaient les affaires litigieuses ou criminelles du fief de Stolberg ; mais ces paroles de *litigieuses* et de *criminelles* ne doivent pas trop effrayer le lecteur, car les fonctions du vieil Hermann étaient toutes patriarcales.

Quand des contestations s'élevaient entre les bonnes gens de sa juridiction, il invitait les parties à venir le trouver à la maison du Comte : et là, juges et plaideurs étant réunis autour du poêle, une pipe à la bouche, les procès s'arrangeaient à la satisfaction commune.

Si un montagnard s'était rendu coupable d'une faute légère, il était rare qu'on sévît contre lui dès la première fois ; le bailli se contentait d'adresser au délinquant une admonestation paternelle, et il ne se montrait sévère qu'à la récidive.

Du reste, au criminel, il n'employait ni huissiers ni hallebardiers pour faire exécuter ses sentences, car les condamnés n'avaient jamais songé à se soustraire aux peines prononcées contre eux. On se souvient encore aujourd'hui, à Ilsembourg et à Wernigerode, d'avoir vu se présenter à la prison de la ville quelques-uns de ces honnêtes scélérats, portant eux-mêmes d'un air contrit l'ordre signé du bailli de les incarcérer pour un, souvent même pour plusieurs mois ; il était impossible de mettre plus de mansuétude dans la justice, plus de bonhomie dans le crime.

On comprendra aisément, d'après ce rapide exposé, que le bailli Stengel avait dû se faire de nombreux amis dans le pays.

En effet, il y était adoré, et cette affection s'étendait à son fils et à sa fille, qui formaient alors toute sa famille, car le bailli était veuf depuis plusieurs années.

Rodolphe, le plus jeune de ses enfans, était un brave et joyeux garçon, au caractère ouvert et décidé, mais d'une turbulence, d'une impétuosité qui contrastaient avec la bonhomie froide et grave de son père.

Il n'avait eu d'autre précepteur que le vieil Hermann, fort instruit comme la plupart des magistrats allemands ; mais il en savait assez pour être un prodige de science dans ces montagnes écartées.

Cependant il était parvenu à l'âge de seize ans sans que rien eût été décidé encore pour son avenir.

Suivant les traditions de la famille, le bailli avait eu l'intention de l'envoyer à l'université de Gœttingue pour y étudier le droit et devenir apte à lui succéder dans sa charge.

Mais le caractère ardent de Rodolphe donna lieu de craindre qu'il n'eût pas les qualités requises pour faire un homme de loi ; et le père attendait pour prendre un parti que l'âge eût abattu un peu la fougue de l'adolescence.

Dans l'intervalle, le jeune homme servait de scribe pour les affaires du bailliage ; mais comme ces fonctions n'occupaient pas tous ses instans, il passait le temps à courir la montagne avec des gardes-chasses du comte, à danser avec les jeunes filles dans les fêtes de village, et surtout à prévenir les désirs de sa sœur Frantzia, dont il était l'idole et qu'il adorait.

Frantzia était alors âgée de vingt ans ; jamais sylphide n'avait foulé d'un pied plus léger les bruyères du Harz ou fait flotter sa robe blanche sous les ombrages des châtaigniers et des chênes.

Belle, mélancolique, instruite, elle avait tout ce qu'il fallait pour frapper d'admiration une population naïve.

Sa vie entière se passait en bonnes œuvres. Soigner et guérir des malades, au moyen de remèdes dont elles possédait le secret, consoler les affligés par des paroles d'une onction et d'une douceur infinies, répandre partout autour d'elle la paix et le bien-être, telles étaient ses occupations les plus ordinaires.

Elle réalisait tout ce que les légendes locales disaient des esprits bienfaisans supérieurs à l'humanité.

Aussi passait-elle dans les chalets du Brocken pour être d'une essence plus pure que le commun des mortels ; on la regardait presque comme une fée dont on lui attribuait le pouvoir.

Du reste, cette croyance tenait à certaines circonstances dont nous devons donner connaissance au lecteur avant de l'introduire dans la maison du justicier Hermann Stengel.

Six ou sept ans environ avant l'époque où commence cette histoire, Frantzia, bien jeune encore, se rendant au temple dans un village voisin, avait entendu des plaintes déchirantes sortir du fond d'un ravin à quelques pas du sentier qu'elle suivait.

Un voyageur étranger, ayant osé s'aventurer sans guide, était tombé au fond du précipice.

Frantzia courut chercher du secours, et, quelques momens après, le blessé fut transporté avec toutes sortes de précautions chez le bailli.

L'inconnu était un vieillard à longue barbe, à mine sombre et austère ; ses vêtemens de coupe surannée n'annonçaient nullement l'aisance ; tout son bagage consistait en un petit paquet suspendu sur son épaule, à la manière des ouvriers en voyage.

Les renseignemens qu'on ne tarda pas à recueillir sur son compte n'étaient pas, plus que son extérieur, de nature à lui concilier la sympathie de ses hôtes.

Il avait habité Gœttingue pendant plusieurs années, et il s'appelait Carl Blum.

Sa jeunesse s'était passée en Orient, où, disait-on, il avait acquis de vastes connaissances en astrologie, en alchimie et en magie naturelle.

A Gœttingue, il s'était établi marchand herboriste, et il fournissait aux professeurs de l'Université des drogues rares alors usitées en médecine.

Peut-être ce commerce avoué cachait-il un commerce interlope plus lucratif et moins honnête.

Toujours est-il qu'au rapport de ses voisins on entendait chaque nuit chez lui un bruit de soufflet ; on voyait briller des lumières aux fenêtres de son laboratoire.

Souvent on avait remarqué des individus soigneusement déguisés se glissant le soir dans sa maison, et se retirant furtivement aux premières lueurs du jour.

Enfin, à tort ou à raison, Carl Blum passait pour un empoisonneur insigne, et sa mauvaise réputation n'avait pas tardé à lui être funeste.

Peu de temps avant sa cruelle mésaventure dans les montagnes du Harz, une épidémie dangereuse s'était déclarée à Gœttingue.

Vainement les médecins expérimentés de la ville avaient-ils cherché à en arrêter les progrès ; elle avait défié toute leur science et fait chaque jour de nouvelles victimes.

Alors la population, poussée au désespoir, accusa des malfaiteurs d'avoir empoisonné les fontaines, accusations si ordinaires dans les circonstances pareilles, en Allemagne et ailleurs.

La voix publique désigna Carl Blum comme un des coupables, et une foule furieuse de gens du peuple, d'étudians, de femmes, s'était dirigée vers sa maison pour le massacrer.

C'était en fuyant la fureur du peuple et en cherchant une retraite sur le Brocken qu'il était tombé dans le ravin, où il eût péri bientôt si Frantzia ne fût venue à son secours.

En apprenant ces détails, le bailli, malgré son humanité, avait senti une violente tentation de faire transporter dans quelque ville voisine un hôte si compromettant.

Mais Frantzia lui représenta le danger pour le blessé d'une pareille mesure ; elle supplia son père, qui finit par consentir à tout ce qu'elle voulut.

Carl resta donc à la maison du Comte où, grâce aux soins qu'on lui prodigua, surtout aux attentions charmantes de Frantzia, il parvint à se rétablir lentement.

A mesure que sa convalescence avançait, les défiances dont il avait d'abord été l'objet chez Hermann Stengel s'évanouissaient peu à peu.

Carl se montrait triste, mélancolique ; les derniers événemens lui avaient donné une profonde aversion pour l'humanité en général ; mais les marques d'intérêt qu'il recevait sans cesse adoucissaient les plaies de son âme.

Il devint doux, bienveillant, et manifesta une vive reconnaissance à ses nouveaux amis.

A la suite d'une explication qu'il eut avec le justicier, celui-ci commença à prendre sa défense en toute occasion contre les préventions des gens du voisinage.

Bref, lorsque le vieillard fut enfin guéri de ses blessures, la séparation devint également pénible aux bienfaiteurs et à l'obligé.

Carl était sans parens, sans amis ; il n'osait retourner dans la ville où il avait éprouvé de si cruelles injustices ; il avait trouvé dans la solitude du Harz le repos, l'affection, les soins empressés dont il sentait tout le prix.

Le bailli, de son côté, se plaisait beaucoup dans la compagnie d'un homme de son âge, profondément versé dans l'étude des sciences, d'un commerce facile et agréable.

Enfin les enfans s'étaient pris d'affection pour le vieux Carl, qui, pendant le repos forcé de sa convalescence, les amusait avec des contes merveilleux, à la manière orientale, ou avec des expériences de physique et de chimie.

Le justicier pria donc son hôte de prolonger encore un peu son séjour à la maison du Comte ; le vieillard y consentit avec plaisir, et, de prolongation en prolongation, il y resta cinq ans, jusqu'à ce qu'il mourût accablé par l'âge et les infirmités.

Pendant ce long espace de temps, Carl Blum avait aidé le bailli dans les soins qu'il donnait à l'éducation des deux enfans, et le bon père lui-même n'eût pu le surpasser en zèle et en affection.

Mais Frantzia, moins vive et moins étourdie que son frère, avait profité plus particulièrement de ses leçons.

D'ailleurs, Carl n'oubliait pas quelles immenses obligations il devait à cette charmante enfant ; souvent il s'attendrissait à contempler sa petite bienfaitrice ; on avait vu de grosses larmes rouler sur ses joues ridées quand elle lui donnait quelques marques de respect et de tendresse ; aussi était-ce d'elle qu'il s'était surtout occupé.

Il lui avait enseigné des connaissances qui ne sont pas d'ordinaire l'apanage des femmes, mais qui s'accordaient avec l'esprit sérieux de la jeune fille.

Il lui avait révélé les propriétés des plantes et des minéraux dont abonde le Harz ; il lui avait donné une idée de la médecine, et appris le moyen de guérir les maladies les plus vulgaires.

Souvent, appuyé sur l'épaule faible encore de Frantzia, il gravissait avec elle les sentiers herbeux du Brocken, et les pâtres avaient observé de loin avec étonnement ce vieillard à longue barbe blanche qui, une plante ou une pierre à la main, expliquait les secrets de la science à la belle enfant docile et attentive.

C'était donc à Carl Blum que Frantzia devait les connaissances médicales dont elle faisait usage en faveur des pauvres montagnards, et cette origine même les rendait légèrement suspects.

Dans un pays superstitieux comme le Harz, les circonstances les plus simples prennent bientôt des apparences surnaturelles ; les habitans du pays, ne pouvant s'expliquer des talens si extraordinaires dans une jeune fille, avaient fini par la regarder comme une magicienne, et son maître Carl Blum comme un puissant enchanteur, que ses secrets étonnans toutefois n'avaient pu empêcher de mourir.

On racontait entre autres choses qu'avant d'expirer, il avait fait venir Frantzia dans sa chambre, et que là, après s'être entretenu avec elle pendant plusieurs heures, il lui avait remis un objet de petite dimension et soigneusement enveloppé, en lui adressant des recommandations pressantes que personne n'avait été à portée d'entendre.

On supposait cependant que l'objet légué si mystérieusement à la jeune adepte par le vieillard mourant était un talisman doué de toutes sortes de propriétés merveilleuses, et dont Frantzia notamment se servait pour opérer tant de cures réputées impossibles.

Cependant, par une inconséquence assez bizarre, on se gardait bien d'incriminer en quoi que ce fût la vertu si pure de l'innocente enfant.

S'il y avait de la sorcellerie dans son pouvoir, disait-on, cette sorcellerie était du fait de son maître, qui certainement brûlait au fond des enfers.

Quant à elle, c'était un ange de pureté et de vertu contre lequel Satan ne pouvait prévaloir.

Mais sans insister plus longtemps sur des détails qui trouveront naturellement leur place dans le cours de ce récit, nous allons entrer en matière sur-le-champ, en demandant pardon au lecteur de la longueur de ces explications nécessaires.

Un soir de l'année 1765, deux ans environ après cette terrible guerre de sept ans qui avait désolé l'Allemagne, et le Hanovre en particulier, le bailli et sa fille étaient assis dans la salle commune ou stube de la maison du Comte.

Cette pièce, servant aussi dans l'occasion de salle d'audience, était vaste et d'un aspect sévère ; elle était lambrissée en bois de sapin et carrelée en briques, mais frottée et polie avec cette constance qui caractérise les vigoureuses ménagères de la Hollande et de l'Allemagne.

Quoiqu'on fût alors au printemps, l'élévation de l'habitation au-dessus de la plaine et la rigueur du climat nécessitaient encore quelques précautions contre le froid ; aussi les doubles volets avaient-ils été soigneusement fermés, et une ample provision de bois jetée dans le poêle de terre rouge le faisait ronfler sourdement.

Le bailli Hermann occupait un grand fauteuil de bois, en face d'une lourde table chargée de paperasses.

C'était un homme de soixante ans environ, d'un remarquable embonpoint ; son visage frais et placide s'évasait en un front large, agrandi encore par l'absence complète de cheveux sur le devant de la tête : son menton arrondi descendait en triple étage sur son rabat blanc de neige.

Il était complètement vêtu de noir, comme il convient à un magistrat rigoureux sur le chapitre des convenances.

Au sommet d'une pile de livres était arrangée méthodiquement sa volumineuse perruque à portée de sa main, afin qu'il pût s'en couvrir s'il survenait quelque visiteur d'importance.

Il avait à la bouche une grosse pipe d'écume d'où s'exhalait une fumée bleue par bouffées régulières et cadencées ; un livre nouveau, qui contenait une relation exacte des événemens de la dernière guerre, était posé sur ses genoux.

Il lisait avec gravité, à la lueur d'une petite lampe à abat-jour, et il s'interrompait seulement par intervalles pour avaler un verre de beste-brug, la meilleure bière de toute l'Allemagne.

De l'autre côté de la table, dans le cône lumineux projeté par la lampe, Frantzia, assise sur un siége plus bas, mettait en ordre quelques plantes des champs récoltées dans sa promenade du jour.

Elle les disposait avec soin entre des feuilles de papier brouillard, pour les dessécher avant de les placer dans un bel herbier ouvert devant elle.

Son visage pâle, au profil grec (particularité rare dans les beautés germaniques), était légèrement incliné sur son ouvrage, et la lumière, le frappant obliquement, en accusait les lignes pures et harmonieuses.

Ses paupières baissées voilaient ses yeux bleus de l'ombre de leurs cils, et ajoutaient encore à l'expression de profonde mélancolie empreinte en ce moment sur ses traits.

Bien que Frantzia fût par son rang et son éducation fort au-dessus des paysannes du voisinage, elle portait leur costume particulier.

Un corset rouge emprisonnait sa taille élancée mais souple et musculeuse ; son jupon de même étoffe, orné d'élégantes bandes de velours, était assez court pour laisser voir ses jambes fines dans leurs bas à coins brodés.

Sa coiffure consistait en une petite toque de brocart d'argent, à fleurs vives, relevée par derrière d'un large nœud de rubans.

Ses cheveux blond cendré formaient deux longues nattes sur ses épaules.

Ce costume éclatant, cette coiffure nationale que l'on voit encore sur les tombeaux et dans les anciens portraits des dames allemandes, avait une richesse, une grâce exotique qui se rapportait exactement à ce qu'on raconte des vaporeuses fées du Nord.

Il était nuit depuis longtemps, un vent assez violent soufflait au dehors.

La vieille servante Sara, après avoir lutté un instant contre le sommeil dans l'encoignure du poêle, venait de gagner sa chambre au rez-de-chaussée de la maison.

Rodolphe Stengel n'était pas encore rentré.

Mais le père et la sœur ne voyaient sans doute dans cette circonstance rien de contraire aux habitudes un peu dissipées du jeune homme, car ni l'un ni l'autre ne semblaient s'en inquiéter.

Le justicier était toujours plongé dans sa lecture, Frantzia dans sa rêverie.

Ce silence durait déjà depuis longtemps, quand l'honnête bailli, indigné sans doute de quelque épisode de cette affreuse guerre de sept ans où tant d'horreurs avaient été commises, jeta le livre sur la table avec un mouvement de chagrin et de colère. Frantzia leva la tête :

— Au nom de Dieu ! mon père, qu'y a-t-il ? demanda-t-elle d'une voix argentine qui adoucissait même la langue tudesque ; vous paraissez souffrant, ou tout au moins irrité ? A quoi pensez-vous ?...

Mais avant qu'elle eût achevé cette question, le bailli avait repris sa sérénité ordinaire.

Honteux de s'être laissé emporter à un mouvement d'humeur en présence de sa fille, il sourit et avança tranquillement la main pour se verser un verre de beste-krug.

— Rien ; ce n'est rien, répondit-il, je pensais seulement, ma fille, que Breyhalm d'Halberstadt était inspiré de Dieu quand il inventa cette excellente bière ; et aussi, continua-t-il en lançant un regard de rancune à son livre, que notre compatriote Bertold Schwartz était inspiré du diable quand il inventa la poudre à Goslar.

— Oui, oui, mon père, vous avez raison, répliqua Frantzia en soupirant, et Dieu le punit justement en le choisissant pour première victime de sa terrible découverte... Oui, Bertold Schwartz était le plus terrible ennemi de l'humanité quand il trouva ce redoutable moyen de destruction, qui a couvert son propre pays de ruines et de sang, qui sans doute encore enlèvera bien des fils à leur mères et...

Elle s'arrêta tout à coup.

— Et bien des fiancés aux jeunes filles, ajouta le bailli avec un grand flegme ; n'est-ce pas ce que tu voulais dire ?... — Frantzia rougit et se mit à disposer avec soin les feuilles et les fleurs de sa récolte botanique. Hermann la regarda fixement pendant quelques minutes ; puis déposant sa pipe fumante sur la table, il vint s'appuyer sur le dossier du siége de la jeune fille. — Petite, demanda-t-il en désignant une fleur que Frantzia étalait lentement sur le papier, quelle est cette jolie plante avec ses grandes cloches si blanches et si délicates ? On dirait de ces élégans liserons qui s'entrelacent à l'aubépine, ou se balancent au soleil dans les charmilles de nos jardins ?

— Mon père, cette fleur est celle du vénéneux stramonium... je l'ai recueillie dans un lieu solitaire, sur la terre noire d'une tourbière abandonnée.

— A mon âge, dit le vieillard, il n'est plus permis de juger sur l'apparence... eh bien ! comment appelles-tu cette autre fleur aux mille petits calices de pourpre et d'azur ? Elle ressemble à la fois au lilas printanier et au gracieux myosotis : tu as dû la trouver dans quelque vallée riante où chantaient les oiseaux, et j'aimerais à en voir un bouquet dans ton corsage quand tu vas au temple les jours de fêtes.

— Vous ne savez pas ce que vous souhaitez, mon père, répliqua la jeune fille avec terreur, en laissant tomber la fleur qu'elle tenait à la main ; cette plante est la scabieuse, la fleur des veuves... je l'ai recueillie dans le cimetière, en allant prier pour l'âme de notre pauvre Carl Blum !

Les intentions du justicier étaient toutes bienveillantes, et il n'avait d'autre but, en adressant ces questions à sa fille chérie, que de la distraire des idées sombres dont il la voyait obsédée ; le fâcheux résultat de ses efforts parut le décourager.

— Eh mais ! petite, reprit-il avec impatience, tu n'as donc rencontré aujourd'hui que des plantes de mauvais augure ?

— En effet, mon père, sur le Brocken, dans les vallées, partout, les fleurs lugubres, les signes funestes se sont multipliés sous mes pas... et votre vœu vient encore de compléter les tristes présages ! — Le vieillard haussa les épaules et regagna sa place, comme s'il croyait de sa dignité de ne pas donner une attention plus longue aux rêveries de sa fille. Mais Frantzia restait absorbée dans ses idées. — Qui donc est menacé par ces signes de malheur ? murmura-t-elle à demi-voix ; mon Dieu, faites que ce soit moi... moi seule !

En ce moment, un violon, suspendu aux lambris de la salle, s'en détacha tout à coup, et tomba sur le carreau avec un bruit lugubre.

Frantzia, toute pâle, se redressa comme par un ressort ; le bailli lui-même se retourna.

— Rodolphe, dit-il, aura mal attaché le violon de ce pauvre Daniel, après s'en être servi l'autre jour pour faire danser les bergmans de Schierke... un instrument de prix, un véritable stradivarius... Que répondre maintenant à Daniel Richter, quand, de retour de l'armée, il réclamera le violon de son père, son seul héritage ?

— Il ne reviendra plus, dit Frantzia en se cachant le visage ; je sais maintenant ce que signifiaient ces présages menaçans !

Le bailli ramassa l'instrument et l'examina avec attention.

— Les cordes sont brisées, dit-il, mais les tables d'harmonie n'ont reçu aucun dommage... D'ailleurs, ce n'est après tout qu'un assemblage de planchettes de bois.

— Vous vous trompez, mon père, répliqua la jeune fille avec véhémence, c'est une âme, une âme qui se plaint, qui gémit ou qui pleure, s'élance vers le ciel ou s'abîme dans le gouffre sans fond... une âme d'artiste qui vivait et qui aimait, qui aspirait au bonheur et à la gloire... elle vient de quitter sa demeure... Avez-vous entendu sa plainte suprême ? elle exhalait son dernier soupir en s'envolant au ciel... Ni vous, ni moi, ni personne, ne reverra vivant le maître de ce noble instrument, le malheureux Daniel Richter !

Ces paroles avaient retenti au milieu du silence comme un oracle funèbre. Tout à coup, un bruit de pas précipités se fit entendre au dehors, la porte s'ouvrit avec fracas, et Rodolphe parut, tenant par la main un voyageur enveloppé d'un manteau.

— Mon père, ma sœur, cria l'étourdi d'une voix éclatante, tuez le veau gras, je vous amène l'enfant prodigue ; préparez des palmes de laurier, je vous amène un guerrier vainqueur ; remplissez de vieux vin le grand wilkommen d'argent, je vous amène un ami... Hourra pour Daniel Richter, le roi des ménétriers de Harzwald !

II

LE ROI DES MÉNÉTRIERS.

Daniel Richter, le personnage que nous avons mis si brusquement en scène au chapitre précédent, était le fils d'un habile musicien Allemand qui, après avoir voyagé longtemps en Italie pour se perfectionner dans son art, était venu mourir à Berlin dans un état voisin de la misère.

Quand cet événement arriva, le jeune Richter était âgé de seize ans à peine, sans famille, sans protecteurs. Il avait pour fortune un remarquable talent de violoniste, et, pour le faire valoir, ce précieux instrument que son père avait jadis rapporté d'Italie.

Malheureusement, l'époque était peu favorable aux artistes.

Le goût de la musique n'était pas alors général en Allemagne comme aujourd'hui ; d'ailleurs l'épouvantable guerre qui ravagea pendant sept années consécutives cette vaste contrée, du nord au midi, et du Rhin au Danube, empêchait les arts paisibles d'étendre leur empire.

Daniel ne trouva donc ni leçons à donner, ni auditoire à charmer.

Chassé par le besoin et par l'ennemi, il erra de ville en ville, jusqu'à ce que le hasard le conduisît dans les montagnes du Harz.

Alors comme aujourd'hui les mineurs du Harz formaient une corporation particulière ; ce sont des *Franconiens* ou *Francs* établis dans le pays depuis Charlemagne, et qui conservent fidèlement leurs mœurs, leurs goûts, leur langage originaires, grâce aux antiques priviléges dont ils jouissent : on les appelle les *bergmans*.

Parmi ces priviléges, est celui d'entretenir à leurs frais une bande de musiciens ou ménétriers, qui marchent en tête de la corporation dans les solennités, et qui sont chargés exclusivement d'égayer leurs fêtes.

Les ménétriers sont embrigadés, comme les mineurs eux-mêmes ; comme eux ils ont leurs chefs et leur hiérarchie ; comme eux, ils sont soumis à l'autorité du *berghaupman* ou directeur général des mines.

Enfin, pour compléter l'assimilation, ils portent l'uniforme des autres mineurs, habit noir à paremens et à revers rouges, moins toutefois le tablier de cuir, cet ornement saint et vénéré des bergmans, officiers et simples ouvriers.

Au moment où Daniel Richter, son violon sous le bras et son mince paquet sur le dos, traversait le Harz, ne soupçonnant pas que, dans ce pays sauvage, ses talens pussent trouver de l'emploi, le chef de musique ou *capelmeister* des mineurs venait de mourir, et aucun ménétrier de la troupe n'était de force à le remplacer.

L'artiste voyageur offrit ses services ; ils furent acceptés à titre d'essai.

La première fois que les sons magiques du stradivarius se firent entendre en public, tout l'auditoire fut transporté d'admiration.

Richter cependant se contentait de jouer les airs simples et peu mélodieux familiers aux assistans ; mais il leur donnait tour à tour une expression, une grâce touchante, une énergie qu'on ne leur avait pas encore soupçonnées.

Les plus grossiers mineurs, habitués à manier le marteau et le perçoir au fond des galeries souterraines, se sentaient émus à l'écouter.

Les femmes, aux nerfs plus délicats, ne pouvaient retenir leurs larmes ; les musiciens de l'orchestre eux-mêmes oubliaient leur partie pour prêter l'oreille aux effets inconnus que l'étranger faisait jaillir sous son archet divin.

Le succès de Daniel fut complet, et, à la suite de cette première expérience, tous les bergmans, officiers en tête, vinrent engager le jeune homme à accepter définitivement la place de capel-meister de l'association.

Cette proposition était une bonne fortune pour le pauvre voyageur, et il l'accueillit avec reconnaissance.

Dans cette tranquille solitude, il était sûr au moins d'avoir du pain et un abri, en attendant des jours meilleurs.

D'ailleurs, le genre de vie qu'il adoptait ne manquait pas de charmes en lui-même, et pouvait satisfaire jusqu'à un certain point l'humeur un peu vagabonde d'un artiste.

Il s'agissait d'aller de village en village, avec la bande en uniforme, pour assister aux cérémonies, aux noces et aux fêtes de tous genres qui se donnaient parmi les membres de la corporation des bergmans.

Les musiciens étaient choyés et comblés de présens partout où ils passaient : les ménagères leurs offraient les meilleurs jambons et la meilleure bière ; les jeunes filles leur prodiguaient les sourires les plus agaçans.

Richter surtout, en raison de son grade et de l'immense supériorité de son talent, recevait partout l'accueil le plus affectueux, le plus flatteur.

Aussi s'habitua-t-il bientôt à cette joyeuse existence, et les années qu'il passa parmi les bons montagnards du Harz furent les plus heureuses de sa vie.

Mais le jeune artiste avait une autre raison de s'attacher à ce pays hospitalier.

Souvent, dans ses tournées, il avait eu occasion de voir la charmante fille du bailli ; et son violon n'était jamais aussi harmonieux, aussi expressif, aussi *parlant* que lorsque Frantzia se trouvait dans l'auditoire.

De son côté, mademoiselle Stengel semblait prendre un plaisir extrême à écouter l'étonnant virtuose ; ces sons enchanteurs la plongeaient dans une espèce d'extase ; elle rougissait et pâlissait tour à tour ; son œil devenait humide, son sein palpitait.

En toute occasion elle accueillait Richter avec un plaisir marqué, et celui-ci ne manquait pas une occasion de s'arrêter à la maison de sa belle admiratrice.

Peu à peu ses visites devinrent plus fréquentes, et enfin le bruit se répandit que les jeunes gens s'aimaient.

On alla même jusqu'à fixer le jour prochain de leur mariage, au grand chagrin d'un autre prétendant qui ne jouissait pas de la popularité de Daniel.

Les choses en étaient là quand, trois ou quatre ans avant l'époque où nous nous trouvons, un détachement de troupes prussiennes, sous la conduite d'un vieil officier, vint occuper les montagnes du Harz.

La guerre était alors dans toute sa force; l'armée de Frédéric avait été décimée par ses défaites et même par ses victoires.

Aussi le bruit courut-il que cette petite troupe avait été envoyée si loin du centre des opérations militaires uniquement pour recruter des soldats parmi les robustes bergmans.

Son chef, en effet, ne tarda pas à confirmer cette supposition.

Il n'était moyen qu'il n'employât avec ses sergens pour enrôler des volontaires au service de la Prusse; ruses et violences, tout leur était bon.

Cependant leurs efforts n'obtinrent pas un grand succès parmi les honnêtes Franconiens, peu désireux d'aller courir le monde pour tuer et pour être tués; un petit nombre seulement de jeunes gens aventureux se décida à suivre les drapeaux du grand Frédéric, et ce n'était pas l'élite du pays.

Aussi fut-on grandement surpris en apprenant tout à coup que l'habile capel-meister de la musique franconienne, le prétendant avoué de la fille du bailli, avait écouté les suggestions emphatiques des embaucheurs, et allait partir avec eux pour rejoindre l'armée de Silésie.

Bientôt cette étrange nouvelle se confirma.

On parlait bien de signature surprise, de piéges tendus à l'artiste par l'officier commandant le détachement, à la suite d'un souper où les vins de France et d'Allemagne n'avaient pas été épargnés; un moment Richter lui-même parut vouloir renier cet engagement.

Mais l'acte d'enrôlement examiné par le bailli fut déclaré valable; et, soit honte de s'être laissé tromper, soit conscience de l'inutilité de ses réclamations, Daniel ne fit plus entendre aucune plainte.

Il prit congé de ses amis les bergmans, il confia au vieux Stengel son violon qui lui devenait inutile, et, après avoir fait des adieux touchans à Frantzia, il suivit tristement les soldats, ses nouveaux camarades.

Malgré cette apparente résignation, le bruit n'en courut pas moins que Daniel Richter était victime d'une abominable intrigue.

On accusait un personnage puissant, dont on disait le nom tout bas, d'avoir conduit cette affaire afin de se débarrasser d'un concurrent gênant auprès de la fille du bailli.

De ce moment, en effet, une influence secrète et ennemie sembla poursuivre le malheureux artiste.

D'abord, quoiqu'il fît bravement son devoir de soldat, il ne put dépasser les grades les plus infimes de la hiérarchie militaire.

Plus tard, à la paix de 1763, l'armée fut en partie licenciée, et Daniel dut raisonnablement espérer qu'il allait enfin retourner dans les montagnes, reprendre sa joyeuse vie, revoir la belle Frantzia; mais, contre son attente, il ne reçut pas son congé comme tant d'autres; il fut envoyé en garnison dans une obscure et lointaine bourgade prussienne.

Enfin, las de cette existence de soldat pendant la paix, la plus triste qui soit au monde pour un homme d'intelligence, il tenta d'utiliser ses talens d'artiste, et il adressa au roi, par l'intermédiaire de ses chefs, une demande à cet effet.

Mais sa demande resta sans réponse, et il fut forcé de végéter pendant deux années encore dans les derniers rangs de l'armée, en proie aux vexations ravalantes de sous-officiers grossiers et brutaux.

Cet état avait duré jusqu'au moment où Daniel Richter était arrivé d'une manière si imprévue chez le bailli du Brocken.

Au physique, Daniel était un grand et beau jeune homme de vingt-cinq à vingt-six ans, à tournure mâle et fière; il tenait de sa mère, italienne d'origine, des yeux plus foncés, une physionomie plus expressive que n'en ont d'ordinaire les hommes nés dans le Nord.

Son visage paraissait d'une pâleur dorée sous ses moustaches brunes.

Le costume qu'il portait sous son manteau était simple et peu remarquable : habit brun carré, veste et guêtres de drap. Ses cheveux, coupés ras, ne présentaient plus trace de poudre, et apparaissaient dans toute leur noirceur naturelle.

Quand il ôta son bonnet fourré, on put apercevoir sur ses traits une vive expression de joie, mais une joie sombre, anxieuse, presque effrayante, qui contrastait avec la gaieté expansive du jeune Rodolphe Stengel.

Le fils du bailli était de taille moyenne et bien proportionnée; mais la petite vérole avait fait de grands ravages sur sa figure espiègle et encore imberbe.

Ses yeux bleus pétillaient de malice; tous ses mouvemens dénotaient une nature franche et résolue.

Il était vêtu d'une espèce de costume de chasse vert, avec un chapeau à cornes posé sur l'oreille en tapageur.

Il tenait dans ses mains la main brûlante et moite de son compagnon, et semblait fort surpris de l'embarras et de la tristesse que montrait Daniel Richter.

Au bruyant appel de son frère, Frantzia s'était levée et avait dirigé la lumière de la lampe sur les arrivans.

En reconnaissant celui dont une minute auparavant elle croyait la mort certaine, elle ressentit au cœur comme un choc électrique.

Elle étendit les bras, elle ouvrit la bouche pour pousser un cri de joie; mais l'air sombre, la pâleur de Daniel la glacèrent aussitôt.

Peut-être crut-elle voir un spectre venu pour lui adresser un adieu suprême.

Le vieux bailli seul avait conservé sa tranquillité d'esprit au milieu du trouble général; il s'avança au-devant de Daniel immobile sur le seuil de la porte, et il lui dit d'un ton cordial :

— Entrez, entrez, monsieur Richter; aujourd'hui comme autrefois vous êtes le bienvenu chez moi..... Ce soir surtout, continua-t-il en jetant un regard moqueur sur sa fille, vous inspireriez de grandes inquiétudes à vos amis.

Cet accueil affectueux sembla vaincre les singulières hésitations de Daniel; il rejeta son manteau, s'élança vers Frantzia, et saisit sa main qu'il couvrit de baisers et de larmes.

— Que Dieu soit béni ! dit-il d'un ton passionné, je pourrai maintenant supporter tout le reste.

La jeune fille le regardait toujours avec une expression de tendresse et de crainte.

— Est-ce bien vous, Daniel ? demanda-t-elle; en vérité je ne sais si je dois me réjouir ou trembler de vous revoir !

— Demain appartient au démon; le présent seul est à nous... Frantzia, il y a un monde de bonheur jusqu'à demain !

Cette réflexion parut le transformer; il redevint vif, gai, enthousiaste comme autrefois. Les paroles coulaient de sa bouche ardentes, passionnées, fiévreuses.

— A la bonne heure donc ! s'écria Rodolphe en se frottant les mains; je vous reconnais enfin, ami Richter..... Imaginez, mon père, que j'ai rencontré Daniel tout seul au milieu du sentier d'Ilsembourg; dans l'obscurité, je l'ai pris pour un esprit, et je me suis avancé bravement pour faire connaissance... Daniel m'a laissé bavarder pendant un quart d'heure avant de me répondre; enfin il m'a demandé, en déguisant sa voix, le chemin d'Ilsembourg, et il a voulu s'esquiver. Mais diable ! on ne se joue pas ainsi de moi. Au premier mot qu'il a prononcé, je l'ai reconnu ; je lui ai sauté au cou : « Vous allez me suivre, Daniel Richter, lui ai-je dit ; ou ne passe pas si près de la maison d'un ami sans y entrer. Notre bon père vous recevra bien, et je soupçonne que la petite sœur ne vous verra pas d'un trop mauvais œil. » Eh bien l croiriez-vous qu'après tout cela ce fou de Daniel hésitait encore ?... il a fallu presque l'entraîner, et je n'ai pu lui arracher deux mots pendant la route.

Ce récit avait ramené un sombre nuage sur le front de l'artiste.

— J'ignorais, balbutia-t-il, si ma visite, après une si longue absence...

— Jeune homme, dit le bailli d'un ton de reproche, ce doute est de l'ingratitude.

— Daniel Richter n'a pas eu, n'a pas pu avoir une pareille pensée ! dit Frantzia avec un accent pénétrant.

— Eh bien, donc ! où est Sara ? demanda Rodolphe en regardant autour de lui ; quoi donc ! la vieille dormeuse est déjà couchée, et il n'y a personne pour préparer une soupe à la bière bien épicée pour ce pauvre garçon !..... Ma sœur, songe donc que Daniel a voyagé toute la journée ; il doit être mourant de faim et de soif... Mais je vous laisse vous occuper de lui... Avec la permission de mon père, je suis forcé de sortir... Dans une heure je serai de retour.

Il prit son chapeau.

— Où donc vas-tu, mon ami ? demanda le bailli avec surprise.

— Mon père, les ménétriers des bergmans sont réunis à Osterode pour la noce du petit Fritz Goodricht ; je cours les prévenir du retour de Daniel, et on va m'étouffer de caresses pour cette bonne nouvelle... Ah ! si notre pauvre vieux Carl Blum vivait encore, comme il serait content !

Ces paroles tirèrent l'artiste de l'espèce de stupeur où il était retombé.

— Non, non, Rodolphe, dit-il avec vivacité, ne sortez pas... vous aurez tout le temps d'avertir nos anciens amis... Je ne veux pas qu'on sache encore...

— Vous n'avez pas besoin de vous cacher, que diable ? Sur ma parole ! l'honnête Samuel Toffner, mon ancien camarade, ne me pardonnerait pas si je tardais d'une heure, d'une minute, à lui annoncer votre retour...

— Jeune homme, craignez-vous à ce point de vous montrer ? demanda Stengel avec défiance.

— Non, bailli, mais... la nuit est si noire, les chemins sont si dangereux...

— Le wildman du Harz ne se retrouverait pas plus aisément que moi dans les chemins du Brocken, dit Rodolphe d'un petit air de suffisance ; restez avec mon père et ma sœur, Daniel ; moi je veux prévenir Samuel Toffner : le brave homme en pleurer de joie.

— Eh bien ! puisqu'il le faut, prévenez Toffner, mon ami dévoué, mais lui seul... et recommandez-lui de n'apprendre à personne...

Rodolphe ne l'écoutait plus ; il était déjà sorti, et la porte s'était refermée avec fracas.

Après son départ, il y eut un moment de profond silence.

— Monsieur Richter, reprit enfin le justicier d'un ton grave, il faut que je vous dise mes soupçons ; votre retour inattendu me semble tout à fait inexplicable, et votre tristesse en revoyant des personnes qui, je le sais, ont une part dans vos affections, pourrait donner à penser...

— Quoi donc, bailli ? Ai-je si mal exprimé les sentimens que j'éprouve ? Moi triste ! Et pourquoi ?... Ne suis-je pas dans une maison amie où j'ai passé les plus doux momens de mon existence ? Ne suis-je pas auprès de Frantzia, de cette belle et sainte enfant dont le souvenir soutenait mon courage devant le feu de l'ennemi, dans mes fatigues, dans mes angoisses, dans mes misères ?... Oh ! si vous sentiez comme mon cœur bat dans ma poitrine !... Vous vous êtes trompé ; je suis bien heureux ! — Frantzia secoua la tête ; une larme tremblait à ses longs cils comme une goutte de rosée au calice d'une fleur. — Vous ne me croyez pas ! s'écria Daniel avec une impatience fébrile en se levant.

Stengel le força doucement à se rasseoir.

— Daniel Richter, mon garçon, dit-il d'un ton affectueux, vous vous efforcez vainement de dissimuler un trouble intérieur, un désordre d'idées inquiétant pour ceux qui vous aiment... Voyons, expliquez-nous comment il se fait que vous soyez ici quand votre devoir vous retenait au service du roi... Avez-vous obtenu un congé ?

Daniel passa précipitamment la main sur son front inondé de sueur. Frantzia et le bailli attendaient sa réponse avec une anxiété extrême.

— Écoutez-moi, monsieur Stengel, reprit-il d'une voix sourde, écoutez aussi chère Frantzia, je n'ai ni la volonté ni la force de vous cacher plus longtemps ce que vous devez savoir bientôt...

— Malheureux ! qu'avez-vous fait ? demanda la jeune fille pâle comme une morte.

— Je défie les hommes et les événemens de m'enlever ma félicité présente ! s'écria l'artiste avec une exaltation qui tenait du délire. Le moment si court, mais si délicieux, je le vole à la douleur, à la mort, à l'éternité... Qu'importe le reste !

Le bailli réfléchit pendant quelques secondes.

— J'ai regret d'être forcé de vous parler avec sévérité, Daniel Richter, reprit-il d'une voix altérée, mais, par devoir, je vous somme de vous expliquer plus clairement sur votre présence ici... Ce n'est plus votre ami Stengel, c'est le justicier du Brocken qui vous interroge !

— Vous ne pouvez faire que monsieur Stengel et le justicier ne soient pas en même temps le père de Frantzia à qui je dois obéissance et respect... Eh bien ! donc, je ne m'en cache plus... Pour revoir cette chère Frantzia, dont j'étais séparé depuis tant d'années, j'ai rompu d'indignes liens, j'ai trahi mes sermens... ma tête s'est perdue, j'ai déserté !

Frantzia poussa un cri déchirant.

— Cela n'est pas possible, dit le bailli avec une extrême émotion ; vous n'eussiez pas osé me faire un pareil aveu.. Car je vous aime, Daniel Richter, oui, sur ma parole ! je vous aime presque autant que mon fils Rodolphe !... voyons, réfléchissez bien ; vous avez voulu vous jouer de la crédulité d'un vieillard, n'est-ce pas ? vous vous êtes trompé vous-même en donnant le nom de désertion à quelque escapade beaucoup moins coupable.

— Je n'emploierai ni subterfuges ni mensonges pour cacher la vérité, dit Daniel d'un ton ferme ; oui, bailli Hermann Stengel, j'ai déserté ou plutôt je me suis cru en droit de reprendre ma liberté... Vous savez comment je tombai dans le piège qu'on m'avait tendu ; un moment d'exaltation et d'oubli, un mouvement d'orgueil consommèrent ma perte. La plainte était inutile, je me résignai, je devins soldat. Je ne vous dirai pas les humiliations, les vexations dégradantes qu'il me fallut supporter dans mon nouvel état. Pendant les premiers temps du moins, il me restait l'espérance, car j'ignorais encore qu'un ennemi implacable étendait sur moi sa maligne influence. Ce fut lui qui, malgré l'éloignement, annihila mes efforts pour sortir de l'abîme où j'étais tombé ; pendant que je me desséchais de colère et de rage, il venait ici chaque jour poursuivre Frantzia de son amour ; il avait réussi, m'a-t-on dit, à lui inspirer des sentimens...

— On vous a trompé, Daniel, interrompit mademoiselle Stengel avec véhémence, je n'estime pas, je n'estimerai jamais celui dont vous parlez.

— Merci ! oh merci ! murmura Richter d'un ton passionné, ce doute était pour moi un supplice affreux !

— Prenez garde, monsieur Richter, dit le justicier ; si je ne me trompe, vous accusez de tous vos malheurs un homme puissant de ce pays... Avez-vous des motifs suffisans pour vous exprimer ainsi au sujet de l'honorable monsieur Pinck, le secrétaire, l'ami de le confident de notre digne seigneur le comte de Stolberg?

— J'en ai, bailli, j'en ai d'indubitables... Déjà ce bon Carl Blum, dont je regrette si vivement la perte, m'avait fait entendre lors de mon départ que j'étais victime d'une machination de l'odieux favori du comte: mes soupçons récemment se sont changés en certitude. Le vieux fourbe d'officier qui avait préparé ma ruine a tout avoué; il s'entendait avec Pinck. Celui-ci, abusant de son pouvoir, lui avait permis autrefois d'enrôler les vassaux du fief, à condition qu'on le débarrasserait de moi; l'indigne commandant accepta le marché. Vous savez comment il me ravit la liberté; plus tard, à la paix, il me réintégra dans un régiment de formation nouvelle. Toujours fidèle à ses abominables engagements, il m'empêcha d'obtenir aucune faveur, aucun avancement sérieux, il fit rejeter toutes mes demandes. Enfin, il y a quelques jours, j'ai profité d'un moment où l'ivresse avait troublé sa raison pour lui arracher l'aveu de ses honteuses menées. J'ai appris aussi qu'il entretenait une correspondance avec Pinck, et que, dans une de ses dernières lettres, le favori du comte exprimait l'espoir d'épouser prochainement Frantzia Stengel, dont le bailliage du Brocken serait la dot...

— La charge que j'ai exercée quarante ans avec honneur! interrompit le vieillard à son tour involontairement, est-ce là en effet la prétention de Pinck?... Mais cette charge est l'héritage de mon fils, et mon vénérable maître le comte de Stolberg ne pourrait l'en priver sans commettre une grande injustice.

— Vous savez tout maintenant, reprit Daniel Richter; en découvrant ces exécrables machinations, j'ai eu à peine assez de pouvoir sur moi-même pour ne pas écraser du pied, comme un reptile venimeux, le misérable qui m'avait perdu. Mais j'ai senti qu'il en était un autre plus coupable; sur celui-là seul doit retomber ma colère. Quelques heures après j'avais quitté la ville où j'étais en garnison, et, sous ce costume bourgeois, je m'acheminais vers le Harz...

— Mais avant de partir vous aviez certainement accompli quelques formalités? vous aviez adressé une demande à l'autorité supérieure? vous aviez du moins sollicité un congé de quelques jours?

— Non.

— Imprudent jeune homme, et vous me dites cela, à moi, Hermann Stengel, justicier du Brocken?

Tout en parlant, il atteignit l'immense perruque placée devant lui et s'en couvrit; une partie de son visage disparut dans les boucles poudreuses qui retombaient de tous côtés sur son collet noir.

Cette action si simple, si ridicule même, avait en ce moment une signification terrible; cependant le déserteur sourit.

— Monsieur le bailli, répondit-il doucement, je sais que vous ferez votre devoir.

— Mais ce devoir, en connaissez-vous bien toute la rigueur?... Après vos aveux si explicites, je suis dans la nécessité de vous faire arrêter et de vous envoyer à Gœttingue.

— Oui, et je connais la loi inexorable qui me sera appliquée... Aux termes des traités entre la Prusse et le Hanovre, cette loi portée par l'inflexible Frédéric est exécutable même dans l'électorat à l'égard des déserteurs Prussiens... la peine, c'est la mort ignominieuse de la...

— Eh! si vous saviez si bien le sort qui vous attendait, reprit le justicier avec un accent de reproche, pourquoi avez-vous eu la cruauté de choisir un vieil ami pour être l'instrument de votre perte?

— Dieu m'en est témoin, bailli, en arrivant dans ces montagnes, je n'avais pas l'intention de venir chez vous; je craignais trop de vous compromettre et de vous placer dans une alternative douloureuse... Je comptais rencontrer Frantzia hors de la maison et lui faire mes adieux... Mais ce soir, pendant que j'errais au hasard dans le voisinage, ne sachant à qui me confier et où diriger mes pas,

Rodolphe s'est présenté à moi par hasard. J'ai voulu l'éviter ou du moins me cacher de lui; mes efforts ont été inutiles, et je n'ai pas eu la force de résister à ses instances quand il a désiré m'amener ici où m'appelaient mes vœux les plus chers.

Hermann Stengel était accablé de douleur.

— Mon Dieu, mon Dieu! que faire? murmura-t-il.

Frantzia s'avança brusquement.

— Ce qu'il faut faire, mon père, dit-elle avec chaleur, il faut avoir pitié d'un infortuné qu'une longue et constante injustice avait rendu fou... il faut le laisser partir.

— Moi? ce serait forfaiture... ce serait contre ma conscience et mon serment.

— Votre conscience ne vous dit-elle pas que ce pauvre Daniel est victime de circonstances fatales? Il n'est pas, il ne peut être coupable devant Dieu... Laissez-le partir; il trouvera aisément une retraite dans ces montagnes; il a des amis nombreux et dévoués parmi les bergmans; il attendra que les circonstances deviennent favorables pour obtenir sa grâce.

— Frantzia, dit Daniel d'un air de sombre abattement, je n'attends ni n'espère aucune grâce... Quelques jours de liberté, voilà ce que je demande; puis je ne chercherai plus à soustraire ma tête à la justice des hommes.

— Mais alors, au nom du ciel! que veniez-vous faire dans le Harz?

— Ne l'avez-vous pas deviné?... me venger du misérable qui a causé tous mes maux, qui vous a poursuivie de ses insolentes prétentions...

— Grand Dieu! vous vouliez tuer Pinck, l'assassiner?

— Non, mais jouer ma vie contre la sienne dans un duel loyal... si toutefois il avait assez de courage pour l'accepter.

— Renoncez à ce projet, Daniel, je vous en supplie.

— On avait donc raison? vous aimez cet infâme intrigant!

— Non, mais je ne veux pas que vous répandiez son sang, que vous vous rendiez coupable d'un meurtre...

— Vous l'aimez, vous dis-je.

— Ingrat! fit la jeune fille avec un accent d'indéfinissable reproche.

Richter lui saisit la main qu'il serra avec force.

— Pardon, pardon, murmura-t-il, mes malheurs ont aigri mon cœur et m'ont disposé à l'injustice... Mais lors même que je consentirais à vous quitter sur-le-champ, je n'oserais braver ainsi l'autorité de votre père...

— Cette autorité, je n'ai aucun moyen en ce moment de la faire respecter, dit le vieillard d'une voix si faible qu'on l'entendait à peine.

Et il détourna la tête comme pour ne pas voir ce qui allait se passer.

— C'est un consentement tacite, reprit Frantzia à voix basse; pour sauver sa propre vie mon père ne voudrait pas faire davantage... Et maintenant, Daniel, partez, on peut venir et vous seriez perdu... Rester ici une minute de plus serait un crime contre Dieu, contre vous-même, contre moi... Seulement, promettez de renoncer à une vengeance indigne de vous.

— Ne me demandez pas cela... Songez à ce que j'ai souffert.

— Il me faut cette promesse, Daniel... J'ai peut-être aussi le droit de l'exiger!

— Eh bien donc, Frantzia, puisque vous le voulez...

En ce moment on entendit le bruit d'un cheval qui s'arrêtait devant la maison.

— Imprudent! dit le bailli avec un douloureux gémissement, vous avez trop attendu.

Frantzia prêta l'oreille.

— C'est peut-être Rodolphe qui revient avec Samuel Toffner, reprit-elle en s'efforçant de se rassurer; Samuel est votre ami, il protégera votre fuite.

— Ce n'est pas Samuel Toffner, dit le justicier.

Une voix aigre et impérieuse appela Sara du dehors. Comme personne ne répondait, le nouveau venu introduisit lui-même son cheval dans l'écurie attenante à la maison.

— C'est Pinck ! reprit Hermann Stengel avec épouvante; lui seul peut agir avec aussi peu de cérémonie dans la maison du bailli du Brocken.

— Pinck ! répéta Frantzia, nous sommes perdus... Que peut-il venir faire ici à pareille heure ?

— Quelque nouvelle à m'apporter, quelque ordre à me transmettre de la part de monseigneur... Eh bien ! jeune homme, voulez-vous donc qu'il vous trouve ici ?

— Daniel, Daniel, par tout ce qu'il y a de plus sacré, cachez-vous, dit Frantzia hors d'elle-même ; Pinck vous hait ; il vous livrerait au bourreau sans pitié, sans remords...

— Moi ! me cacher devant mon plus mortel ennemi ? dit Richter d'un ton farouche en tirant des pistolets de sa poche.

— Que voulez-vous faire de ces armes, monsieur ? oubliez-vous sitôt votre parole ?

Après un moment d'hésitation, le déserteur replaça ses pistolets dans ses poches, mais il resta immobile.

— Daniel, de grâce, cédez à la nécessité ! reprit la jeune fille avec un accent suppliant ; entrez dans la chambre voisine et restez-y dans le plus profond silence. Aussitôt que je le pourrai, j'irai vous délivrer, et...

— Je n'attaquerai pas le premier, Frantzia ; voilà tout ce que je peux vous promettre, dit le déserteur d'une voix brève et saccadée, en s'asseyant.

— Eh bien donc ! puisque rien ne peut vaincre cette obstination insensée, demeurez... mais du moins ne faites rien pour vous trahir... J'espère que la visite de Pinck sera courte, et que nous pourrons lui donner le change... Enveloppez-vous dans votre manteau et feignez de dormir... Vous, mon père, reprenez votre lecture... Le voici.

Daniel et le bailli obéirent presque sans savoir ce qu'ils faisaient.

Frantzia retourna précipitamment la lampe, afin de laisser dans l'ombre la partie de la salle où se trouvait Richter, puis elle s'assit elle-même, et elle parut fort occupée de mettre en ordre les fleurs de son herbier.

Ces dispositions étaient à peine achevées que Pinck entra.

III

LE FAVORI.

Le secrétaire tout-puissant du seigneur du Brocken était un petit homme de trente ans environ.

Son extérieur ne prévenait pas en sa faveur.

Son front jaune, ses joues saillantes et vermillonnées, ses yeux gris, astucieux et lâches, annonçaient que l'intelligence dont il pouvait être doué était mise au service de passions basses et vulgaires.

La recherche de ses vêtements trahissait la haute opinion qu'il avait de son importance.

Il portait habit et culotte de velours noir, perruque bien poudrée, jabot et manchettes de dentelles, rapière à manche d'acier ciselé.

Il tenait à la main un fouet qu'il agitait nonchalamment.

Malgré cet équipage cavalier, il était impossible de confondre maître Pinck avec ces gentilshommes dont il affectait la fierté et la suffisance.

Son père était un artisan de Gœttingue qui avait eu le fol amour-propre de faire de lui un homme de loi ; mais Pinck, après avoir pris ses degrés à l'Université de sa ville natale, n'avait pu trouver d'emploi dans la magistrature, en raison des bouleversemens causés par la guerre.

Depuis longtemps déjà il vivait dans une condition misérable, quand il s'était attaché au comte de Stolberg.

D'abord simple scribe, sa position auprès de cet opulent seigneur était des plus humbles et des plus précaires ; mais peu à peu, grâce à son esprit souple et insinuant, il avait acquis une autorité absolue dans la maison de son maître.

La vieillesse et les infirmités du comte lui rendaient nécessaire un homme actif et intelligent, toujours sous sa main pour le conseil et pour l'action.

L'honnête Stengel était trop lent, trop formaliste pour des fonctions de ce genre ; et d'ailleurs les devoirs de sa charge le retenaient constamment loin du château seigneurial.

Pinck, esprit plus vif, plus alerte, fertile en ressources, n'avait donc pas tardé à devenir indispensable, et, au moment où nous en sommes, rien ne se faisait plus dans les domaines du comte de Stolberg que d'après ses ordres ou ses inspirations.

Or, le puissant favori n'avait pas eu l'art de se concilier la sympathie des gens du voisinage.

Les mineurs franconiens, qui pourtant échappaient, par leur organisation même, à son influence tyrannique, lui donnaient cette épithète de *vonder feder* (homme de plume) qui est chez eux le terme du plus souverain mépris.

Ses manières hautaines, ses procédés despotiques irritaient sourdement les vassaux ; et la part qu'on le soupçonnait d'avoir prise au malheur de Daniel Richter avait achevé de le rendre odieux en secret à toute la population du fief.

Du reste, sa conduite envers le justicier n'avait jamais été nettement agressive.

Bien plus, il affectait pour la personne du vieux juge et pour sa famille une extrême déférence.

Mais il était à remarquer que plus son crédit auprès du comte avait pris d'accroissement, plus celui de Stengel avait diminué.

Le seigneur de Stolberg ne mandait plus, comme autrefois, son bailli à la résidence pour le consulter sur les affaires publiques ou sur ses intérêts privés.

Hermann allait à peine deux ou trois fois par an au château, et encore, dans ses rares visites, ne pouvait-il pas toujours approcher du vieux comte infirme et alité.

Toutes les affaires un peu importantes se traitaient par l'entremise de Pinck.

En dépit de ces circonstances bien capables d'exciter sa défiance, l'honnête et simple justicier n'avait jamais sérieusement réfléchi aux projets secrets du favori, jusqu'au moment où la révélation de Daniel lui avait fait entrevoir la vérité sur ces projets.

Plein de respect pour tout ce qui touchait à son maître, il accueillait Pinck avec empressement, et il exigeait de ses enfans les mêmes égards, bien que ni Rodolphe ni Frantzia ne partageassent sa sécurité à l'égard de ce douteux ami.

En entrant dans la salle, le secrétaire jeta un coup d'œil rapide autour de lui, et ce coup d'œil se porta particulièrement sur le coin obscur où se trouvait l'étranger.

Mais le père et la fille ne lui donnèrent pas le temps d'observer et de concevoir des soupçons.

— Soyez le bienvenu, monsieur Pinck, dit le vieux Stengel avec une agitation à peine dissimulée, car jamais le digne magistrat ne s'était trouvé dans une position aussi fausse et aussi critique ; votre visite à cette heure avancée n'a pour cause aucun fâcheux accident, je l'espère ?

— Non, non, bailli, à Dieu ne plaise ! répliqua Pinck en saluant Frantzia à la manière des petits-maîtres français, dont il cherchait à imiter l'élégance ; depuis trois jours, je suis en course pour le service de monseigneur... Ce soir, j'aurais dû retourner au château, mais je n'ai pu résister au désir de venir passer quelques instans près de vous et de votre charmante fille ; j'ai donc fait un détour, et je suis arrivé ici, au risque de m'abîmer avec mon cheval dans vos tourbières...

— Et vous avez eu sans doute la bonne pensée de prendre gîte à la maison du Comte pour cette nuit? demanda la jeune fille.

— En effet, mademoiselle, répliqua Pinck; mais je crois, ajouta-t-il en jetant un nouveau regard sur Daniel, que j'ai été devancé...

— C'est un ami de mon frère, répondit Frantzia d'une voix contenue, mais cependant assez haut pour que tout le monde pût l'entendre; c'est un jeune homme d'Osterode, qui est venu au Brocken pour chasser l'auerhan avec Rodolphe... Le pauvre garçon a fait le chemin à pied, et il est épuisé de fatigue... Depuis son arrivée, il dort en attendant mon frère, qui ne peut tarder à rentrer... Nous allons renvoyer ces deux jeunes gens passer la nuit chez la mère Reuben, à l'auberge du Brocken-Werthaus; ils pourront causer et rire plus librement qu'ici!

Stengel restait stupéfait et comme effrayé de cette singulière présence d'esprit d'une jeune fille habituellement timide.

Pinck, émerveillé de cet accueil empressé, auquel, il faut le dire, on ne l'avait pas habitué, ne semblait avoir aucun soupçon.

— Qu'ai-je donc fait, mademoiselle, demanda-t-il d'un air ravi, pour mériter ces attentions si flatteuses de votre part?

Et il déposa sur la main de Frantzia un baiser qui fit tressaillir le prétendu dormeur.

Elle se hâta de se dégager, et s'avança vers Daniel, dont elle toucha légèrement l'épaule.

— Allons, monsieur... monsieur Albert... n'est-ce pas ainsi qu'il se nomme? dit-elle à voix haute, consentez à aller attendre mon frère au Brocken-Werthaus, à quelques pas d'ici... L'on aura soin que vous ne manquiez de rien chez la mère Reuben.

— Cette ruse ne vous réussira pas, Frantzia! murmura Daniel de manière à être entendu d'elle seule; j'ignorais que vous fussiez dans une pareille intimité avec mon ennemi, l'ennemi de votre famille... Je veux savoir, je saurai... Je reste.

Pour toute réponse, la fille du bailli leva les yeux au ciel.

— Que dit-il? Je crois que le pauvre diable dort debout, reprit Pinck en s'avançant: eh bien! mademoiselle, si vous le permettez, je vais vous débarrasser de ce jeune mal-appris, et le conduire moi-même à l'auberge voisine... Il y sera plus à sa place qu'auprès de vous.

— Non, non, monsieur Pinck, c'est inutile... Laissons ce jeune homme attendre ici le retour de Rodolphe... Nous nous sommes déjà trop occupés de lui.

Le secrétaire haussa les épaules et regagna sa place sans défiance.

Frantzia se mit à aller et venir dans la salle, en apparence pour vaquer aux soins que réclamait la présence d'un hôte étranger, mais en réalité sans but arrêté et sans savoir ce qu'elle faisait.

Elle n'osait quitter le stubé, où une parole imprudente pouvait déterminer d'une minute à l'autre un conflit terrible entre Richter et le favori du comte.

D'un autre côté, il fallait trouver moyen de prévenir Rodolphe de ce qui se passait, de peur qu'en arrivant inopinément, avec son étourderie ordinaire, il ne trahît l'incognito momentané de Daniel. Elle n'osait éveiller pour cette tâche la servante Sara, vieille femme stupide, curieuse et bavarde.

Dans cette perplexité, elle se plaça en observation sur l'espèce de terrasse extérieure qui précédait la salle, prête à accourir au premier bruit d'une querelle entre les deux rivaux, ou à s'élancer au-devant de son frère dès que le retentissement des pas au milieu de la nuit signalerait son approche.

Cependant le bailli, complice involontaire de cette petite intrigue, s'efforçait de détourner l'attention de Pinck.

— Eh bien! monsieur, dit-il avec politesse, ne voulez-vous pas goûter de mon tabac et de ma bière en attendant le souper? Je suis impatient d'apprendre des nouvelles de notre excellent maître, le comte de Stolberg.

— A vos ordres, bailli, répondit le secrétaire avec empressement en rapprochant son siège de celui d'Hermann; le tabac et la bière sont les bienvenus, mais n'attendez pas des nouvelles du comte en retour, car depuis trois jours j'ai quitté la résidence.

— Et quel grand motif vous a retenu si longtemps loin de monseigneur, qui ne peut se passer de vous? demanda Hermann en faisant mousser la beste-krug dans la choppe de son hôte.

— Comme vous le dites, bailli, il ne peut se passer de moi... Si je m'absente seulement quelques heures, l'impatience lui donne de terribles accès de goutte, le digne seigneur! Mais cette fois j'ai mené à bien une entreprise qui va le ravir d'aise... Vous savez que, de temps immémorial, les bergmans avaient l'habitude de commencer la journée trop tard et de la finir trop tôt dans les forgés et dans les mines, ce qui entraînait une perte de temps considérable, et rendait la surveillance des ouvriers gênante et difficile. Monseigneur avait à cœur de changer cet état de choses; mais tous ses efforts avaient échoué devant l'obstination de nos gens, qui voulaient travailler précisément aux heures où avaient travaillé leurs pères, ni plus tôt ni plus tard.

— Il est vrai, car j'ai été moi-même obligé de réprimer quelques désordres causés par ces tentatives de changement...

— Eh bien! j'ai trouvé le moyen de faire travailler les bergmans exactement aux heures désignées par monseigneur et le conseil des mines.

— Et ce moyen réussira?

— Il a réussi; depuis trois jours, dans tout le Harz, on commence la journée plus tôt et on la finit plus tard.

— C'est singulier; aucune plainte, aucun murmure n'est parvenu jusqu'à nous.

— C'est que personne ne se doute encore de la vérité.

— Et puis-je savoir par quelle ruse...?

— Vous saurez mon secret, d'autant plus que vous aurez vous-même à surveiller l'exécution de mes ordres... Eh bien! j'ai fait avancer d'une heure les horloges de tous les villages de la contrée. Les forgerons, les mineurs, même le watchman qui annonce les heures la nuit au son du cornet, personne ne s'est douté de la supercherie... N'est-ce pas, bailli, que l'idée est originale?

Et Pinck se mit à rire en se frottant les mains.

— L'idée est bonne en effet, monsieur Pinck, et en même temps si simple que je ne m'explique pas comment elle n'est pas venue plus tôt à l'esprit de quelqu'un.

— Voilà précisément ce que l'on disait à Christophe Colomb quand il eut découvert l'Amérique, répliqua le secrétaire avec une naïve exubérance d'orgueil. Quoiqu'il en soit, monseigneur va être ravi de ce résultat, et, dans sa joie, il ne me refusera pas la récompense que je lui demanderai.

— Et cette récompense, reprit le vieillard, qui malgré ses inquiétudes secrètes commençait à prendre un vif intérêt à cette conversation, pouvez-vous la déterminer?

— Oui, mon cher bailli, et c'est pour vous consulter à ce sujet que j'ai fait un long détour ce soir.

— Me consulter, moi?

— Vous-même, bailli; cela ne doit pas vous surprendre, car la récompense à laquelle j'aspire, c'est de votre main que je veux la recevoir.

Hermann se tut; il remplit les verres gravement et reprit sa pipe. Pinck vit dans cette action un encouragement à continuer.

— Je ne vous étonnerai pas beaucoup sans doute, mon vieil ami, reprit-il d'un ton caressant, en vous apprenant que depuis longtemps j'aime votre aimable fille. J'ai attendu pour me déclarer d'avoir dissipé certains préjugés qu'elle avait pu concevoir contre moi; grâce à mes assiduités, à mes attentions, à mes prévenances, j'ai, selon toutes probabilités, atteint ce résultat. Vous avez vu ce soir avec quel empressement plein de charmes mademoiselle Frantzia m'a accueilli... Je vous demanderai donc franchement, bailli Stengel, quelle serait votre réponse dans le cas où monseigneur réclamerait pour moi la main de votre fille...

Le vieux justicier, avant de répondre, lâcha précipitamment plusieurs bouffées de fumée.

— La main de ma fille n'appartient qu'à elle, maître Pinck, dit-il avec fermeté; je suis plein de respect pour les volontés de monseigneur le comte de Stolberg; mais mon devoir de père est plus sacré que celui de magistrat, monsieur, et je ne sacrifierai jamais l'un à l'autre, vous pouvez y compter.

Dans la partie obscure de la salle, le dormeur respira bruyamment, comme s'il était délivré d'un poids énorme qui l'étouffait.

— Vous ne m'avez pas bien compris, mon cher monsieur Stengel, reprit Pinck d'un ton patelin; moi vous engager à violenter la volonté de Frantzia? fi donc! Je ne suis ni d'âge, ni de tournure, ni de qualité à avoir besoin de pareils moyens pour obtenir les bonnes grâces d'une jeune fille... Je vous demande seulement si vous seriez disposé à obéir sans regret aux ordres de monseigneur, dans le cas où il vous témoignerait le désir de me voir uni à mademoiselle Stengel?

— J'obéirai toujours sans murmurer aux ordres de mon maître, quand ces ordres ne blesseront en rien mes devoirs envers mon enfant.

— Fort bien; mais à supposer, ce dont je doute fort, que cette chère enfant résiste aux vœux exprimés par son père et par le comte son seigneur, consentiriez-vous du moins à lui représenter les dangers de son obstination: à lui faire sentir, par exemple, l'inutilité de ses espérances au sujet d'un certain petit céladon qui avait osé élever ses prétentions jusqu'à elle?

— Je ne sais de qui vous voulez parler, monsieur Pinck; ma fille n'a pu prendre d'engagement précis sans mon aveu, et...

— Allons donc, bailli, il s'agit de ce jeune homme, de ce ménétrier ambulant à qui vous aviez la bonté autrefois de ne pas fermer votre porte, et qui profitait de cette tolérance pour se vanter partout de la faveur particulière avec laquelle il était accueilli dans cette maison... Il serait peut-être de votre devoir de persuader à votre fille, si par hasard elle n'avait pas oublié cette folie de la première jeunesse, qu'un pareil drôle est indigne d'elle; qu'il s'est fait justice à lui-même, quand, à la suite d'une orgie, il a griffonné son nom sur la liste du capitaine Schmidt; qu'enfin elle ne doit plus espérer de le revoir, car on y a mis bon ordre; et si jamais, par impossible, il reparaissait dans le pays, il en serait bientôt chassé comme vagabond.

Daniel s'agitait convulsivement sur son siège; Hermann, redoutant un conflit mortel entre les jeunes gens, balbutia avec effort :

— Vous êtes beaucoup trop sévère envers ce pauvre garçon, monsieur; du reste, dans le cas dont vous parlez, j'agirais selon ma conscience et dans l'intérêt bien entendu de ma fille...

— Votre conscience, bailli, votre conscience! répéta le secrétaire avec une espèce d'impatience; écoutez: sans vouloir en quoi que ce soit l'influencer, je dois vous apprendre certaines choses auxquelles vous ferez bien de réfléchir... Monseigneur, à mesure qu'il avance en âge et que les infirmités l'aigrissent, devient d'une irascibilité dangereuse. La moindre contrariété le met hors de lui; et moi-même j'ai besoin d'une extrême circonspection pour ne pas l'irriter cent fois en une journée. Or, votre résistance et celle de Frantzia, dans une affaire qu'il aurait prise à cœur, pourrait avoir pour vous des conséquences fâcheuses; ce serait peut-être la goutte d'eau qui ferait déborder le vase. « Monsieur Pinck, me disait-il » dernièrement, ce pauvre Stengel est comme moi, il » commence à vieillir. Il aime un peu trop à séjourner » là-haut dans sa maison du Brocken, et il n'a plus toute » l'activité, toute l'énergie qu'exigent ses fonctions. Il est » trop bon, trop indulgent avec ces mineurs turbulens et » ces tenanciers rapaces; il faudrait une main plus vigou- » reuse pour les tenir en bride. Ensuite, on m'a conté » qu'il avait laissé les liens de la discipline se relâcher » déplorablement dans sa famille. Il a recueilli autrefois » chez lui une espèce d'empoisonneur, l'horreur de la » contrée, et il a presque abandonné à cet aventurier l'é- » ducation de ses enfans; aussi sa fille est-elle devenue » assez savante pour être regardée comme une magi- » cienne, et son fils n'est bon qu'à fréquenter les taver- » nes; tout cela est du plus mauvais exemple. » Ces paroles sont dures, injustes même, je le sais, continua Pinck du ton le plus mielleux; aussi, mon cher bailli, ai-je pris votre défense avec chaleur et cherché à faire revenir monseigneur de sa fâcheuse opinion à votre égard; mais par malheur il est fort opiniâtre, et j'ai dû, quoi qu'il m'en coûtât, vous mettre en garde contre le danger de le pousser à bout.

Si Pinck avait eu l'intention de produire une vive impression sur le bailli, il put s'applaudir de son succès.

Le pauvre Hermann était atterré, sa tête vénérable retombait sur sa poitrine. Il ne se dissimulait pas que le langage du comte n'avait rien d'extraordinaire de la part d'un vieillard quinteux, morose et livré à des influences ennemies; mais cette sévérité pour une longue carrière, toute de probité et de dévouement, lui déchirait le cœur. Pinck sentit qu'il était allé trop loin.

— Ne vous affligez pas ainsi, mon bon vieil ami, dit-il avec une cordialité apparente; je me reprocherais trop ma franchise... Allons, ne désespérons de rien; nous ramènerons aisément monseigneur de ses préventions contre vous, si vous ne lui donnez pas quelque nouveau sujet de plainte.

— Il est mon maître et mon bienfaiteur, répliqua le bailli d'une voix étouffée, et je l'ai servi fidèlement comme mon père avait servi son père, comme mon aïeul avait servi le sien... Cette injustice de sa part sera la douleur de mes derniers jours!

Et il se couvrit le visage de ses deux mains pour cacher ses larmes.

— Ne croyez pas cet homme, bailli Stengel, cria tout à coup une voix mâle et accentuée derrière lui; il a l'habitude du mensonge et de la trahison.

Et Daniel, écartant son manteau, se leva impétueusement; son visage avait une expression terrible et menaçante.

Le sourcil froncé, les bras croisés sur sa poitrine, il s'avança vers le secrétaire, qui le regardait tout effaré.

— Oui, c'est bien moi, Wilhelm Pinck, reprit Daniel Richter en s'arrêtant à deux pas de son ennemi; tu ne t'attendais pas à me voir de sitôt! Après m'avoir enveloppé dans tes abominables intrigues, tu croyais pouvoir me calomnier sans risque... Tu vas me rendre compte du présent et du passé!

En ce moment Frantzia s'élança dans la salle; elle avait reconnu du dehors la voix de Daniel, et elle s'était doutée de ce qui se passait.

Incapable de parler, elle adressa au déserteur un geste suppliant.

Pinck, revenu de sa première surprise, affectait beaucoup d'assurance.

— C'est monsieur Daniel Richter, je crois! dit-il avec ironie; quelle histoire me contiez-vous donc tout à l'heure, bailli, d'un ami de votre fils, d'un jeune garçon venu ici pour chasser le coq de bruyère?...

Le pauvre magistrat entrevit quel parti on pouvait tirer contre lui de cette circonstance.

— Monsieur Pinck, balbutia-t-il, je n'ai pas affirmé... j'ignorais...

— Si quelqu'un est coupable, s'écria Frantzia, c'est moi... C'est moi qui ai voulu le sauver, monsieur Pinck, moi seule, je vous le jure.

— Le sauver? répéta Pinck; en effet, monsieur Daniel n'a pu revenir ici qu'en manquant à l'honneur, et en désertant son drapeau. Le soldat Richter n'a pas obtenu de congé, je le sais, j'en suis sûr !... Le capitaine Schmidt ne l'eût pas souffert !

— L'entendez-vous ? Il s'est trahi lui-même ! s'écria Richter avec une énergie effrayante ; il avoue la part qu'il a prise dans les infâmes machinations qui ont causé ma ruine... Misérable, tu ne t'en vanteras plus !

Il arma un de ses pistolets, et en dirigea le canon vers Pinck épouvanté.

Mais, avant qu'il eût pu tirer, le bailli et Frantzia s'étaient jetés devant lui.

— Malheureux jeune homme ! s'écria le vieillard, y songez-vous ? Ce serait un assassinat !

— Daniel, grâce pour lui... Ne répandez pas son sang... ici... en ma présence !

Le déserteur abaissa lentement son arme.

— C'est juste, reprit-il d'un ton farouche ; rendez grâce, monsieur Pinck, à la sainteté du toit qui vous couvre... Non je ne souillerai pas de votre sang odieux ce foyer où j'ai été si longtemps accueilli en ami ; je céderai aux instances de monsieur Stengel et de sa fille, tout ce que j'aime, tout ce que j'honore le plus sur la terre... Mais leur intervention ne vous sauvera pas ; ma vengeance ne vous accorde qu'un sursis... nous nous reverrons... bientôt, dès que vous ne serez plus protégé par mon respect pour cette demeure hospitalière... Adieu, Frantzia, adieu, monsieur le bailli... Ne demandez rien de plus pour lui... cet effort a excédé mes forces, et je sens que je ne pourrais contenir plus longtemps ce qui gronde au dedans de moi... Il vaut mieux que je vous quitte... Adieu.

Et il se dirigea vers la porte comme pour sortir.

— Monsieur le bailli, dit Pinck pâle de rage et de terreur, laisserez-vous ainsi s'échapper un criminel ? N'êtes-vous plus le justicier du Harz ? Avez-vous oublié votre devoir ?

— Non, non, me voici ! dit le vieillard avec un douloureux effort ; monsieur Daniel Richter, continua-t-il en s'avançant vers le déserteur, au nom de monseigneur le comte de Stolberg, je vous somme de vous rendre prisonnier !

— Oh ! Daniel, Daniel, murmura la jeune fille, pourquoi n'êtes-vous pas parti quand vous le pouviez sans danger ?

Richter promena autour de lui un regard assuré.

— Qui donc me retiendra ici contre mon gré ? dit-il avec un sourire amer ; je suis plein de respect et d'affection pour votre personne, monsieur Stengel, mais vous ne serez pas surpris que je ne me soumette pas à votre autorité comme magistrat... Je suis armé ; je suis le plus fort !

Peut-être, au fond, Hermann n'était-il pas fâché que Daniel eût pris ce parti ; cependant il répliqua avec une certaine énergie :

— Réfléchissez, jeune homme ; n'ajoutez pas à vos autres crimes celui de rébellion contre l'autorité légale...

— J'en répondrai en temps et lieu, bailli... Quant à vous, vous avez fait votre devoir, et l'on ne peut exiger davantage. Votre bras est trop faible pour m'arrêter. Il n'y a ici qu'un homme assez jeune et assez robuste pour tenter avec quelque chance de succès de me barrer le passage... et cet homme est un lâche ! — Pinck serra convulsivement les poings, mais en voyant le pistolet toujours tourné vers lui, il garda le silence. Daniel le tint un moment comme fasciné sous son regard de feu. — A bientôt ! dit-il enfin.

Puis il s'inclina profondément devant le bailli, baisa la main de Frantzia et marcha de nouveau vers la porte.

— Enfin, enfin ! murmura la jeune fille en levant les yeux au ciel.

Mais au moment où Daniel allait franchir le seuil de la porte, une musique bruyante retentit devant la maison, et des voix nombreuses s'écrièrent du dehors :

— Vivat pour Daniel Richter ! Hourra pour notre ami le roi des ménétriers du Harz !

Richter, d'abord interdit, sentit enfin le danger du plus petit retard. Il voulut franchir le perron ; mais là il se trouva enlacé dans les bras de Rodolphe Stengel, qui l'entraîna dans la salle en criant avec de grands éclats de rire :

— Il s'enfuit, mes amis, il veut nous échapper.... A l'aide, Samuel Toffner ; à l'aide tous, ou cet enragé va encore décamper sans vous donner le temps de lui dire adieu !

Daniel s'efforçait vainement de se dégager de ses étreintes ; l'étourdi voyait seulement un jeu dans cette lutte où il s'agissait de la vie de son ami.

— Mon frère, mon frère, dit Frantzia éperdue, laisse-le aller... Tu seras cause des plus grands malheurs !

Mais Rodolphe ne l'écoutait pas. Tout à coup la musique cessa, et une trentaine de bergmans fit irruption dans la salle. Ils portaient le costume d'uniforme, frac noir à collet et à paremens rouges, ceinturon de buffle avec des ornemens de cuivre représentant deux marteaux en sautoir, petit chapeau à trois cornes, dont l'aile antérieure était abaissée de manière à former une sorte de godet où, dans l'intérieur même, l'on plaçait une lampe. Quelques-uns seulement avaient le tablier de cuir, mais rejeté en arrière, car on ne le porte en avant que dans les travaux ; c'étaient les mineurs et forgerons. Les ménétriers, que l'on reconnaissait aux instruments de musique dont ils étaient chargés, n'avaient pas droit à cet insigne vénéré.

Tous se précipitèrent tumultueusement vers Daniel ; on l'embrassait à l'étouffer ; on lui serrait la main ; on l'accablait de questions, de félicitations amicales auxquelles on ne lui laissait pas le temps de répondre. Les éclats de rire de Rodolphe, enchanté d'avoir procuré ce triomphe à son ancien ami, dominaient le bruit.

Parmi les plus empressés, on voyait un petit vieillard à mine fortement enluminée, aux cheveux en désordre, à l'uniforme débraillé et boutonné de travers. Il pressait Daniel contre son cœur, s'éloignait un peu pour le mieux voir, puis lui sautait au cou de nouveau, riant et pleurant à la fois ; sa joie tenait du délire, de la folie. C'était Samuel Toffner, le successeur de Daniel dans la charge de chef des ménétriers. Il professait l'admiration la plus enthousiaste pour le talent et pour la personne du jeune artiste, enthousiasme qui, nous devons le dire, était toujours soutenu par une honnête pointe d'ivresse.

— Cousin Richter (1), disait-il en donnant au jeune homme ce titre d'amitié en usage parmi les mineurs Franconiens, vous voilà donc revenu parmi nous... Vous êtes bien nommé Daniel, car le Seigneur vous a délivré de la fosse aux lions ! Comme il est beau et fier !... j'ai fait pour vous une symphonie en *la* avec accompagnement de basse, dont vous serez content... Quels concerts nous allons donner !... Ah çà ! cousins ménétriers, ajouta-t-il en se tournant vers ses compagnons, je ne suis plus votre capel-meister... Il en est venu un dont je ne suis pas digne de délier le cordon des souliers ; le sistre égyptien doit se taire devant la harpe divine du fils de Saül... hourra ! hourra pour le cousin Daniel !

Il jeta en l'air son chapeau déformé, tourna deux ou trois fois sur lui-même, et s'emparant du premier instrument de musique qui lui tomba sous la main, il se mit à en jouer de la façon la plus burlesque, pendant que ses compagnons ébranlaient la salle de hourras multipliés.

(1) *Vetter*, c'est une habitude qui remonte à la plus haute antiquité. On sait que les Gaulois et les Germains se disaient issus de la même origine. La Vétéravie était la contrée des cousins.

Daniel n'était pas insensible aux marques d'amitié que lui prodiguaient ces bonnes gens; cependant, tout en leur adressant quelques mots sans suite pour les remercier, il cherchait à écarter doucement la foule dont il était environné. L'inexorable Pinck s'était placé entre lui et la porte extérieure.

— Mes bons amis, s'écria le secrétaire d'une voix qui domina le tumulte, cet homme que vous comblez de caresses ne les mérite plus... La justice le réclame pour le punir.

Un profond silence s'établit dans la salle. Les montagnards, en reconnaissant Pinck, le favori redouté du comte, restèrent bouche béante.

— Par la Bible de Luther! dit enfin Samuel, ce n'est pas du cousin Daniel que parle monsieur le secrétaire?

— C'est une plaisanterie, sans doute! ajouta Rodolphe.

— Le sujet et le moment seraient assez mal choisis... Allons, monsieur le bailli Stengel, approchez et dites à ces gens que Daniel Richter est accusé d'avoir déserté le drapeaux de Sa Majesté le roi de Prusse... Sommez-les, au nom de notre maître à tous, le comte de Stolberg, seigneur du Brocken, de vous prêter assistance pour arrêter le coupable...

— Il était inutile de me rappeler mon devoir, dit le justicier avec une profonde tristesse. Le fait est vrai, mes amis, continua-t-il en s'adressant aux mineurs et aux ménétriers; ce pauvre Daniel s'est en effet rendu coupable d'un acte qualifié crime, et, à mon grand regret, je suis forcé de requérir tous les vassaux de Stolberg de s'emparer sur-le-champ de sa personne.

Les assistans restèrent immobiles et silencieux.

— Ils ne le feront pas! s'écria Frantzia d'une voix vibrante; ils n'auront pas le courage de livrer à la mort leur ancien ami!

— S'ils le faisaient, dit Rodolphe avec une angoisse, je ne me pardonnerais jamais d'avoir contribué, par mon imprudence, à consommer la perte de mon bien-aimé Daniel.

Hermann les regarda d'un air sévère et mélancolique à la fois.

— Ainsi donc, murmura-t-il, mes enfans sont les premiers à méconnaître mon autorité!

Le jeune homme et la jeune fille, se précipitant à ses genoux, baignèrent ses mains de larmes.

Cependant Pinck, sans quitter son poste, frappait du pied avec colère.

— Que signifie ceci, coquins? disait-il, refuserez-vous d'obéir à votre seigneur, dont monsieur le bailli et moi nous sommes les représentans?... Mathias! Michel! vous qui aspirez à devenir officiers des bergmans, vous devez donner l'exemple; arrêtez le coupable, je vous l'ordonne.

Les deux hommes auxquels il s'adressait directement n'étaient pas des musiciens, comme on pouvait en juger à leurs tabliers de cuir, cependant ils ne bougèrent pas.

— Si quelques-uns de mes anciens camarades, dit Richter avec beaucoup de dignité, croient devoir obéir à une pareille sommation, qu'ils approchent; je ne me défendrai pas... Il n'est ici qu'une seule personne dont le contact déshonorant pourrait me déterminer à une résistance énergique...

Pinck devint blême à ce nouvel outrage. Il reprit en s'adressant à Mathias et à Michel :

— Vous ne savez pas sans doute à quoi vous vous exposez, vous et tous ceux qui sont ici, en refusant votre concours à l'autorité légale?... Monsieur le bailli, c'est à vous de faire connaître la loi à ces vassaux désobéissans, afin qu'ils ne puissent arguer de leur ignorance.

— Il y a le titre 9 de la constitution de Hanovre, dit Stengel avec effort, qui punit d'une forte amende quiconque...

— Pourquoi ne leur citez-vous pas le décret de l'empereur Charles-Quint, beaucoup plus explicite et plus sévère?

— C'est juste, monsieur, c'est juste, je l'avais oublié, répondit le pauvre vieillard qui perdait la tête ; ce décret, chapitre II, article 4, condamne à la peine du fouet tout vassal qui aura refusé d'obéir aux magistrats du roi ou du seigneur...

— Et de plus, ajouta Pinck, le second paragraphe du même article porte que, dans certains cas, la peine des vassaux désobéissans pourra être égale à celle du criminel lui-même... Or, Daniel Richter ayant commis un crime entraînant la peine capitale, ceux qui ferment en ce moment l'oreille aux réquisitions légales s'exposent à être considérés comme ses fauteurs et adhérens, ou, autrement dit, à mourir comme lui par la potence.

Les bergmans parurent effrayés.

— Cela est-il bien vrai, monsieur le bailli? demanda Mathias, robuste forgeron qui jusque-là était resté impassible ; la loi est-elle vraiment ainsi? Sans offenser monsieur le secrétaire, nous désirons apprendre de votre bouche...

— Ce décret est barbare et depuis longtemps tombé en désuétude, répliqua Stengel en soupirant ; néanmoins il n'a pas été positivement rapporté, que je sache.

— Alors, par mon tablier de cuir! reprit le forgeron en regardant son compagnon, il y a de quoi donner à penser, cousin Michel... L'amende ou le fouet, passe encore! mais la corde... diable!

— Oui! oui! répondit Michel, nous sommes pères de famille, nous nous devons à nos enfans. — Puis il s'avança vers Richter en tortillant son chapeau entre ses doigts. — Monsieur Daniel, dit-il humblement, il ne faut pas nous en vouloir, au cousin Mathias et à moi ; mais vous avez entendu ce que disait monsieur le secrétaire ; on s'en prendrait à nous si...

Samuel Toffner se jeta brusquement entre son ami et les deux bergmans.

— L'épée du Seigneur et de Gédéon! s'écria-t-il en brandissant une lourde clarinette munie d'énormes clefs de cuivre. A moi les ménétriers!... Que les mineurs et forgerons agissent à leur guise... mais nous, nous sommes les joyeux musiciens de Harzwald ; nous n'obéissons ni à bailli ni à comte ; nous avons nos privilèges et nous saurons les faire respecter... Nous ne recevons d'ordres que de notre berghaupman, et au diable les autres! nous les traiterons comme des Philistins et des incirconcis!

L'allocution eut le plus brillant succès parmi les ménétriers ; ils entourèrent Daniel en agitant belliqueusement qui sa flûte, qui son basson, qui ses baguettes de tambourin.

Cette burlesque levée de boucliers arrêta pourtant les hommes disposés à obéir aux injonctions de Pinck.

— Que ferons-nous, monsieur le secrétaire? demanda Mathias ; il nous répugnerait d'en venir aux coups avec nos cousins les ménétriers, quoiqu'ils ne soient pas bien redoutables.

— Les ménétriers ne seront pas assez fous pour suivre les méchans conseils de cet ivrogne de Samuel, dit Pinck d'un ton conciliateur; réfléchissez, bonnes gens, vous vous compromettez tous gravement, les uns en refusant d'obéir à l'autorité, les autres en se mettant en rébellion contre elle... Dans l'un et l'autre cas, il y aura des victimes, prenez-y garde!

— On ne touchera pas à notre chef, s'écria Samuel hors de lui. Nous n'aurions pas peur de vos gros forgerons, fussent-ils armés du marteau avec lequel fut battue la cuirasse du géant Goliath!

— C'est ce que nous allons voir! dit le cousin Mathias, dont le flegme germanique commençait à fermenter comme de la bière chauffée; à moi Michel! à moi les enfans du Rämelsberg!

Une lutte semblait inévitable. Tout à coup Daniel s'avança d'un pas ferme entre les deux partis.

— Assez, mes amis, assez, dit-il avec autorité; je ne souffrirai pas que vous poussiez plus loin le dévouement à ma personne... Merci, mon bon Samuel, merci aussi, mes chers camarades; laissez mon sort s'accomplir. Je n'essayerai pas plus longtemps de défendre ma vie, dont en manquant à mes devoirs de soldat, j'avais déjà fait le sacrifice... — Puis se tournant vers Stengel : — Monsieur le bailli, continua-t-il, je suis votre prisonnier ; je vous donne ma parole de ne pas chercher à fuir tant que je serai sous votre garde... Que mes amis s'épargnent donc toute tentative inutile et dangereuse... Voici mes armes.

En même temps il présenta ses pistolets au vieillard, qui les prit en murmurant d'une voix altérée :

— Daniel Richter, vous avez préféré le salut de ces hommes au vôtre, c'est d'un chrétien et d'un homme de cœur !

Tous les assistans baissèrent la tête ; on n'entendit plus que des sanglots entrecoupés dans la salle.

— Garrottez-le, cria Pinck triomphant ; je ne me fie pas à sa parole.

Daniel lui jeta un regard de pitié et tendit les bras.

— Allons ! murmura Frantzia mystérieusement en voyant les berghmans obéir en silence aux ordres de Pinck, il ne me reste plus qu'un espoir... Peut-être aurai-je à remercier Dieu que ce malheur soit arrivé ici le premier jour de la lune.

IV

LA VEILLÉE.

Deux heures après, la salle de la maison du Comte où avait eu lieu cette scène était silencieuse et solitaire. Pinck se promenait seul, d'un air pensif, sur le pavé de briques. A la lueur affaiblie de la lampe, on pouvait voir ses traits bouleversés par mille passions diverses.

Quelqu'un frappa doucement à la porte extérieure.

— Est-ce vous, Mathias ?

— C'est moi, répondit-on du dehors.

Pinck prit une clef sur la table et alla ouvrir ; le forgeron entra, et Pinck referma avec soin la porte derrière lui.

— Eh bien ? demanda-t-il.

— Eh bien ! monsieur, répliqua Mathias en essuyant son front couvert de sueur, la besogne est faite... Michel est parti pour porter la lettre au château votre et celle du bailli... Il sera de retour ici demain au jour, avec un cheval et les hallebardiers, pour conduire à Gœttingue le pauvre... je veux dire le prisonnier.

— Et les musiciens, où sont-ils ?

— A deux pas d'ici, à l'auberge du Brocken-Werthaus, où ils passeront la nuit.

— Et ils tramment sans doute quelque chose ?

— Dame ! monsieur, ils aiment bien leur ancien capelmeister.

— Rodolphe Stengel est-il avec eux ?

— Je crois, en effet, l'avoir aperçu chez la mère Reuben.

— C'est le plus enragé, mais il y regardera à deux fois avant de diriger un complot contre son père et la maison de son père. La conduite du bailli a été telle aujourd'hui que pourrait le désirer son plus mortel ennemi ; une fausse démarche de son fils achèverait de le perdre sans ressources... Mais on n'en viendra pas là... Ces ménétriers, passé le premier moment, écouteront la voix de la prudence, et pourvu qu'ils nous laissent en repos jusqu'à demain matin, je réponds de tout... Mathias, vous allez rester ici avec moi, et vous m'aiderez à faire bonne garde.

— J'obéirai, monsieur, puisque telle est votre volonté... Mais, continua le forgeron en regardant autour de lui, où donc est ce malheureux Daniel ?

— Je l'ai fait conduire en haut, dans la chambre qu'a longtemps occupé le vieux Carl Blum ; c'est la plus sûre de la maison ; la fenêtre donne sur le précipice du Fredrichsohe, et elle est grillée. Ainsi donc le malfaiteur ne pourrait s'échapper que par cette porte, et ni vous ni moi ne la quitterons d'un instant jusqu'à demain.

— Et monsieur le bailli ?

— Il s'est retiré avec sa fille, en me chargeant de la conduite de cette affaire, dont je dois porter la responsabilité devant monseigneur... Mais allons, cousin Mathias, continua Pinck d'un ton insinuant et familier, asseyez-vous et mettez-vous à l'aise... Je ne suis pas fier, moi, et puisque nous veillons de compagnie, je veux pour cette fois vous traiter en camarade, boire avec vous au même pot. — En même temps il remplit une choppe de bière et la présenta au forgeron, qui la vida en silence. Évidemment il avait des scrupules, et Pinck, dans le but de les endormir, s'était un peu relâché de sa réserve habituelle. — Vous n'avez pas oublié non plus, continua-t-il amicalement, ce que je vous ai promis... La première place vacante de brigadier dans la mine du Rammelsberg, où vous travaillez, sera pour vous. J'écrirai moi-même à votre berghauptman pour la lui demander, et il ne m'a jamais refusé une semblable faveur.

Mathias le regarda fixement.

— Par mon tablier de cuir ! c'est vraiment un bon diable, quoiqu'on l'appelle un *vonder feder* ! se dit-il comme à lui-même, et s'il ne s'était avisé de fourrer ses doigts dans cette méchante affaire...

Il s'interrompit en s'apercevant qu'il rêvait tout haut.

— Voyons, Mathias, qu'avez-vous sur le cœur ? reprit Pinck d'un ton insinuant, parlez avec franchise, mon ami ; je ne suis pas si noir qu'on le dit dans les cabarets et dans les ateliers des mines, quoique je fasse rigoureusement exécuter les ordres de mon cher et vénéré maître... Voyons, vous trouvez sans doute, comme les autres, que je me suis montré trop sévère avec ce Daniel Richter, qui est, je ne sais pourquoi, la coqueluche du pays ?

— Ma foi ! monsieur le secrétaire, s'il faut l'avouer, certaines gens pensent que le monde n'en irait pas plus mal si l'on avait pu sauver de la corde ce pauvre Daniel.

— Hum ! et vous êtes sans doute de ces gens-là, n'est-ce pas, Mathias ?... Soit ; je pense néanmoins que vous ne trahirez pas ma confiance, et que je peux compter sur vous au besoin ?

— Je vous serai fidèle, monsieur le secrétaire, oui, comme le marteau à l'enclume... du moins tant que nous n'aurons à combattre que des ennemis de chair et d'os, comme nous pauvres pêcheurs... Mais ceux-là sont les moins redoutables.

— Que me dites-vous là, Mathias ? Qui pouvons-nous craindre, sinon ces niais de ménétriers qui songent peut-être à venir nous attaquer pour délivrer leur ami ?

— Ne le savez-vous pas ?... Le Wildman et les esprits du Harz, répliqua Mathias d'une voix sourde.

Pinck partit d'un grand éclat de rire.

— Et que diable ont à voir le Wildman et les sorciers du Brocken dans tout ceci ? demanda-t-il d'un air moqueur.

— Ne riez pas, monsieur, reprit le forgeron avec effroi, et prenez garde d'attirer sur vous la colère des êtres supérieurs qui nous écoutent peut-être... Le Wildman était seigneur du Brocken bien avant les comtes de Stolberg eux-mêmes, et rien de ce qui se passe sur la montagne ne se fait sans son ordre. N'est-ce pas lui qui délivra un pauvre garçon tailleur qu'on menait en prison à Osterode, et qui eut l'heureuse idée d'appeler le Wildman à son secours en traversant la forêt ? Les chevaux des soldats qui gardaient le prisonnier furent pris brusquement de vertige et s'enfuirent dans toutes les directions, si bien que l'un d'eux tomba du haut du Hirschœrner, où il se rompit le cou ; le tailleur se sauva et se réfugia dans la mine d'Andraelberg, où il vécut tranquillement depuis. N'est-ce pas lui aussi qui retira le bûcheron Nielbrug, accusé de sorcellerie, d'un cachot profond du château d'Ilsembourg ? La chose parut si extraordinaire, que les vassaux de cette baronie assuraient que Nielbrug avait dû s'évaporer en fumée comme une goutte d'eau sur une barre de fer rougie... Allez, allez, il est certain que le Wildman du Harz se plaît à contrecarrer quelquefois la justice des hommes, et, s'il ne le fait pas toujours, ce n'est pas du moins le pouvoir qui lui manque.

Une expression railleuse se peignit sur les traits bilieux de Pinck.

Le secrétaire du comte était de cette race d'esprits forts qui appartiennent à tous les temps et à tous les pays ; il faut, pour ajouter foi aux superstitions, une imagination ardente, une sorte de tendance poétique dont l'âme sèche et positive de Pinck était entièrement dépourvue. Cependant il ne voulut pas montrer au forgeron une incrédulité qui eût froissé trop fortement les idées locales.

— Eh bien ! Mathias, demanda-t-il tranquillement, quelle raison avez-vous de penser que le Wildman interviendrait dans les affaires de Daniel Richter, de préférence à celles de tant d'autres qui ont été emprisonnés ou pendus depuis des siècles ?

— Il n'appartient pas à un pauvre bergman tel que moi de juger les motifs de ce redoutable esprit... Cependant, monsieur, j'ai entendu dire à des personnes habiles que ce fameux violon de Daniel Richter n'était pas un instrument fabriqué par des mains chrétiennes, et que celui qui savait en tirer des sons si merveilleux, de manière à faire rire ou pleurer, à donner du courage comme si l'on avait une pipe d'eau-de-vie dans l'estomac, ou à faire frissonner comme si l'on avait reçu dans les reins une douche d'eau glacée de la Bode, n'était pas un musicien comme un autre, comme Samuel Toffner, par exemple, le buveur de bière, ou comme Fritz Rambourg, le tambourin. Un pareil pouvoir ne vient pas de l'homme... Ensuite, quiconque a des yeux pour voir et des oreilles pour entendre a pu reconnaître ce soir quel intérêt la fille de notre bailli prenait à ce déserteur : or la fille du bailli trouvera, quand elle voudra, à Daniel un protecteur contre lequel vous et moi nous serions impuissans.

— Comment coquin ! demanda Pinck sévèrement, prétendriez-vous que Frantzia Stengel, une jeune personne si sage et si bien élevée, aurait des rapports avec... ces êtres surnaturels dont vous parlez ?

— Je ne prétends rien du tout, monsieur Pinck, mais il a couru d'étranges bruits sur la fille du bailli ; ses manières ne sont pas celles des autres demoiselles du voisinage. On dit qu'elle sait le latin, et puis on la rencontre toujours dans les lieux les plus solitaires de la montagne, ramassant des herbes et des pierres inconnues.

— Imbécile ! elle cherche de quoi composer les remèdes précieux dont le premier peut-être vous avez ressenti les bons effets.

— Oui, oui, monsieur, vous pouvez le dire ; sans elle, je ne serais ni si fier, ni si solide sur les deux jambes que Dieu m'a données... Une lourde masse de mineral m'avait écrasé le pied ; on croyait les os broyés et on parlait d'amputation... Mademoiselle Frantzia m'apporta un onguent qu'elle avait préparé elle-même, et au bout d'un mois je pouvais faire une lieue par monts et vallées... C'était un vrai miracle !

— Et cependant, misérable ingrat, vous voulez faire passer votre charmante bienfaitrice pour une sorcière...

— Non, à Dieu ne plaise, monsieur ! interrompit le franconien avec vivacité ; une sorcière est vendue au démon, et quiconque oserait dire cela de mademoiselle Frantzia serait étranglé de mes propres mains... Mais, suivant l'opinion de beaucoup de gens qui ont étudié dans les livres, il est possible de commander aux puissances de l'air, de la terre et des eaux sans compromettre son âme... Aussi, quoi que la mère Schwartz ait pu raconter, nul n'a osé ternir la réputation de cette belle et douce créature.

— Que raconte donc la mère Schwartz, Mathias ? demanda Pinck avec curiosité ; je ne connais pas cette histoire.

— C'est une aventure tout à fait inconcevable, monsieur, et elle donnerait fort à penser, s'il s'agissait d'une autre que mademoiselle Frantzia, l'ange du pays... Il y a quelques années, peu de temps avant la mort du vieux Carl Blum, la mère Schwartz rentrait chez elle par une nuit sombre ; elle s'était attardée à chercher un chevreau égaré, et il était plus de minuit quand elle gravissait le sentier d'Ilsembourg, son chevreau sur l'épaule. Tout à coup elle sentit la bête tressaillir et se débattre, puis trembler de tous ses membres en poussant des bêlemens plaintifs. La mère Schwartz reconnut bien à ces signes qu'elle allait avoir une apparition. A l'endroit où elle se trouvait, s'élevait trois antiques croix de pierre qui marquent la place où a été enseveli quelque vaillant guerrier d'autrefois (1), elle s'empressa de se mettre à couvert derrière ce monument religieux. La chèvre ne bêlait plus, mais son tremblement devenait convulsif. Alors la bonne femme aperçut au-dessous d'elle deux espèces d'ombres qui s'avançaient lentement dans le sentier ; à la lueur des étoiles, elle reconnut Carl Blum et la fille du bailli. Le vieillard semblait avoir grand'peine à marcher, et il s'appuyait lourdement sur l'épaule de sa compagne. Tous les deux causaient très bas, et quoiqu'ils passassent très près du monument, il était impossible de les entendre. La mère Schwartz, un peu rassurée, allait adresser la parole à mademoiselle Stengel, mais elle n'en eut pas le temps. Au bout du sentier apparurent de nouveaux personnages ; ces inconnus, à la vue de Carl et de Frantzia, s'inclinèrent avec les apparences du plus profond respect ; puis il se fit un grand silence, et tout se perdit dans le brouillard de la nuit.

— Et la mère Schwartz, demanda Pinck d'un air pensif, n'a pu soupçonner qui étaient ces étrangers ?

— Ce n'était pas difficile à deviner, monsieur... L'un avait la taille d'un géant et tenait un bâton à la main, comme on nous représente le démon du Harz.... Les autres étaient sans doute des esprits sous les ordres du Wildman. Mais la mère Schwartz ne put s'assurer si les hommages de ces êtres mystérieux s'adressaient à Carl Blum ou à Frantzia ; la pauvre femme n'eut pas le courage de rester plus longtemps à la même place, elle s'enfuit sans tourner la tête. En arrivant à la maison, son chevreau était mort, soit de fatigue, soit plutôt, comme elle le pense, de frayeur d'avoir vu les redoutables esprits de la montagne.

Le secrétaire, après un moment de réflexion, haussa les épaules.

— Je suis bien bon, dit-il, d'écouter de pareilles sornettes ! Comment une demoiselle sage et bien élevée aurait-elle été courir ainsi au milieu de la nuit dans des endroits dangereux et déserts ?... La mère Schwartz est une folle, et le bailli la fera fouetter si elle se donne ainsi carrière au sujet de sa chère fille.

— La mère Schwartz n'est pas folle, monsieur, répondit Mathias avec cette espèce d'indignation des gens crédules qui voient révoquer en doute un fait authentique pour eux, et tous les supplices du monde ne le forceraient pas à renier ses paroles... Ensuite on n'accuse pas mademoiselle Frantzia... Elle pouvait n'être venue au sabbat que pour obliger ce vieux sorcier de Carl Blum...

— Encore une fois, laissons-là ces billevesées... Mais, de par tous les diables ! ajouta Pinck d'un ton différent, qu'a donc cette lampe ? On dirait qu'elle va s'éteindre.

En effet, depuis quelques instans, la lampe qui éclairait la salle répandait une lueur de plus en plus faible. Au milieu des événements qui avaient troublé la soirée, on avait oublié de la remplir d'huile, et une fumée âcre s'échappait déjà de la mèche à demi carbonisée. Pinck reconnut de quoi il s'agissait :

— Comment faire ? dit-il avec embarras, tout le monde est couché ici, et j'ignore où la servante place sa provision

(1) Les monumens de ce genre sont assez communs dans le Nord de l'Allemagne.

d'huile... Mathias, voyez donc si dans la pièce voisine vous ne trouverez pas de quoi alimenter cette lampe.

— Je ne connais pas les êtres de la maison, monsieur, répondit timidement le superstitieux forgeron.

— Faudra-t-il donc que je me charge moi-même d'une pareille besogne ? reprit Pinck ; nous ne pouvons rester sans lumière ; ce serait trop dangereux... Eh bien ! Mathias, faites bonne garde pendant que je vais...

Il s'arrêta brusquement. La porte qui donnait sur l'escalier de la maison s'ouvrit en silence et une personne traversa la salle.

A la faible lueur que projetait encore la lampe près de s'éteindre, Pinck reconnut Frantzia.

Un changement complet s'était opéré dans l'extérieur de la jeune fille. Sa brillante coiffure de drap d'or avait disparu, et les longues nattes de ses cheveux blonds étaient enfouies sous l'ample capuchon d'une mante brune.

Son visage avait pas la blancheur du marbre ; ses mains étaient dégagées des plis de ses larges draperies ; l'une tenait un papier plié en forme de lettre de grande dimension, l'autre était ornée d'un diamant ou d'une pierre précieuse de même genre, qui brillait d'un feu extraordinaire. L'éclat de ce bijou trahissait seul ses mouvements dans l'obscurité toujours croissante ; on eût dit d'une petite flamme voltigeant dans les ténèbres.

— Qui est là ? demanda Pinck, non sans une certaine émotion, est-ce vous, mademoiselle Stengel ?

On ne répondit pas, et on s'avança rapidement vers la porte extérieure.

Outre la serrure dont la clef se trouvait encore sur la table, cette porte était fermée par deux solides verrous.

Cependant, quand la pierre précieuse qui jetait un éclat si étrange l'eut touchée, elle s'ouvrit toute grande.

Les deux hommes entrevirent le ciel étoilé, les grands arbres qui entouraient la maison du Comte, les vapeurs blanches qui s'élevaient des vallées vers la cime du Brocken. Mais aussitôt une forme légère s'interposa entr'eux et la campagne. La petite flamme du diamant scintilla encore une fois à leurs yeux et sembla se perdre au milieu des astres dont le firmament était parsemé ; puis tout disparut, et la porte se referma sans bruit.

Mathias et Pinck lui-même étaient stupéfaits.

— Que signifie cette comédie ? reprit enfin le secrétaire d'un ton où la colère se mêlait avec une sorte de frayeur. Mathias, il faut suivre Frantzia, il faut nous assurer... Mais non, ajouta-t-il aussitôt, c'est peut-être une ruse pour faire évader le prisonnier, ne nous relâchons pas de notre surveillance... Vous, prenez un des pistolets qui sont sur la table, et adossez-vous à la porte extérieure ; si quelqu'un se présente pour entrer ou pour sortir, tenez bon, et appelez-moi... Si l'on tente d'employer la violence, servez-vous de votre arme... Faites feu sur tout ce qui se présentera, entendez-vous ? Faites feu.

— Hélas, monsieur, que pouvons-nous contre les êtres surnaturels qui nous entourent ?

— Obéissez, misérable poltron, ou, de par Dieu ! je vous traiterai comme si vous vous entendiez avec mes ennemis... Malheur à vous s'il vous arrive quelque accident par votre faute ! — Mathias tout tremblant se mit en devoir d'obéir.

— Avez-vous pris l'arme ? demanda Pinck.

— Oui.

— Vous êtes-vous bien adossé à la porte, de sorte que personne ne puisse entrer ou sortir sans votre consentement ?

— Oui.

— Eh bien donc ! ne bougez pas... Vous êtes robuste, et, si vous êtes fidèle, nous pourrons défier toutes les sorcelleries de la terre... Dans un instant je suis à vous.

En même temps, il entra dans la pièce voisine, où il espérait trouver de quoi garnir sa lampe, alors complètement éteinte. Mais sa recherche fut longue, plus d'un quart d'heure s'écoula avant qu'il fût parvenu à se procurer ce dont il avait besoin. Il revint enfin avec de la lumière, et il trouva Mathias appuyé contre la muraille, un pistolet à la main, les traits bouleversés.

— Eh bien ! qu'avez-vous encore ? demanda le secrétaire.

— Moi ? rien.

— Vous êtes sûr que celle qui est sortie tout à l'heure n'est pas rentrée ?

— Qui serait sûr de quelque chose, monsieur ?... La muraille a pu s'ouvrir près de moi et le spectre passer comme un courant d'air frais, sans laisser de trace...

— La muraille ouverte ! un courant d'air ! que signifie ceci, drôle ? Vous aurez mal suivi mes instructions, vous n'aurez pas été vigilant.

— Je n'ai pas bougé depuis votre départ.

— Oui, mais l'obscurité et votre poltronnerie vous ont empêché de remarquer que vous étiez à deux pas de la porte, au lieu de vous appuyer contre elle, comme je vous l'avais recommandé... Allons, continua Pinck d'un air de mépris, je suis moi-même un fou de vouloir tirer quelque chose de ce paysan superstitieux. — Il se mit alors à examiner avec soin la porte qui s'était ouverte d'une manière si inconcevable peu d'instans auparavant. La serrure et les verrous étaient exactement fermés, et Pinck ne pouvait s'expliquer comment ces lourdes ferrures avaient cédé toutes à la fois avec tant de facilité. Enfin, à force d'attention, il finit par reconnaître que le pène et l'extrémité des verrous s'engageaient également dans une plaque épaisse de métal, qui, par une secrète pression, pouvait devenir mobile. Cependant il chercha vainement le ressort au moyen duquel cette plaque tournait sur elle-même. — N'importe, reprit-il avec insouciance, on ne me prendra pas deux fois au même piège... Sera bien fin qui entrera ou sortira sans ma permission. — Il posa la lampe sur la table, et traîna contre la porte un siége sur lequel il s'assit. Mathias le regardait faire et secouait la tête. Pinck reprit après quelque momens de silence : — Il y a certainement là-dessous quelque machination... Je voudrais savoir si le prisonnier se trouve encore dans la chambre d'en haut...

— Il vous est facile de vous en assurer, monsieur, répliqua le forgeron à demi-voix ; seulement je vous prierai, par tout ce qu'il y a de plus sacré, de ne pas me laisser seul ici sans lumière une seconde fois.

— Lâche imbécile !... mais au moins puis-je compter que, pendant mon absence, vous ne laisserez passer personne ?

— Personne que je puisse voir et toucher... oui, monsieur, je vous le promets.

— Je n'en demande pas davantage, car ce qui ne peut ni se voir ni se toucher ne m'inquiète guère... Eh bien donc ! prenez ma place, et attendez mon retour...

Le forgeron obéit avec répugnance.

Pinck, sans perdre de temps, se dirigeait vers l'escalier conduisant à l'étage supérieur.

Mais tout à coup il demeura immobile.

On entendait alors distinctement, au milieu du silence de la nuit, le murmure d'une conversation animée dans la chambre du prisonnier.

— Voilà qui est incroyable ! murmura le secrétaire, en se frappant le front, on dirait de la voix de Frantzia qui répond pas celle de Daniel Richter... Frantzia n'est donc pas sortie ? Ou bien est-elle rentrée pendant que je me procurais de la lumière ? En vérité, c'est à confondre la raison... Eh bien, je saurai le mot de l'énigme, dussé-je le demander à Satan en personne !

Et il se prépara à gravir l'escalier.

— Prenez garde, monsieur, lui dit le forgeron avec solennité ; n'en avez-vous pas vu assez pour comprendre que les puissances de l'autre monde sont contre nous ? Prenez garde ! votre obstination vous portera malheur...

— Prenez garde à vous-même, répondit Pinck d'un ton bref, car si vous laissez sortir homme, femme ou démon en mon absence, votre vie m'en répondra.

V

LES ADIEUX.

La chambre où Daniel Richter avait été conduit était sombre et lugubre.

Les murailles, sans tentures et sans draperies, supportaient des tablettes de bois chargées de toutes sortes d'objets hétérogènes.

Là c'étaient des pierres brillantes, des cristaux diversement colorés, chaque fragment avec une étiquette rappelant son nom et son origine.

Plus loin, le regard s'arrêtait sur des cornues de verre, des bocaux remplis de substances chimiques et médicales, des instrumens de cuivre de forme singulière.

Il y avait surtout une grande quantité de plantes d'espèces différentes, les unes sèches et empilées sur des planches, les autres vertes encore, et suspendues en guirlandes avec leurs fleurs à demi décolorés, et leurs feuilles ridées.

Un bahut de forme antique, une grande table en chêne noir, placée au milieu de la chambre, pliaient presque sous le faix de livres poudreux, de papiers et de parchemins entassés sans ordre.

Dans un angle, un lit, dont le massif baldaquin était soutenu par quatre colonnes torses, avait les dimensions colossales des lits de la Hollande. L'entre-bâillement des rideaux de serge permettait de voir sur une montagne d'édredon et de laine un de ces traversins immenses qui font que le dormeur est plutôt assis que couché dans ces moelleuses machines.

Une odeur âcre et pénétrante s'exhalait de toutes ces plantes en dessiccation, de toutes ces mixtures officinales, pouvait disposer au vertige des organisations délicates.

Daniel Richter était là depuis plusieurs heures dans une profonde solitude.

Attaché à un lourd fauteuil de bois, il n'avait même l'usage de ses mains pour essuyer les larmes qui roulaient lentement sur ses joues.

On n'avait pas jugé à propos de lui laisser de lumière; seulement un feu de tourbe brûlait dans une vaste cheminée de pierre, où le vent nocturne s'engouffrait quelquefois avec un bruit mélancolique. Cette clarté irrégulière rendait plus effrayant encore l'aspect des objets étranges qui remplissaient la chambre.

D'ailleurs Daniel n'ignorait pas que ce lieu avait été longtemps la demeure d'un homme réputé sorcier et magicien dans le voisinage. Derrière ces épais rideaux qui par momens semblaient agités par une main invisible, le vieux Carl Blum avait rendu le dernier soupir.

Mais dans cette crise suprême, la pensée du jeune prisonnier s'élevait fort au-dessus des superstitions vulgaires.

Repliée sur lui-même, son imagination lui représentait toute son existence passée, son enfance et les caresses de son père, sa jeunesse si pleine de poésie et de douces espérances; elle évoquait l'image gracieuse de Frantzia comme la personnification de l'amour pur, de la gloire et du bonheur terrestre.

Puis la chaîne de ces riantes illusions, de ces rêveries suaves, s'interrompait tout à coup, le chemin de fleurs de sa mémoire aboutissait brusquement à un abîme...

Quelques heures encore, et lui l'artiste passionné plein de vigueur et de jeunesse, lui l'époux choisi de Frantzia, il allait mourir d'une mort ignominieuse sur la place publique, aux applaudissemens du peuple.

Vers le milieu de la nuit, un bruit léger vint l'arracher à ses méditations, et Frantzia parut, une lampe à la main.

La jeune fille était pâle et abattue.

Elle s'assit aux pieds du prisonnier, qu'elle regarda avec un muet désespoir.

— Je vous attendais, Frantzia; dit Daniel en s'agitant de manière à faire craquer les liens solides qui le retenaient; je savais que vous viendriez me dire au moins un dernier adieu...

— Si j'ai tant tardé, Daniel, murmura la fille du bailli, c'est que je m'occupais de vous, de votre salut.

— De mon salut, pauvre enfant! et qui pourrait me sauver maintenant? Avez-vous donc en effet un pouvoir surnaturel, comme le croient vos simples montagnards? Oseriez-vous tenter de disputer ma vie à l'inexorable justice humaine?

— Toute ma force, comme celle des autres pauvres femmes, consiste dans les prières et les larmes... Mais j'ai cherché à vous concilier des amis dont le pouvoir est grand et redoutable.

— Et ces amis feront-ils fléchir en ma faveur la sévère discipline militaire? Ont-ils des milliers de bras pour m'arracher au bourreau, des armes pour me défendre?... Non, non, Frantzia, je ne me livre à aucune illusion, je ne peux échapper au sort qui me menace; je dois mourir en criminel, pour servir d'exemple à ceux qui viendront après moi... Quelque triste que soit cette destinée, je saurai m'y résigner.

— Ne dites pas que vous mourrez, Daniel, s'écria la jeune fille en levant sur lui un regard suppliant; oh! laissez-moi la faible et dernière espérance à laquelle je me rattache avec ardeur!

— Repoussez-la au contraire comme une vaine chimère, reprit l'artiste dont le visage s'illumina d'enthousiasme; ayez le courage d'envisager la réalité en face dans toute son horrible apparence et dominez-la de toute la hauteur de votre volonté... C'est pour vous aider dans cet effort, Frantzia, pour fortifier votre esprit contre les émotions vulgaires, que je désirais vous voir dans ce moment suprême... Quant à moi, souvenez-vous bien de mes paroles, je n'accepterai le dévouement de personne; je ne voudrais pas de la vie au prix d'un remords.

— Daniel, Daniel, ne la regretterez-vous pas pour moi... pour moi qui vous aimais?

— Oui, Frantzia, oh! l'existence en effet eût été douce et bonne près de toi, toujours près de toi... Mais laissons ces rêves. J'ai besoin de toute ma force contre tes regrets et contre les miens... Frantzia, crois-tu donc que l'ardente sympathie de deux âmes doive cesser par l'anéantissement des corps? N'as-tu jamais pensé que l'amour pouvait exister dans la mort comme dans la vie?

— Je te comprends, dit la jeune fille avec énergie en se levant, et ton vœu sera exaucé... Vois, ajouta-t-elle en désignant les plantes et les bocaux dont les tablettes étaient chargées, il y a dans tout cela des poisons sûrs et prompts... Au moment où tu mourras je mourrai, et nous serons réunis dans le sein de Dieu!

— Que dis-tu, pauvre enfant? Et ton père dont tu es la seule consolation, et ton frère chéri, et la loi divine qui défend à la créature de s'élever contre le Créateur?... Non, Frantzia; tu resteras encore sur la terre pour accomplir ta destinée... Seul je dois quitter la vie par la porte des lâches et des infâmes, seul mon souvenir sera jeté à la voirie, seul mon nom sera maudit... Eh bien! Frantzia, quand l'extermination et le mépris se seront acharnés sur tout ce qui restera de moi, quand j'aurai été enseveli dans l'oubli, je voudrais avoir en toi un paradis d'amour; tu garderas mon souvenir comme une idole chérie... Ce malheureux que l'humanité entière aura repoussé avec dégoût, tu lui donneras asile dans ton âme céleste. Ce nom sur lequel la société aura empreint le sceau de la réprobation, tu le prononceras quelquefois de la bouche si pure. Je serai toujours présent à ta mémoire, nous vivrons de la même vie, je sourirai sur tes lèvres, et je pleurerai avec tes larmes... Mon image, dégagée de ce qu'a de vulgaire et de grossier l'existence terrestre, t'apparaîtra belle, brillante, radieuse comme celle d'un ange... Voilà ce que j'espère, Frantzia, voilà ce qui me fait trouver encore dans mon sort misérable des consolations et d'ineffables douceurs.

Ces fiévreux transports d'une imagination exaltée jusqu'au délire semblèrent gagner Frantzia elle-même.

La jeune fille se souleva sur ses genoux, et appuyant sa tête blonde sur l'épaule du prisonnier, elle lui dit d'une voix entrecoupée :

— Tu as raison, Daniel, mon bien-aimé ! qu'importe entre nous la tombe et ses horreurs ? Je t'aimerai mort comme je t'aimais vivant, je te le jure ; je resterai ton épouse aux yeux de Dieu... Et cependant, ajouta-t-elle d'un ton différent, par un rapide retour vers les sentiments de la nature, ne plus te voir, Daniel, ne plus entendre le son de ta voix, te perdre, te perdre pour toujours, ne sera-ce pas une douleur qui excédera mes forces ?

— Qui sait, enfant, dit le jeune homme d'un ton solennel, si le Tout-Puissant ne permettra pas à ton malheureux ami de se manifester à toi sous une forme visible ? La religion ne défend pas de le croire, et notre Bible, ce livre de Dieu, est rempli d'exemples de ce genre. Si mes ardentes prières sont exaucées, Frantzia, je serai toujours près de toi... Je serai la brise qui caressera tes cheveux, le murmure de la fontaine qui bruira à tes oreilles, la fleur que cueillera ta main ; tout ce que tu admireras, tout ce que tu aimeras sera plein de moi. Tu me retrouveras dans les splendeurs de la nature au lever du soleil, dans le calme serein des nuits étoilées, dans le nuage qui passe, dans le vent qui gémit à travers le feuillage, dans l'oiseau qui chante sous la verdure. Toutes les pompes, toutes les harmonies, toutes les poésies qui exalteront ton âme et l'élèveront vers Dieu, ce sera ton Daniel, ce sera moi !

Le jeune homme, épuisé par la violence de ses impressions, laissa sa tête tomber sur sa poitrine.

Frantzia, toujours agenouillée devant lui, le contemplait avec amour.

— Daniel, reprit-elle enfin, tu as voulu donner le change à ma douleur en me montrant de si haut et de si loin les affections terrestres ; mais moi, femme timide, je ne puis te suivre dans ton vol hardi de poëte, et l'idée d'être à jamais séparée de toi me remplit d'épouvante..... Laisse-moi, oh ! laisse-moi croire encore que le coup affreux qui te menace pourra être écarté !

— Ne l'espère pas, chère et malheureuse enfant, ou du moins prépare, comme moi, tes forces et ton courage pour le moment où croulera le faible échafaudage de tes espérances... Habitue-toi peu à peu à mesurer la profondeur de l'abîme qui se creuse, afin de n'être pas prise de vertige quand il s'ouvrira tout à coup sous tes pas... Mais, ajouta-t-il d'un ton pensif, comme si malgré lui l'instinct de la vie se réveillait dans son cœur, qui pourrait opérer le miracle de ma délivrance ? Ces pauvres bergmans n'auraient ni le courage ni la force de tenter un coup de main pour me sauver.

— Aussi, Daniel, me suis-je adressée à d'autres protecteurs... J'ai appelé à votre aide une association mystérieuse et puissante ; j'ai fait valoir auprès d'elle des considérations sacrées,.... Si elle consent à employer son occulte mais sûre influence en votre faveur, votre cause n'est peut-être pas perdue.

— Non, non, chère Frantzia, reprit Richter en secouant la tête, nous ne sommes plus au temps où les sociétés secrètes faisaient trembler l'Allemagne... Celle-ci n'essayera pas de soustraire une victime au grand Frédéric..... elle ne voudrait pas, elle n'oserait pas, elle ne pourrait pas ! — Mademoiselle Stengel poussa un profond soupir. — Une chose m'occupe vivement, Frantzia, reprit Richter après une pause, même en ce moment où si peu d'événements humains devraient m'occuper..... C'est de comprendre comment une jeune fille modeste et sage, élevée dans la solitude, sous les yeux d'un père, a pu établir des relations avec une de ces associations ténébreuses dont vous parlez...

— Ces rapports sont tout naturels et tout innocents de ma part, dit Frantzia doucement, et s'il m'était permis de vous raconter... Mais, de grâce, ne m'interrogez pas ; j'ai juré le secret à un ami qui n'est plus.

Daniel allait insister peut-être quand la porte de la chambre s'ouvrit, et Pinck entra brusquement.

Le prisonnier ne parut ni surpris ni irrité de sa venue.

— Que voulez-vous, monsieur ? demanda-t-il d'un ton calme ; je vous ai donné ma parole de ne pas chercher à vous échapper.

— Sans doute, sans doute, répliqua le secrétaire d'un air d'embarras, mais vous êtes sous ma garde, et personne n'avait le droit sans mon consentement...

— Qui donc commande ici ? dit Frantzia avec fierté en se levant ; si j'ai eu tort de venir apporter quelques consolations à un ancien ami de ma famille, c'est au bailli du Brocken, au maître de cette maison, à mon père seul que je dois compte de cette faute !

— Frantzia, interrompit Daniel avec une autorité mélancolique, ne lui parlez pas sur ce ton insultant, car bientôt peut-être vous serez réduite à l'implorer pour vous et pour ceux qui vous sont chers.... Excusez-la, Pinck, et approchez, car j'ai beaucoup de choses à vous dire...

— A moi ? demanda le secrétaire avec défiance, que me voulez-vous ?

— Approchez... Que pouvez-vous craindre d'un homme aussi solidement garrotté ?

Le favori du comte s'avança lentement.

— Pinck, vous m'avez fait bien du mal, reprit Daniel avec douceur ; je vous dois les plus grands chagrins de ma vie, et vous êtes la cause de ma mort..... Mais je suis arrivé à cette heure de détachement suprême où la haine et la colère s'effacent, où le pardon devient facile... Aussi, je vous l'affirme dans toute la franchise de mon âme, Pinck, je vous pardonnerai vos torts envers moi, si vous consentez à épargner dans l'avenir d'autres personnes dont vous avez aussi préparé la ruine...

— Je ne vous comprends pas, monsieur, interrompit Pinck troublé ; je rougirais de vous insulter dans votre malheur, mais je ne souffrirai pas que l'on m'accuse d'avoir préparé la ruine de personne, la vôtre comme celle de tout autre.

— N'essayez pas de nier, Wilhelm Pinck, reprit Richter avec force ; c'est vous qui m'avez perdu, et vous le savez bien ; votre pâleur, le tremblement de votre voix, vos yeux baissés devant un coupable déjà condamné ne le disent-ils pas assez ?..... Mais je n'ai pas l'intention de vous adresser des reproches inutiles... Regardez cette jeune fille, elle est belle comme un ange et bonne autant que belle ; jamais créature ne fut plus digne de la pitié, de la protection des hommes ; c'est pour elle que je vous implore ! Déjà vous avez commencé à ourdir autour d'elle une de ces trames auxquelles je me suis laissé prendre, moi, simple et aveugle enthousiaste... Encore une fois ne le niez pas !..... J'ai mesuré d'un œil sûr la profondeur de votre ambition, j'ai vu clairement vos sinistres projets dans les replis de votre cœur... Vous méditez la ruine du père, afin d'avoir la fille et le père à votre merci...

— Monsieur Richter, je vous jure que jamais...

— Ne jurez pas ! Insensé ! si vous parveniez à me tromper, croiriez-vous aussi pouvoir tromper Dieu ? — Atterré par cette véhémente apostrophe, Pinck n'essaya plus de se justifier. — Retenez bien mes paroles, reprit Daniel avec un accent imposant ; je vais mourir par vous...... Longtemps, bien longtemps encore peut-être, vous vous applaudirez de votre crime ; mais un moment viendra sûrement où le sang versé s'élèvera contre vous ; l'image pâle du supplicié vous apparaîtra dans vos nuits d'insomnie, et la voix de votre conscience grondera sans cesse au dedans de vous-même... Alors, si vous voulez trouver quelque soulagement aux poignantes angoisses du remords, souvenez-vous que votre victime vous aura pardonné à la condition que vous épargneriez cette honnête famille déjà enlacée dans vos intrigues... Renoncez à vos projets sur elle, Wilhelm Pinck, au nom de Dieu ! Laissez le vieillard achever tranquillement ses derniers jours dans la modeste charge qu'il a toujours remplie avec honneur et probité ; laissez l'enfant écouter les inspirations de son cœur ; respectez les infinies délicatesses de cette âme timide..... Vous êtes fort et de votre propre force et de l'autorité d'un maître tout-puissant... épargnez Frantzia et son père, tout ce que j'aime, tout ce que je respecte, tout ce que je regrette sur la terre ; épargnez-les, si vous voulez trouver plus tard de la compassion devant le tribunal d'en haut ; épargnez-les, c'est un homme près de mourir qui vous en supplie...

Pinck n'était peut-être pas dénué de cette sensibilité nerveuse dont les émotions passagères peuvent agiter un moment l'âme la plus froide et la plus égoïste.

Cette scène sinistre au milieu du silence de la nuit, cette chambre funèbre à peine éclairée par la flamme vacillante d'une lampe, la voix vibrante de ce malheureux prisonnier condamné d'avance à une mort prématurée, le désespoir muet de Frantzia, étaient bien de nature à éveiller en lui les instincts communs de l'humanité.

Aussi, soit feinte, soit attendrissement réel, se relâchat-il enfin de sa réserve hautaine.

— Vous m'avez mal jugé, Daniel, dit-il humblement ; vous avez été trop sévère pour moi... Mes projets d'avenir n'étaient nullement hostiles à la famille Stengel ; s'ils l'étaient à mon insu, j'y renoncerais franchement, sans arrière-pensée..... Je serai le protecteur de Frantzia, de son père, si leur fierté ne répugne pas à accepter mes services, je vous le promets, je vous le jure..... Quant à vous, monsieur Richter, je suis vivement touché de votre infortune, et s'il était en mon pouvoir de l'adoucir...

— Je ne demande rien pour moi, interrompit le déserteur ; ma propre imprudence est pour beaucoup dans mon malheur, et je ne me plains pas... C'est à cette chère enfant que nous devons songer. Frantzia, vous avez entendu cet engagement loyal de monsieur Pinck ; il a promis d'être votre ami, de respecter vos sentimens, de défendre votre père contre l'injustice et la calomnie... Vous ne lui garderez donc aucune haine pour les événemens auxquels il a pu prendre part aujourd'hui, vous lui pardonnerez...

— Moi lui pardonner ! à lui ? à votre meurtrier ? dit la jeune fille avec horreur.

— C'est moi qui vous en prie, Frantzia, et vous ne repousserez pas ma dernière prière...

— Daniel, vous connaissez-vous bien cet ennemi pour qui vous êtes si généreux ? Pourquoi me faites-vous un devoir de lui pardonner sans savoir s'il est vraiment digne de pardon ?

En dépit de lui-même, Richter ressentit une sorte de joie.

— Ce sera donc à vous, Pinck, reprit-il, de donner un démenti par votre conduite noble et désintéressée aux préventions de mademoiselle Stengel... Mais, ajouta-t-il d'une voix sonore pendant que ses yeux pétillaient d'un feu menaçant, si en effet ses soupçons se réalisaient, si vous ne cessiez pas vos persécutions contre ceux que vous avez promis d'épargner, malheur à vous, Wilhelm Pinck ! Cette promesse, faite à un homme qui n'appartient déjà plus à la vie et qui va l'emporter avec lui dans l'éternité, retombera en malédictions sur votre tête ; votre punition sera terrible et commencera dès ce monde ; mes os eux-mêmes se dresseront contre vous dans la tombe, et crieront vengeance vers notre juge à tous !

Ces menaces retentirent comme un éclat de foudre aux oreilles du secrétaire.

Il restait courbé devant Richter, le front pâle et couvert de sueur ; il balbutiait quelques mots d'une voix basse et précipitée, pour protester de sa sincérité.

Cependant la nuit était passée ; les premiers rayons du jour, pénétrant à travers les vitres étroites de la fenêtre, faisaient pâlir la flamme de la lampe. Daniel reprit :

— J'ai dit adieu à ma fiancée, je suis en paix avec mon ennemi, et néanmoins, avant de quitter cette maison pour toujours, j'aurais encore un désir, une prière à exprimer...

— Parlez, monsieur Daniel, répondit Pinck avec empressement, je vous accorderai tout ce que vous demanderez... c'est-à-dire, ajouta-t-il aussitôt, tout ce qui sera compatible avec mon pénible devoir de vous garder.

Frantzia ne dit rien, mais elle leva ses yeux humides de larmes vers Daniel pour deviner sa pensée.

— Il s'agit d'un caprice ridicule peut-être dans une position aussi terrible que la mienne... Je voudrais revoir le violon de mon père et être libre d'en tirer quelques sons pour la dernière fois.

Avant qu'il n'eût achevé d'exprimer son vœu, Frantzia avait déjà quitté la chambre. Pinck, surpris d'une pareille demande, semblait craindre quelque piège et hésitait à donner au prisonnier la liberté de ses mouvemens. Daniel devina sa défiance.

— Les mains, monsieur, dit-il avec un sourire amer, détachez-moi seulement les mains... D'ailleurs, vous resterez près de moi pour m'empêcher de fuir si j'en avais la volonté. — Pinck, non sans une secrète répugnance, dénoua les cordes qui tenaient les bras de Daniel fixés au lourd fauteuil gothique ; au même instant, Frantzia rentra et déposa le violon avec son archet sur les genoux du prisonnier. Celui-ci prit l'instrument et le retourna avec tristesse : — Il est brisé, murmura-t-il, brisé comme moi... Mon vieux compagnon, mon vieil ami, dernier et précieux héritage de mon père !... Il lui reste une corde pourtant, une seule ! — Il promena l'archet sur cette corde unique, et en tira quelques notes plaintives. — Je comprends, dit-il avec égarement à Frantzia qui avait repris place à ses pieds, tandis que Pinck suivait d'un œil soupçonneux tous ses mouvemens ; je comprends pourquoi cette corde résonne encore quand toutes les autres sont muettes... c'est la corde de la douleur !

Il continua de former des sons, comme au hasard ; on eût dit de faibles gémissemens, de longs soupirs entrecoupés de silences ; puis un chant mélancolique, simple, mélodieux se dessina au milieu de ces notes basses, semblables à des sanglots.

L'âme de l'artiste semblait succomber sous le poids d'une grande et mortelle souffrance ; elle implorait les hommes et le ciel, elle se débattait doucement contre une fatale destinée.

Puis, par une transition lente et presque insensible, cette douleur timide devint du désespoir, de la fureur, de la rage ; cette âme si tranquille d'abord semblait se soulever comme une mer agitée par la tempête ; on entendait des cris frénétiques, des exécrations, des blasphèmes : c'était un ouragan de douleur.

Puis le rhythme changea brusquement.

Toutes les passions terrestres s'étaient éteintes, l'homme s'était absorbé en Dieu ; l'harmonie avait revêtu un caractère large, imposant, triomphal ; c'était l'orgue faisant retentir d'un hymne d'allégresse l'immensité d'une basilique, un jour de fête.

Peu à peu ces chants s'affaiblirent et parurent se perdre dans les hauteurs de l'espace ; ils montaient, montaient toujours, comme un flot d'encens vers l'éther, et ils s'éteignirent enfin, pareils au bruissement lointain de la brise du soir dans une forêt vierge.

Pendant que Daniel exécutait cette magnifique improvisation, une transformation complète s'était opérée dans son extérieur. Sa taille affaissée s'était redressée ; son visage rayonnait de pensée ; son regard avait un éclat surprenant.

Frantzia et Pinck lui-même, deux natures si opposées, avaient subi avec une égale énergie les effets de la musique.

Ainsi, tandis que la jeune fille retrouvait dans ces magiques accords les touchantes consolations, les célestes espérances que Daniel lui exprimait peu d'instans auparavant, le secrétaire croyait entendre des menaces effrayantes, des hurlemens de damné, des malédictions jetées sur sa tête.

Mademoiselle Stengel, la bouche entr'ouverte pour sourire, les yeux pleins de douces larmes, écoutait dans une béatitude religieuse cette ravissante mélodie; Pinck, les lèvres serrées, le front crispé, éprouvait des frémissemens, des tressaillemens convulsifs.

Mais tous les deux, immobiles et silencieux, retenant leur haleine, semblaient frappés de respect.

Le morceau fini, Daniel resta encore un moment plongé dans une sorte de méditation extatique. Enfin il déposa un baiser sur l'instrument brisé, et le présenta à Frantzia, en disant :

— Acceptez-le et conservez-le en souvenir de moi.

La jeune fille prit le violon et le pressa à son tour contre ses lèvres.

En ce moment des sanglots et des gémissemens éclatèrent à l'autre extrémité de la chambre.

Pendant que l'artiste se livrait à la fougue de son inspiration suprême, un grand nombre de personnes étaient entrées dans la pièce ou étaient restées sur le palier près de la porte, frappées d'admiration, de pitié et de terreur.

C'étaient le vieux bailli Stengel, encore vêtu du costume noir qu'il portait la veille, les yeux rougis par l'insomnie, des papiers à la main; le robuste forgeron Mathias, et son compagnon Michel, récemment revenu du château de Stolberg; et enfin Samuel Toffner, avec les musiciens dont Richter avait été autrefois le chef et l'ami. Sur l'arrière-plan et dans l'ombre, on entrevoyait des hallebardiers à la livrée du comte, appuyés sur leurs armes étincelantes.

Tous, homme de loi, mineurs, musiciens, soldats semblaient partager la même émotion; tous, même les plus grossiers bergmans, avaient senti leur cœur se briser quand, le morceau achevé, l'artiste avait dit un dernier adieu à son instrument chéri avant de s'en séparer pour toujours.

Samuel Toffner, plus exalté que les autres, ne put contenir ses transports. L'œil enflammé, les cheveux en désordre, il s'élança vers Daniel et tomba à ses pieds.

— Vous ne le tuerez pas, s'écria-t-il, car ce n'est pas un homme !... Ce que vous venez d'entendre n'est pas de la musique humaine; un grand miracle vient de s'accomplir ici... L'archange qui dirige les chœurs célestes est descendu parmi nous... Improviser ainsi sur une seule corde... c'est un miracle, vous dis-je ! Prosternez-vous.

Peu s'en fallut que les autres musiciens n'obéissent à cet ordre du fougueux vieillard.

Les artistes de cette époque n'avaient pas idée de ces tours de force accomplis si souvent depuis Paganini et l'immortelle *Prière de Moïse* sur la quatrième corde ; ils étaient tout disposés à croire au prodige.

Daniel releva Toffner et l'embrassa cordialement.

— Savez-vous que vous me rendriez fier, mon cher Samuel, dit-il avec un sourire triste, si je pouvais être sensible encore aux éloges de mes semblables ?... Je ne suis qu'un homme, et vous allez bientôt en avoir la preuve... Monsieur le bailli, et vous, messieurs, continua-t-il en s'adressant aux gardes qui n'osaient avancer, votre présence m'en dit assez... le moment est venu.

— En effet, monsieur Richter, répondit le justicier d'une voix profondément altérée, je viens de recevoir les ordres de monseigneur... Vous devez partir immédiatement pour Gœttingue.

— Il suffit, messieurs; accordez-moi seulement le temps d'embrasser mes amis et de prier ceux que je peux avoir offensé de me pardonner.

Les gardes le détachèrent alors tout à fait. Quand il fut libre, il prit congé de chacun des assistans de la manière la plus touchante. Il demanda au bailli sa bénédiction paternelle, embrassa Pinck lui-même, en lui rappelant tout bas ses promesses. Ces devoirs accomplis, il promena autour de lui un regard inquiet ;

— Et Rodolphe, mon brave, mon loyal, mon généreux Rodolphe, demanda-t-il, ne pourrai-je aussi lui dire adieu ? Le fils du bailli était absent.

— Rodolphe, répondit Frantzia à son oreille, remplit une mission dont je l'ai chargé... il s'occupe de votre salut.

— Mon salut ? répéta Daniel à demi-voix ; pauvre enfant ! vous y croyez donc encore ?

— Si je n'y croyais pas, Daniel, ce moment serait le dernier de ma vie.

Le prisonnier déposa un baiser brûlant sur le front de mademoiselle Stengel.

— Adieu, dit-il avec un effort de courage ; quoi qu'il arrive, souvenez-vous de moi !

Et il suivit résolument les gardes. La foule s'ouvrit pour le laisser passer, tandis que le vieux Samuel disait avec une espèce de ricanement qui tenait de la folie:

— Ne craignez rien ; croyez-vous qu'ils le tueront, qu'ils oseront le tuer ? Un ange, un Dieu ! Il s'échappera aisément; ses liens tomberont comme ceux de saint Pierre... Ayons l'esprit en repos, il ne court aucun danger.

Les autres assistans ne partageaient pas cette étrange illusion et secouaient tristement la tête.

La foule s'écoula en silence; bientôt il ne resta plus dans la chambre que Frantzia, Pinck et le bailli.

La jeune fille était tombée dans un fauteuil, sans mouvement et sans voix; Hermann paraissait accablé de douleur; Pinck était plongé dans une sombre rêverie.

Aucun d'eux ne prononça une parole, jusqu'à ce que le bruit des chevaux et des hallebardiers qui emmenaient le prisonnier se fût éteint dans l'éloignement.

Alors Stengel se leva brusquement.

— J'ai rempli enfin ma pénible tâche, dit-il, sinon sans douleur du moins sans faiblesse... Maintenant je peux écouter la voix de mon cœur... Monsieur Pinck, je suis prêt à vous accompagner au château de Stolberg.

— Que voulez-vous y faire, bailli ? demanda le secrétaire avec inquiétude.

— Voir monseigneur, le supplier d'intervenir en faveur de ce malheureux jeune homme, qui a succombé dans un moment d'entraînement et de désespoir.

— Ce que vous demandez est impossible, répliqua Pinck d'un air de regret ; le bergman Michel vient de m'apprendre que le comte, en recevant la nouvelle des événemens de cette nuit, s'était mis dans une violente colère, à la suite de laquelle il avait été pris d'une dangereuse attaque de goutte... Dans les circonstances actuelles, votre présence ne pourrait que l'irriter et aggraver son mal... Il faut donc renoncer à cette visite... Interrogez Michel vous-même ; il est sans doute encore au Brocken-Werthaus avec ses amis.

— Grand Dieu ! quelle fatalité s'attache donc à ce pauvre Daniel ?...

— Laissez-moi le soin de le servir... Je saisirai la première occasion de plaider sa cause, reprit Pinck avec émotion; mademoiselle Frantzia vous dira que j'ai reconnu mes torts envers lui, et qu'une réconciliation sincère a eu lieu entre nous avant son départ... Laissez-moi le défendre auprès de monseigneur, dès que les circonstances deviendront favorables... Monsieur Stengel, est-il besoin de vous rappeler que votre intervention pourrait être plus funeste que profitable à votre ami ?

— C'est vrai, mon Dieu ! car mon noble maître me hait maintenant... Mais nous nous occuperons de moi plus tard; ne pensons qu'à Daniel... Pinck, vous me promettez d'user de tout votre crédit pour détourner le coup qui le menace ?

— Je vous le promets, monsieur le bailli, je le promets à Frantzia.

— Faites-le, faites-le, s'écria la jeune fille avec entraînement, et je vous aimerai... comme une sœur !

Il y eut un moment de silence.

— J'avais pensé, reprit le justicier en montrant le papier qu'il tenait à la main, à chercher pour Daniel un protecteur non moins puissant que vous peut-être.

— Qui donc? demanda Pinck en tressaillant.

— Le colonel Wernigerode, à qui je voulais adresser cet aperçu clair et précis de l'affaire...

— Le colonel Wernigerode, le neveu et l'héritier de monseigneur?

— Lui-même. C'est un homme sage et prudent; il a toujours eu une extrême bienveillance pour ma famille et pour moi... Mais une difficulté m'arrête... J'ignore où se trouve en ce moment le régiment du colonel.

— Donnez-moi ce paquet, dit Pinck avec un grand trouble en s'emparant du papier; je vais l'expédier sur-le-champ avec d'autres pièces que doit envoyer l'intendant par un exprès au neveu de monseigneur... Votre idée est bonne, bailli, continua-t-il d'un ton plus calme; le colonel pourra nous aider beaucoup, si la maladie du comte ne se prolonge pas... Mais allons, le temps presse; je vais retourner à Stolberg... Confiance, confiance tous les deux!

— Pinck, au nom du ciel, songez que l'instruction de ce procès ne sera pas longue, et que le moindre retard serait fatal !

Pinck sourit, serra la main d'Hermann, salua gracieusement Frantzia, et partit pour Stolberg.

— Me serais-je trompée? pensait la jeune fille; serait-il capable d'un peu de générosité?

VI

LA GROTTE DES SECRETS.

Nous devons dire ici ce qu'était devenu Rodolphe Stengel, dont l'absence, au moment du départ de Richter, avait été pour le prisonnier un sujet d'étonnement et de chagrin.

On n'a pas oublié qu'après l'arrestation de Daniel, Rodolphe et les ménétriers des bergmans s'étaient retirés au Brocken-Werthaus.

Là, réunis autour du poêle enfumé de la mère Reuben, dans la salle principale de l'auberge, ils discutèrent les projets les plus absurdes et les plus inexécutables pour la délivrance de leur ami.

Rodolphe surtout, bourrelé de la pensée que son étourderie avait été la première cause de la catastrophe, proposa des partis violens et audacieux.

Mais les auditeurs, le premier moment d'irritation passé, étaient trop prudens, trop habitués à respecter l'autorité régulière pour écouter des suggestions pareilles.

Le jeune homme, dans son désespoir, leur reprochait amèrement leur froideur, quand la vieille hôtesse vint l'avertir brusquement qu'on le demandait à la porte.

Il sortit aussitôt. A quelques pas de la maison, il trouva une femme, enveloppée de longues draperies, arrêtée sous un chêne.

— Rodolphe, lui dit une voix bien connue, veux-tu réparer tes fautes de cette nuit?

— De toute mon âme, Frantzia, répondit le jeune homme avec chaleur, fût-ce au prix de ma vie!

— C'est bien... je n'attendais pas moins de mon frère. Prends donc ceci, continua la jeune fille en tirant de dessous sa mante une lettre qui portait pour toute suscription quelques caractères mystérieux, et la bague en diamant dont nous avons parlé; tu vas te rendre sur-le-champ au village de Rubeland, au pied des montagnes...

— Je le connais.

— Quand tu y seras arrivé, tu te feras indiquer la *grotte des Secrets*.

— C'est étrange, ma sœur, je n'ai jamais entendu parler de cette grotte... D'ailleurs, par cette nuit noire, qui pourrait se trouver sur mon chemin?

— A Rubeland, tu rencontreras certainement des gens pour te fournir les renseignemens nécessaires... Mais fais diligence, afin d'arriver à la *grotte des Secrets* avant le lever du soleil.

— Et pourquoi cela, Frantzia?

— Passé ce moment, le but de ton voyage serait manqué, et Daniel ne devrait plus compter sur de puissans protecteurs.

— Il suffit... J'arriverai à temps.

— Tu remettras à la personne qui t'introduira cette lettre et cette bague, puis tu te soumettras aveuglément à ce qu'on exigera de toi... Si l'on t'interroge sur l'objet de ta mission, parle sans crainte pour ton ami; dis de quelles intrigues il a été victime, combien peu il a mérité cette mort ignominieuse qui l'attend... Mais, sur toutes choses, mon frère, n'oublie pas de mentionner l'estime et l'affection que notre bon vieux Carl Blum avait pour lui... Tu n'ignores pas que Carl approuvait et encourageait notre... les assiduités de Daniel dans notre maison?

La jeune fille étouffa des sanglots sous sa mante.

— J'avais deviné que tout ceci devait avoir rapport aux secrets de Blum, reprit Rodolphe d'un air pensif; cette bague est sans doute le cadeau qu'il te fit en grand mystère peu d'instans avant sa mort?... Cependant, puis-je te demander?...

— Pas un mot de plus, mon frère, si tu aimes Daniel... Il y a loin d'ici à Rubeland, et le chemin est dangereux; pars, pars sur-le-champ... Surtout, Rodolphe, songe que ceux devant qui tu paraîtras sont des hommes puissans, habitués au respect... Ne va donc pas compromettre par une étourderie fatale, par quelque parole inconsidérée, le succès de ces démarches.

— Ne crains rien, ma sœur, répliqua le jeune légiste d'un petit air de suffisance, ne sais-je pas comment on parle à ces seigneurs de la Sainte-Vehme?... Fie-t-en à moi. J'ai pu être imprudent une fois par hasard, mais je suis circonspect et réservé quand il le faut....— Frantzia n'était peut-être pas parfaitement convaincue de la prudence de Rodolphe; mais il coupa court à ses recommandations en lui disant avec assurance : — Encore une fois, ma sœur, fie-toi à moi... Mon désir ardent de sauver Daniel me fera contenir dans de justes bornes la vivacité de mon caractère... Maintenant laisse-moi partir... Je réussirai, j'en suis sûr.

— Que Dieu t'entende et t'exauce !... Adieu, mon frère.

— Adieu, Frantzia.

Ils s'embrassèrent.

La jeune fille rentra précipitamment à la maison du Comte.

Rodolphe s'empressa d'aller annoncer aux bergmans réunis dans l'auberge qu'il était obligé de partir pour une affaire pressée; puis, sans vouloir répondre à leurs questions, il se mit en route pour Rubeland.

La nuit était devenue sombre; les épais nuages qui couvrent la montagne, une partie de l'armée s'étaient abattus sur ses flancs et cachaient les étoiles.

Ces arbres antiques de la forêt Hercynienne semblaient épaissir leur ombre au-dessus de l'étroit sentier que suivait le voyageur.

Cependant Rodolphe était trop familier avec toutes les ondulations de ce sol capricieux pour risquer de s'égarer, et il marchait d'un pas rapide vers sa destination.

Seulement il ne pouvait se défendre d'une vague terreur en traversant, à cette heure avancée, des lieux que toutes les traditions locales peuplaient de farfadets, de spectres et de démons.

Deux ou trois fois il fut sur le point de s'arrêter, croyant voir la grande ombre noire du Wildman se dresser devant lui, ou entendre un pas lourd suivre le sien; mais bientôt il souriait en reconnaissant qu'il avait été effrayé par une roche isolée ou par l'écho de ses propres pas.

La mission passablement mystérieuse dont il était chargé ajoutait encore à ces tendances superstitieuses.

Il allait se présenter devant une de ces sociétés secrètes dont on racontait de si étranges choses; il était porteur d'une bague qui avait appartenu à ce Carl Blum, réputé sorcier dans tout le canton.

Une fois il voulut tirer de son sein le bijou remis par Frantzia, et il y jeta un regard curieux; il fut ébloui de l'étincelle lumineuse qui jaillissait du chaton, et il s'empressa de le cacher de nouveau, comme s'il eût commis une profanation.

Le murmure du vent dans les feuilles sèches, le bruit des cailloux qui roulaient sous ses pieds, tout le faisait tressaillir.

Cependant les approches du jour dissipèrent ces fiévreuses hallucinations.

Quand le brouillard commença à prendre une teinte blanchâtre, et quand les formes des objets se dessinèrent confusément autour de lui, il retrouva ces allures vives et hardies qui lui étaient naturelles.

Il se trouvait alors à la base du Brocken, et il ne devait pas être loin du terme de son voyage.

En effet, après avoir fait halte un instant pour s'orienter, il aperçut à quelque distance, dans la brume, le petit village de Rubeland, où il devait prendre des informations sur la *grotte des Secrets*; quelques minutes après il y arrivait.

Rubeland se composait d'une douzaine de ces chalets couverts en paille, désignés sous le nom de *baudes* dans le pays.

Quoique l'heure n'appelât pas encore les habitants aux travaux de la campagne, on voyait de la lumière aux fenêtres, et quelques personnes se montraient déjà dans l'unique rue du hameau.

Cette circonstance rassura Rodolphe, qui avait craint de manquer de renseignemens sur l'objet de ses recherches.

Il s'avança donc avec confiance vers un bûcheron, qui sortait d'une maison, la hache sur l'épaule, en sifflottant, et il lui demanda avec politesse le chemin de la *grotte des Secrets*. Mais, à ce nom, la physionomie du paysan changea; il prit un air hébété, répondit d'une voix basse et précipitée qu'il ne connaissait pas cet endroit, et il doubla le pas afin d'éviter de nouvelles questions.

Une espèce de gros bourgmestre, qui fumait sa pipe devant son logis, fut encore moins traitable.

Il regarda fixement le fils du bailli; puis, sans répondre un seul mot à la question qui lui était adressée, il rentra chez lui et ferma sa porte à grand bruit.

— Que diable! signifie tout ceci? dit le jeune homme avec colère; on me reçoit comme si j'apportais la peste... Voyons cependant si tous les habitans de ce village sont aussi peu hospitaliers.

Il avisa devant un bâtiment plus considérable que les autres, l'auberge du lieu peut-être, une jeune servante à mine avenante, qui, dans un négligé peu galant, lavait la porte de la maison.

Rodolphe s'approcha d'elle et répéta sa question en donnant à la chambrière le titre de *jolie fille*, ce qui devait nécessairement la bien disposer en sa faveur.

En effet, elle interrompit sa besogne pour examiner à son tour le nouveau venu.

L'air mutin et éveillé de Rodolphe parut être assez de son goût, car elle sourit avec une expression un peu niaise; cependant elle ne répondit pas encore.

— Il serait vraiment dommage que vous fussiez sourde, ma chère, reprit Rodolphe avec impatience; je vous demande si vous pouvez m'indiquer...

— J'ai bien compris, monsieur, répondit enfin la jeune fille en rougissant sous le regard un peu effronté du questionneur; mais je ne sais si je dois... On n'aime pas à causer de l'endroit dont vous parlez avec le premier venu... et vous êtes si jeune!

— Bah! s'écria Rodolphe impatienté, faut-il donc être du temps du déluge pour pénétrer jusqu'à ce nid de chauve-souris... je veux dire ce lieu vénérable et sacré, ajouta-t-il en songeant à qui il parlait.

Heureusement, l'expression peu révérencieuse n'avait pas été remarquée.

La petite servante paraissait embarrassée :

— Vous m'avez l'air d'un honnête garçon, dit-elle enfin, et il n'y a certainement pas de mal à vous apprendre... Eh bien! suivez ce sentier. A un quart de mille environ, au milieu des bois, vous trouverez un grand chalet délabré... C'est la demeure du vieux pâtre Drescher; adressez-vous à lui, et il vous indiquera ce que vous demandez, s'il en a la fantaisie.

— Merci, ma belle enfant... Mais pourquoi ne pas m'indiquer vous-même cette grotte introuvable? Je suis pressé, et les retards peuvent me causer un grave préjudice.

— Adressez-vous à Drescher, répliqua la jeune servante en reprenant son travail; pour moi, j'en ai peut-être déjà trop dit.

Rodolphe sentit qu'il n'obtiendrait plus rien d'elle.

En tout autre moment, il eût cherché peut-être à la punir par un gros baiser de cet excès de réserve; mais les premières teintes de l'aurore qui commençaient à colorer le ciel, à l'orient, lui rappelèrent la nécessité de ne pas perdre une minute.

Il la remercia donc brièvement et prit le sentier indiqué.

Après quelques momens de marche, il se trouva dans un vallon sauvage où les arbres et les rochers, se groupant d'une façon pittoresque, semblaient devoir à chaque instant intercepter le passage.

Un brouillard froid s'était entassé dans ces gorges et y prolongeait la nuit, quand déjà les hauteurs voisines s'éclairaient des splendeurs matinales.

Ces lieux étaient déserts en apparence.

Cependant, au détour du chemin, Stengel aperçut tout à coup, au milieu d'une clairière, le chalet dont lui avait parlé la fille d'auberge.

Il était facile à reconnaître, grâce à sa vétusté et à ses vastes dépendances.

Les étables, beaucoup mieux tenues que la maison d'habitation elle-même, pouvaient contenir de nombreux troupeaux et témoignaient d'une richesse assez difficile à expliquer dans cette triste solitude.

Stengel s'avança résolument vers le chalet; mais il eut beau frapper au volet vermoulu et appeler de toute la force de sa voix, personne ne répondit.

Enfin un vieillard, encore vert et agile, sortit de l'étable précipitamment. Il s'empressa de refermer la porte derrière lui; mais Rodolphe avait eu le temps de remarquer que ce bâtiment, au lieu de bestiaux, renfermait une quarantaine de chevaux tout sellés et richement harnachés, dont plusieurs étaient de grand prix.

Une pareille découverte était bien de nature à donner à penser; mais Rodolphe n'eut pas le temps de s'y arrêter.

Le vieillard dont nous avons parlé, et qui était vêtu d'une manière bizarre, à la mode du siècle passé, accourut au-devant de lui :

— Mon frère, dit-il d'un ton mystique, vous arrivez bien tard. Dans peu d'instans les travaux seront terminés... *Hosannah Deo David!*

Cette singulière harangue fit ouvrir de grands yeux à Rodolphe, et il garda le silence.

Le vieillard l'examina avec défiance.

— Qui êtes-vous? reprit-il enfin, me serais-je trompé?... Que cherchez-vous ici? que voulez-vous?

— Parler à celui qu'on appelle le pâtre Drescher, et lui demander le chemin de la *grotte des Secrets*, répliqua Rodolphe un peu intimidé.

— Je m'y perds, grommela l'inconnu comme à lui-même, se fier à un adolescent, presque un enfant!... Enfin, les derniers venus à la vigne recevront le même salaire que les premiers!... Eh bien! continua-t-il, je suis celui que vous cherchez... Quelle parole de la loi nouvelle remplace l'antique *epheta*?

Il s'agissait évidemment d'un mot de passe en usage parmi les initiés; Rodolphe haussa les épaules.

— Je n'entends rien à votre grimoire, répliqua-t-il ; si vous connaissez l'endroit où je désire aller, hâtez-vous de m'y conduire, et vous aurez pour votre peine un beau *engelgroschen* qui me reste dans ma pochette ; sinon, enseignez-moi...

— Tu es un impur ! s'écria Drescher en roulant des yeux irrités, et tu as osé poser ton pied impie sur cette terre consacrée ?... Retire-toi bien vite sans regarder derrière toi, ou tu seras traité comme le fut Héliodore quand il vint pour piller le trésor du Temple. L'épée de feu est déjà suspendue sur ta tête !

— Ah, çà ! parlez un peu plus civilement, l'ami, dit le jeune Stengel, qui commençait à s'échauffer ; je ne suis ni un *Héliodore* ni un *impur*, et je ne souffre l'insolence de personne ! Voulez-vous, oui ou non, me montrer le chemin de cette maudite grotte que Dieu confonde ?

Une vive indignation se peignit sur les traits du vieux pâtre.

— L'entendez-vous ? dit-il en levant les mains au ciel, il a blasphémé ! Malheureux ! sais-tu qui tu as insulté ? Je te mettrai un anneau au nez et un mors à la bouche, comme dit Ézéchias à Sennachérib, et ta langue sacrilége sera coupée jusqu'à la racine.

Rodolphe sentit la faute qu'il avait commise en s'exprimant avec tant de liberté ; il essaya de la réparer.

— Remarquez bien, bonhomme, dit-il d'un ton cauteleux, que je n'ai adressé de parole outrageante ni à un homme, ni à une secte, mais simplement à l'excavation de rocher que je cherche vainement depuis plusieurs heures... Enfin, jusqu'ici, vous avez refusé de me comprendre : peut-être connaîtrez-vous ceci !

Il tira de son sein la bague et la lettre de Frantzia.

Drescher les examina avec grand soin, puis il baisa la bague respectueusement.

— Vous n'êtes pas un des ouvriers qui doivent réédifier le temple, dit-il à demi-voix, mais vous portez des insignes devant lesquels un humble lévite tel que moi doit se courber dans la poussière... Que désirez-vous ?

— Je vous l'ai déjà dit ; pénétrer dans la *grotte des Secrets* pour remettre à qui de droit cette bague et cette lettre.

— Nul ne pénètre dans l'abîme des épreuves et dans l'enceinte du *mall* (1) s'il n'est initié.

Rodolphe ne put retenir un geste d'impatience.

— Réfléchissez bien, bonhomme, dit-il ; passé le lever du soleil, ma mission sera manquée, et il y va de vie et de mort... Voyez si ces objets, sacrés pour vous, ne me donnent pas droit à quelques privilèges.

Le vieillard réfléchit.

— Non, dit-il enfin, je ne prendrai pas sur moi une pareille responsabilité. Je ne peux soulever pour un profane le voile du sanctuaire... Cependant confiez-moi un moment cette bague et cette lettre, dont vous ne connaissez peut-être pas toute la redoutable autorité.

— Je la connais, mon cher, répondit Rodolphe avec assurance ; aussi ne remettrai-je pas ce dépôt précieux à un agent subalterne tel que vous... Mais si l'excès de vos scrupules compromet le résultat de ma mission, vous en rendrez compte à vos supérieurs !

Cette fois Drescher parut sérieusement effrayé.

— J'essayerai donc, reprit-il ; que la bénédiction de Jéhovah demeure sur moi !... Entrez ici, jeune homme, et attendez mon retour.

Il poussa Rodolphe dans le bâtiment voisin et referma la porte sur lui.

Cela se fit si rapidement que Stengel n'eut le temps ni de s'y opposer ni de demander des explications.

L'endroit où il venait d'être emprisonné brusquement avait l'apparence d'une cellule d'anachorète. Les murailles, blanchies à la chaux, ne présentaient d'autres ornemens

(1) *Mall, mallum*, assemblée des anciens Saxons.

que des écriteaux chargés de symboles bizarres et de sentences tirées de la Bible.

Sur une table étaient déposés un Christ, l'Ancien et le Nouveau Testament, un sablier et une tête de mort.

Une étroite lucarne, percée dans la voûte, éclairait ce réduit où régnait un silence lugubre ; un banc en maçonnerie régnait à l'entour ; tout y était froid, austère, et devait porter aux méditations ascétiques.

Rodolphe supposa qu'il était dans une de ces loges où, disait-on, les sociétés secrètes enfermaient leurs néophytes souvent pendant plusieurs jours, pour les préparer par le jeûne, la prière et les macérations aux dernières épreuves de l'initiation. L'influence de ce lieu sinistre ne tarda pas à agir sur son organisation vive et hardie.

A l'époque où nous nous trouvons, l'autorité de ces associations, qui autrefois faisaient trembler l'Allemagne, était bien affaiblie ; néanmoins les souvenirs de la terreur qu'elles avaient inspirée défrayaient encore de nombreuses et sombres légendes. Rodolphe, nourri de semblables récits depuis sa plus tendre enfance, ne pouvait se défendre d'une espèce de frisson en songeant qu'il était entièrement à la merci de ces sectes redoutées.

Cependant il ne se repentait pas de sa démarche, toute dangereuse qu'elle pût être pour lui-même. L'image de Daniel emprisonné, jugé et condamné à une mort infâme était toujours présente à sa pensée. Il n'eût voulu pour rien au monde renoncer à la seule chance qui restât de le sauver.

Il était encore livré à ses réflexions, quand le vieux Drescher rentra dans la cellule.

— Jeune homme, dit-il avec gravité, je vous annonce une grande joie... Vous allez être admis dans le temple. Ceignez vos reins et fortifiez votre cœur... Êtes-vous prêt à me suivre.

— Je suis prêt.

— Alors vous acceptez les conditions que le suprême conseil met à cette faveur ?

— Faites-les moi connaître.

— Vous jurez, reprit le vieillard d'une voix creuse en étendant la main vers le Christ et la Bible placés sur la table, vous jurez, sur ses emblèmes révérés de votre foi, de ne jamais répéter ni à père, ni à mère, ni à frère, ni à sœur, ni à parent, ni à ami, ni à confesseur, ni à aucun homme vivant, ce qui va se passer en votre présence ; de ne jamais en donner connaissance à quelque personne que ce soit, ni par parole, ni par écrit, ni par signes ; et vous appelez sur votre tête la malédiction de Dieu et des hommes, dans le cas où vous deviendriez parjure !

Rodolphe répéta mot à mot cette formule de serment, non sans frissonner un peu de sa solennité.

— C'est bien... Fussiez-vous aux extrémités de la terre, ceux devant qui vous allez paraître tireraient une vengeance terrible d'un mot imprudent... Maintenant, souffrez que je vous bande les yeux, et abandonnez-vous à moi sans résistance.

— Mais, dit timidement Rodolphe, mon serment ne vous garantit-il pas suffisamment ma discrétion ? J'éprouve, je l'avoue, une certaine répugnance.

— Insensé ! nous ne nous fierons pas à toi plus que ne l'exige une rigoureuse nécessité, nous ne ferons pas fléchir pour toi des lois aussi anciennes que notre sainte association...... Résigne-toi donc ; aussi bien tu viens ici en suppliant et non en maître.

Rodolphe se décida à céder.

A peine le bandeau fut-il attaché sur ses yeux que la porte s'ouvrit ; plusieurs hommes se précipitèrent sur lui et l'enlevant dans leurs bras, l'emportèrent au dehors.

Le jeune homme, effrayé de cette subite violence, voulut se débattre ; des mains vigoureuses s'emparèrent des siennes, et il sentit à travers ses vêtemens la pointe de deux épées sur sa poitrine.

— Restez immobile et taisez-vous, dit près de son oreille une voix dure qui n'était plus celle de Drescher ; sinon vous êtes mort.

Rodolphe supposait ceux qui lui adressaient cette menace fort capables de l'exécuter; il prit donc le parti d'obéir sans résistance.

Pendant quelques instans il fut emporté avec rapidité à travers la campagne. Il sentait l'air vif du matin frapper son visage; de faibles chants d'oiseaux s'élevaient à quelque distance.

Ses gardiens montaient une pente assez raide; leurs pieds heurtaient fréquemment des touffes de feuillage ou des souches d'arbre.

Tout à coup l'air devint lourd autour de lui comme si l'on entrait dans un souterrain; en même temps un fracas étourdissant et quelques gouttes d'eau rejaillissant sur ses vêtemens annoncèrent le voisinage d'une cascade.

Mais on ne s'arrêta pas; le bruit s'affaiblit peu à peu, et bientôt les pas des porteurs retentirent sur un sol sec et uni. A la fumée résineuse qui le suffoquait, Rodolphe jugea que ses gardiens avaient allumé des torches.

A chaque instant ils échangeaient avec des sentinelles invisibles certains mots de passe inintelligibles; puis ils continuaient leur course dans les galeries sinueuses.

Enfin on commanda halte, et Rodolphe fut remis sur ses pieds.

Néanmoins les mains qui s'étaient emparées de lui ne le lâchèrent pas; les épées appuyées sur sa poitrine lui faisaient toujours sentir leur pointe acérée; et la voix qu'il avait déjà entendue, celle d'un chef sans doute, lui ordonna de se tenir en repos.

Puis quelqu'un se détacha de la bande, en apparence pour aller prendre de nouveaux ordres.

Alors Rodolphe fut frappé d'un bruit singulier qui se faisait non loin de lui; on eût dit d'un grand nombre de personnes psalmodiant des cantiques dans ces cryptes sonores.

A intervalles réguliers, le son imposant d'un orgue s'unissait à cette mélodie traînante et solennelle.

Quand le chœur s'interrompait, une voix forte s'élevait seule et récitait certaines prières au milieu du silence de l'assemblée.

Ces prières, quoique en allemand vulgaire, semblaient n'avoir de sens précis que pour les initiés :

— « Venez, et voyez disait le prêtre de ce culte inconnu, l'abomination de la désolation prédite par les prophètes est arrivée.

» La bête et ceux qui la suivent ont exterminé les enfans de la tribu de Juda.

» Le temple est renversé et les serpens du désert ont établi leur demeure au milieu des ruines.

» L'hysope croît dans le sanctuaire; l'autel des holocaustes gît dans la poussière. Le chandelier d'or à sept branches a été brisé et foulé aux pieds; l'arche d'alliance en bois de Sethim a servi de jouet à l'impiété du vainqueur assyrien.

» Seigneur, Seigneur, quand rachèteras-tu ton peuple de la captivité? Jusqu'à quand permettras-tu que tes élus soient dispersés sur la surface de la terre?

» —Seigneur, Seigneur, répéta le chœur de ses mille voix, quand rachèteras-tu ton peuple de la captivité? Jusqu'à quand permettras-tu que tes élus soient dispersés sur la surface de la terre? »

A cet endroit il se fit une pause, comme si les assistans attendaient une manifestation divine.

Puis la voix du célébrant reprit d'un ton plus élevé :

— » Écoute, Israël, je suis le Seigneur ton Dieu qui t'ai tiré de la captivité d'Égypte... Ma main s'est appesantie sur toi, parce que tu as sacrifié à Baal et à Moloch; tu as chassé mes prophètes et renié mon nom, c'est pourquoi je t'ai livré comme un esclave rebelle aux mains des gentils... Mais ta plainte est montée jusqu'à moi; pleure et prie, et ceins tes reins, car voilà que j'étendrai encore le bras pour diviser les eaux de la mer Rouge, et je te conduirai dans la terre de Chanaan. Alors les murs de Jérusalem seront relevés, le temple sera rebâti; j'enverrai mes architectes et mes ouvriers pour construire un temple nouveau plus brillant que le premier. L'autel des holocaustes pliera sous le faix des génisses et des chevreaux; le chandelier d'or à sept branches brûlera encore l'huile parfumée de Saba, et je descendrai moi-même au milieu des éclairs et des tonnerres, sur l'arche purifiée de ma nouvelle alliance avec mon peuple! »

Aussitôt des machines se mirent en mouvement; des rouages grincèrent comme si l'on offrait aux regards des initiés une représentation du temple annoncé par ces paroles apocalyptiques.

Le grondement d'un tonnerre artificiel se prolongea sous les voûtes, et Rodolphe, à travers son bandeau, entrevit l'éclat éblouissant et passager des éclairs.

Quand ce bruit se fut éteint, des voix exercées chantèrent un hymne d'actions de grâce, accompagné par l'orgue et d'autres instrumens de musique.

Ces chants mélodieux parurent terminer la cérémonie; un chuchotement confus, semblable à celui d'un grand nombre de personnes qui se disposent à se séparer, leur succéda.

Aussitôt le personnage qui s'était déjà adressé aux gardiens de Rodolphe leur parla de nouveau :

— Allez, disait-il, l'heure est venue!

Stengel fut entraîné rapidement à une cinquantaine de pas.

Un air tiède, chargé d'émanations balsamiques, circulait autour de lui; et une sorte d'intuition l'avertissait qu'il se trouvait au milieu d'une grande assemblée.

Cependant un silence de mort régnait maintenant partout; et n'eussent été les pas de ses gardiens sur le sol rocailleux, il eût cru pouvoir entendre les battemens précipités de son cœur.

Enfin on le força de s'arrêter, et une voix grave, qu'il crut reconnaître pour celle de l'officiant, lui demanda impérieusement :

—Mortel audacieux, pourquoi oses-tu troubler nos mystères? Pourquoi nous retenir ici quand le soleil est déjà sur l'horizon, ce qui est contraire à nos lois redoutables?... Qui es-tu? Que veux-tu de nous?

Malgré son courage, Rodolphe eut peine à répondre :

— Avant de remplir la mission dont je suis chargé, je désirerais savoir où je suis et à qui je parle.

L'interrogateur sembla consulter quelques personnes placées près de lui.

— C'est juste, dit-il enfin : que ses yeux soient dessillés et qu'il soit rendu à la lumière.

Aussitôt le bandeau tomba.

Rodolphe fut ébloui du magnifique spectacle qui frappa ses regards.

Il était au centre d'une immense caverne, dont l'élévation effrayait la pensée, toute revêtue de concrétions blanches et brillantes.

On eût trouvé là un argument décisif en faveur de cette opinion de certains archéologues, que l'art gothique a pris naissance dans les cryptes où les premiers chrétiens se cachaient pour célébrer les saints sacrifices.

Rien en effet ne ressemblait tant à une église gothique que cette grotte majestueuse, dont Dieu seul avait été l'artisan.

Des stalagmites colossales s'élevaient du sol en forme d'élégans piliers; tandis que des milliers de stalactites descendaient de la voûte en frêles colonnettes, en arceaux, en culs-de-lampe.

Sur les chapiteaux, sur les frises, sur les entablemens, la nature avait imité même ces images bizarres d'hommes et d'animaux, ces gargouilles, ces chimères, figures emblématiques si fréquentes dans les basiliques du moyen-âge.

A travers les portiques d'albâtre qui formaient les bas-côtés de cette nef merveilleuse, on entrevoyait des réduits écartés, mystérieux, solitaires, pareils à ces chapelles silencieuses où le chrétien recueilli aime à méditer seul devant Dieu.

Enfin, pour compléter la ressemblance, au fond de la

ROMANS CHOISIS. 23

grotte, sur un piédestal de granit, se dressait une statue, de proportions gigantesques, enveloppée de longues draperies blanches; et il fallait un effort de raison pour ne pas voir une création artistique dans ce jeu merveilleux du hasard (1).

Un nombre considérable de flambeaux et de torches éclairait cette grandiose enceinte.

Quelques-unes de ces lumières, cachées presque dans la voûte, de manière à en faire apprécier la prodigieuse hauteur, avaient l'apparence de petites étoiles rouges perdues dans un ciel sombre. Les pétrifications, à demi transparentes leur donnaient une teinte pâle, phosphorescente, d'un effet inconnu. Leur éclat, répété par ces cristallisations sans nombre, par ces millions de facettes polies comme celles du diamant, formait un ensemble éblouissant.

La décoration, pour ainsi dire artificielle, de la grotte n'était pas moins remarquable.

De grands rideaux noirs, suspendus aux piliers, semblaient cacher au regard ces machines dont Rodolphe avait entendu le bruit un moment auparavant.

Mais ces rideaux mêmes étaient chargés de broderies d'argent, représentant des triangles, des équerres, des yeux ouverts entourés de rayons, et d'autres symboles mystiques.

Au centre de la salle on voyait un autel de pierre, taillé dans le roc, sur lequel une grande et lourde épée de forme antique était plantée par la pointe.

Il y avait sur cet autel un réchaud d'airain où brûlait un bois parfumé.

Une idole hideuse, haute de plus de vingt coudées et assez semblable aux statues monstrueuses des dieux Indiens, paraissait garder l'entrée principale de la grotte, menaçant de son bras armé d'un glaive les profanateurs et les indiscrets.

Mais Rodolphe ne put donner qu'un coup d'œil à ce mélange incroyable de sacré et de profane. Son attention se porta tout d'abord sur les acteurs et les comparses de ce splendide théâtre.

En face de lui, sur une estrade élevée de quelques marches au-dessus du sol, siégeaient trois personnages, chefs principaux de l'association.

Ils étaient revêtus de longues robes noires, sur lesquelles tranchaient des baudriers et des écharpes rouges à larges franges d'or.

Leurs têtes étaient enveloppées d'un voile; deux trous, percés dans l'étoffe, permettaient seulement d'apercevoir leurs yeux fiers et menaçans.

D'autres initiés d'un rang moins élevé formaient un vaste cercle autour de l'estrade; ils étaient aussi voilés, mais ils ne portaient d'autres signes distinctifs que l'écharpe rouge avec une simple frange d'or.

Derrière eux, on entrevoyait dans l'ombre une foule considérable d'hommes muets et immobiles comme leurs chefs.

Rodolphe, malgré son parti pris de fermeté et d'audace, se sentit profondément ému.

Il éprouva une sorte d'éblouissement et il chancela; ses deux gardes, qui ne l'avaient pas quitté, furent obligés de le soutenir.

Cependant quelques secondes suffirent au jeune homme pour recouvrer sa présence d'esprit; honteux de sa faiblesse, il se redressa et promena autour de lui un œil assuré.

Son trouble n'avait pas échappé au dignitaire qui, assis à la place d'honneur sur l'estrade, semblait être le président de l'assemblée.

Après avoir laissé au fils du bailli le temps de se remettre, il lui dit d'un ton imposant:

— Tu sais devant qui tu es; j'en ai jugé au tressaillement de tous tes membres... Eh bien! parleras-tu maintenant?

— Je crois en effet avoir trouvé ceux que je cherchais, reprit Rodolphe en essayant de raffermir sa voix un peu tremblante; je vais donc m'acquitter de ma mission.

Il voulut s'avancer pour remettre au président la bague et la lettre dont il était porteur; mais un de ses gardiens le retint, tandis que l'autre, s'emparant de ces objets, les présentait respectueusement au chef des initiés.

Celui-ci baisa la bague, comme avait fait Drescher. Après avoir examiné avec soin la suscription et le cachet de la lettre, il l'ouvrit et la lut rapidement; puis il la remit aux deux conseillers qui se trouvaient à ses côtés et qui, à leur tour, la firent circuler dans l'assemblée.

— Jeune homme, dit enfin le président, cet anneau et ces caractères tracés sur le papier sont pour nous vénérables et sacrés... Mais sais-tu qui a écrit cette lettre, à qui a appartenu ce bijou?

— Je ne crois pas me tromper en affirmant que ces objets viennent d'un ami de ma famille appelé Carl Blum, de Gœttingue.

— Tu ne t'es pas trompé, et je n'ai aucun motif de te cacher que celui que tu nommes Carl Blum était un sage, un vase d'élection parmi nous... Il était le premier entre les égaux, et sa mémoire nous est chère comme celle d'un saint ou d'un martyr. — Un murmure d'approbation accueillit ces paroles. Le président reprit: — Mais puisque cette gloire de notre association s'est éteinte, comment ce papier et ce bijou sont-ils tombés entre tes mains? — Rodolphe éprouva quelque répugnance à prononcer le nom de sa sœur dans cette société d'hommes inconnus; il répondit avec embarras que Blum, peu de momens avant sa mort, avait confié ce dépôt à une personne amie, pour s'en servir au besoin. L'œil du président sembla lancer des éclairs sous sa capuce noire. — Pas de réticences, jeune homme, s'écria le chef des initiés, car elles pourraient appeler la foudre sur ta tête!... Parle sans détours, et surtout ne crains pas de prononcer en notre présence le nom de ta sœur Frantzia Stengel, la fille du bailli du Brocken... Elle a été pour l'un de nous comme le Samaritain qui a pansé ses blessures avec de l'huile et du vin, elle a droit à notre reconnaissance, à notre protection.

— Si vous savez ces détails, répliqua Rodolphe avec quelque impatience, pourquoi m'interrogez-vous?

— Afin de nous assurer si tu aurais la volonté de nous déguiser la vérité, et de t'en punir d'une façon terrible... Mais nous ne te presserons pas davantage sur ce qui te regarde... Hâte-toi de nous faire connaître ce que ta sœur et toi, vous attendez de nous, en invoquant le nom et l'autorité de l'illustre Carl Blum... Parle franchement, car c'est ici le sanctuaire de la justice et de la vérité.

Encouragé par la bienveillance évidente de l'interrogateur, quoique cette bienveillance se déguisât sous des formes impérieuses, Rodolphe commença le récit des malheurs de Daniel Richter.

Il raconta les intrigues, les violences dont il avait été l'objet, sans toutefois en nommer l'auteur.

Il n'omit rien de ce qui pouvait intéresser les mystérieux auditeurs en faveur de son ami; il parla de ses nobles qualités, de son merveilleux talent d'artiste, de la popularité dont il jouissait parmi les bergmans du Harz.

Il plaida enfin la cause de Daniel avec chaleur et entraînement; et il finit en adjurant l'association de prendre ce malheureux jeune homme sous sa puissante protection.

Cet appel causa une grande fermentation parmi les assistans; quand Rodolphe se tut, ils se mirent à chuchoter avec vivacité.

Pendant un moment, cette agitation alla toujours croissant; mais, sur un signe du président, le calme se rétablit tout à coup.

— Rodolphe Stengel, reprit le chef des initiés, toi et ta sœur, savez-vous bien ce que vous demandez, et quel droit vous avez de le demander?... Avec l'autorisation de l'illus-

(1) On trouve dans plusieurs grottes de France des concrétions semblables à celle dont nous parlons ici.

tre chapitre, je veux t'éclairer sur la nature de ce droit... Un des statuts de notre sainte association porte que nous devons protection non-seulement à chacun de ses membres, mais encore à leurs enfans et à leurs proches, quand nous en sommes requis suivant les formes prescrites... Tu as rempli, il est vrai, certaines conditions ; mais il te reste à nous faire connaître à quel titre ce Daniel Richter invoque notre appui ; était-il fils ou neveu, ou parent à un degré quelconque du vénérable Carl Blum, pour réclamer ainsi le bénéfice de nos lois sacrées ?

Rodolphe se souvint alors des recommandations de Frantzia.

— Carl Blum avait pour notre ami une affection toute paternelle, reprit-il hardiment ; vous n'ignorez pas, puisque vous savez tout, qu'à la suite du cruel accident qui lui arriva dans nos montagnes, Carl s'établit dans notre maison du Brocken, où il vécut pendant plusieurs années comme au sein de sa propre famille. Ma sœur et moi nous devînmes ses enfans d'adoption.

— Oui, et il ouvrit pour vous ces trésors de science qui auraient pu faire de Blum une des gloires de ce siècle, s'il eût été moins modeste ! interrompit le président avec une sorte d'émotion ; et pour cela jeune homme tu aurais pu te dire trois fois heureux parmi les bienheureux !... Mais tu ne nous parles pas de Richter ?

— Eh bien ! reprit Rodolphe un peu embarrassé, Daniel venait souvent partager avec ma sœur et moi les leçons de Carl... Comme il était le plus âgé, il adressait des questions au maître, qui se faisait un plaisir de l'éclairer par ses réponses... Une fois que notre vieux précepteur était plongé dans une humeur sombre, ce qui lui arrivait fréquemment, Daniel prit son violon et joua des airs mélancoliques. Blum se mit à fondre en larmes et serra le musicien sur son cœur, en lui disant : « Tu es pour moi comme David, qui en jouant de la harpe chassait le démon de l'esprit de Saül... Sois béni. »

Ces souvenirs parurent produire quelque impression sur les assistans, dont plusieurs avaient peut-être été les amis de Carl. Cependant le président reprit avec insistance.

— Sont-ce là tous les rapports qui ont existé entre notre frère et le jeune Richter ?

— Oui, tous, répondit Rodolphe ne pouvant ou n'osant inventer un mensonge.

— Ce jeune homme a rendu à la vieillesse et à la science les honneurs qui leur étaient dus ; mais il n'a acquis aucun droit pour cela à notre protection particulière... D'ailleurs, cet écrit, signé de notre vénérable frère, nous recommande avec chaleur ta vertueuse sœur d'abord, puis toi-même, Rodolphe Stengel, puis enfin ton père, le bailli du Brocken, un ennemi de notre sainte association, nous ne l'ignorons pas, mais un ennemi loyal... Carl vous appelle sa famille d'adoption, plus chère à son cœur que sa famille selon la chair... Il ne parle pas du déserteur.

— Oh ! c'est un oubli, un oubli, soyez-en sûrs ! s'écria Rodolphe impétueusement ; il n'ignorait pas, il ne pouvait ignorer combien le sort de Daniel était uni au nôtre...

— Mais à quel titre, jeune homme ? Comprends bien mes paroles... Je te demande quelle était la nature des liens qui unissaient Daniel Richter à ta famille ?

Rodolphe hésitait à répondre.

— Et pourquoi ne nous dites-vous pas, enfant étourdi et malavisé, reprit le chef des initiés avec impatience, que Daniel Richter est le fiancé de Frantzia, un fiancé qu'elle aime et dont elle est aimée ; qu'un projet de mariage existe entre eux depuis plusieurs années ; que Carl lui-même approuvait ce projet et l'appuyait auprès du bailli, afin d'assurer le bonheur de son élève chérie, Frantzia Stengel ?... Pourquoi ces réticences et ces détours ? Crois-tu que ces misérables intérêts terrestres soient dignes d'arrêter longtemps la pensée du saint chapitre ?

Rodolphe, qui par un sentiment de délicatesse fort compréhensible avait refusé de faire plus tôt un semblable aveu, sentit l'inutilité de ses scrupules.

— Allons ! répliqua-t-il, puisque rien ne vous échappe, puisque les secrets des familles et ceux du cœur des jeunes filles vous sont si bien connus, je l'avoue, vous avez dit vrai... Mais ce que vous ignorez peut-être, c'est que le chagrin tuera ma pauvre sœur si elle perd son fiancé... J'en juge par le morne et profond désespoir dont elle était accablée cette nuit en m'envoyant vers vous ! Quant à moi...

— C'est assez, interrompit le président avec autorité, en se levant ; nous savons maintenant ce qu'il nous importait d'apprendre de ta bouche... Retire-toi donc ; le chapitre ne peut délibérer en ta présence... On te rappellera bientôt.

Sur un signe, les gardiens ramenèrent Rodolphe à l'endroit où on l'avait déjà fait attendre ; c'était une espèce de grotte, séparée seulement de la salle du conseil par d'épaisses draperies.

La délibération fut orageuse, car la question qui s'agitait était grave.

Frédéric, qui devait ses triomphes récens à l'organisation militaire de la Prusse, montrait une sévérité inflexible à l'égard des déserteurs, et les états de Hanovre, de leur côté, n'eussent voulu pour rien au monde donner des motifs de plainte à leur belliqueux voisin.

Il était donc à craindre que l'intervention des initiés dans une affaire de justice régulière n'attirât sur eux les persécutions des gouvernemens de la Prusse et du Hanovre.

Or, la situation des sociétés secrètes, déjà très précaire à cette époque, pouvait recevoir une sérieuse atteinte d'un redoublement de rigueur.

Cependant Rodolphe ne se décourageait pas ; il connaissait l'audace de ces sectes ténébreuses, et cette audace ses souvenirs d'enfance tendaient à l'exagérer encore.

De plus, il avait remarqué, dans le cours de l'interrogatoire qu'il venait de subir, la grande vénération de l'assemblée pour l'ancien hôte de la maison du Comte, la sympathie à peine déguisée du président pour la famille Stengel et le malheureux Richter. Il ne s'effraya donc pas de la longueur des débats, et il en attendit la fin avec patience, convaincu que la solution serait conforme à ses désirs.

Enfin le calme se rétablit dans l'assemblée. Une espèce de maître des cérémonies, le visage voilé comme les autres initiés, donna l'ordre aux gardiens de Rodolphe de le conduire de nouveau en présence du conseil.

Le président, encore ému de la chaude discussion qu'il venait de soutenir, lui adressa ces paroles au milieu d'un profond silence :

— Rodolphe Stengel, le saint chapitre a délibéré sur ta requête, d'après nos formes immuables et sacrées... Voici sa réponse : Nous n'avons pas été institués pour arrêter dans sa marche la justice humaine, mais pour la suppléer quand elle est impuissante, pour lui venir en aide quand elle se trompe. Or, rien ne prouve que Daniel Richter n'ait pas sciemment déserté son drapeau, et, par conséquent, encouru justement les rigueurs de la loi martiale ; toi-même, son ami, tu n'as pu nier le fait...

— Ainsi donc, interrompit Rodolphe avec un douloureux étonnement, vous refusez...

— Silence ! et prosterne-toi devant la sagesse des décrets que tu ne peux comprendre... Je le répète donc, Daniel Richter nous paraît devoir être condamné, selon la justice et la raison... Cependant, par respect pour les dernières volontés d'un homme sage, qui a été l'un des flambeaux de notre association, par considération pour ta jeune sœur, qui a honoré notre saint ordre dans la personne de notre ancien chef ; enfin par pitié pour toi-même, qui es venu ici, en suppliant, implorer notre appui, le chapitre a chargé trois de ses membres, les plus élevés en dignité, d'examiner ultérieurement cette affaire, avec pouvoir de lier ou de délier, suivant leur conscience... C'est à leur sagesse que tu dois t'en rapporter désormais. Ils ne tarderont pas à se mettre à l'œuvre, et ils apprécieront les faits avec cette haute clairvoyance que Dieu donne à ses élus... Pour toi, ta mission est finie : retourne d'où tu es venu, et montre-toi pénétré de reconnaissance pour le suprême conseil qui t'a admis un moment dans son sein, toi chétif ver de terre, qui l'a honoré de son attention et de sa bienveillance.

Un murmure d'assentiment accueillit ce discours. Mais Rodolphe attendait un résultat plus positif et surtout plus favorable ; il s'écria d'un ton d'angoisse :

— Ignorez-vous donc combien le danger de Daniel est pressant ? Les personnages dont vous parlez auront-ils le temps de se livrer à des enquêtes et à des recherches ? La justice militaire est expéditive... Au moment où nous sommes, le prisonnier est sans doute déjà en route pour Gœttingue, et dans un petit nombre de jours...

— Eh bien ! homme de peu de foi, répliqua le président avec force, à Gœttingue, comme à Berlin, comme à Vienne, comme au fond des déserts de l'Arabie, crois-tu que notre main puissante ne pourrait s'étendre jusqu'à lui ?

— Eh ! que sais-je jusqu'où peut s'étendre votre main, dit Rodolphe indigné, quand je vous vois employer de vains subterfuges pour éluder une demande raisonnable, pour leurrer d'un faux espoir les malheureux qui s'adressent à vous... Allez, allez, je vous connais maintenant, terribles initiés ! Vous n'êtes bons qu'à défrayer les contes lugubres des vieilles femmes, et à répéter des chants impies dans des trous noirs, loin du regard des hommes !

Cette apostrophe était d'une audace tellement inouïe, que l'impétueux jeune homme put l'achever sans que personne eût songé à lui fermer la bouche. Mais, le premier moment de stupeur passé, il s'éleva une effroyable rumeur dans l'assemblée. La plupart des assistans s'élancèrent sur lui l'épée haute, en criant :

— Il a blasphémé le saint temple de Sion !... A mort le profanateur ! à mort le traître !

— Arrêtez, mes frères, dit le chef des initiés d'une voix tonnante qui domina le tumulte, ne souillez pas du sang d'un enfant le sol consacré... C'est contre le lion et le dragon que doit s'exercer votre force, et non contre un pareil ennemi... Mes frères, retournez à vos places, je vous en conjure par le nom redoutable que nul initié ne peut entendre sans trembler !

Grâce à la puissance secrète de cette adjuration, les passions furieuses s'apaisèrent comme par enchantement.

Tout le monde se tut, les épées s'abaissèrent, et les membres du conseil reprirent leur rang, en frémissant encore d'une colère à peine contenue.

Alors le président, debout, fixa un regard ardent sur Rodolphe, qui avait supporté sans pâlir cette démonstration menaçante :

— Rends grâce à ta jeunesse, pauvre insensé, dit-il d'un ton solennel ; si, au moment où tu as prononcé ces paroles sacrilèges, tu eusses été âgé seulement d'une année de plus, rien n'eût pu te soustraire à la mort... Humilie-toi, pourtant ; courbe ton front devant la tempête, de peur qu'elle ne t'emporte comme un fétu de paille dans ses tourbillons.

Rodolphe reconnut enfin combien son aveugle transport pouvait compromettre la cause qu'il était venu plaider devant ces inconnus.

— J'ai eu tort, dit-il en baissant la tête ; j'en conviens volontiers, non que je craigne la vengeance dont vous me menacez ; si, au contraire, la chaleur de mon affection pour un ami en péril m'a peut-être entraîné trop loin... Ne faites pas retomber sur lui l'animadversion que j'ai seul méritée, et si réellement vous avez de bonnes intentions pour Daniel, ne les laissez pas stériles.

Ces excuses n'étaient pas précisément ce que l'on devait attendre, et un murmure de mécontentement courut dans l'assemblée. Mais le président le calma d'un geste.

— Il suffit, dit-il avec un accent de dédain ; l'aigle ne descend pas, pour une chétive proie, des hauteurs du ciel... Retire-toi maintenant, audacieux enfant ; seulement ou viens-toi bien de ton serment... Tu ne parleras à qui que ce soit, excepté à la personne qui t'a envoyé, de ce que tu as vu et entendu ; si tu prononces notre nom, que ce soit avec respect et à voix basse... Le jour, la nuit, en tous temps, en tous lieux, des êtres invisibles seront à portée de te voir et de t'entendre. Malheur à toi si tu te permettais une indiscrétion, une parole offensante pour nous ! Tu serais effacé du nombre des vivans ; ton corps deviendrait la proie des chiens et des vautours... Grave cette sentence dans ta mémoire en caractères ineffaçables... Pour vous, frères, allez en paix ; le chapitre est fermé.

— *Amen*, répéta la foule.

Au même instant, Rodolphe sentit qu'on lui remettait son bandeau sur les yeux, et une grande agitation annonça la dissolution de l'assemblée.

On le retint encore pendant une heure environ, afin de donner aux initiés le temps de s'éloigner ; puis on le transporta, après de longs circuits, dans un endroit écarté de la forêt.

Avant même qu'il eût pu se débarrasser de son bandeau, ses gardiens avaient disparu dans les broussailles. Ses yeux, éblouis par la clarté subite du grand jour, ne rencontrèrent que le ciel et la campagne ; la vision s'était évanouie comme un rêve pénible aux approches du matin.

VII

LA PLACE PUBLIQUE.

Nous devons dire maintenant ce qui se passait sur la place principale de la ville anséatique de Gœttingue, huit jours après les événemens que nous avons racontés.

Cette place avait alors, par la bizarrerie de ses constructions, un caractère original qui s'efface de nos jours, non-seulement à Gœttingue, mais encore dans la plupart des vieilles cités germaniques.

Elle était environnée de bâtimens irréguliers de bois ou de briques ressemblant assez, suivant la comparaison d'un auteur contemporain, aux galeries d'un vaisseau du seizième siècle.

Chaque étage faisait saillie de quelques pieds sur l'étage inférieur ; tous étaient chargés d'arabesques, de médaillons, de guerriers, de divinités païennes et de versets de psaumes.

Sur un seul pignon on pouvait compter jusqu'à sept rangs de petites fenêtres terminées en ogives.

Les façades de certaines maisons étaient ornées de briques vertes, jaunes, bleues ou roses qui formaient des dessins gracieux ; les balcons, également en briques disposées en losanges, s'avançaient hardiment sur la voie publique.

Cette architecture était, disait-on, particulière aux anciens Saxons, qui la transportèrent en Angleterre, d'où plus tard elle se répandit, non sans quelque altération, en Amérique.

Néanmoins on apercevait dans un enfoncement de la place une belle église, à la flèche élancée, qui se distinguait, par son ordonnance simple et majestueuse, de ces édifices raboteux et tourmentés, protestation imposante de l'art noble et sévère contre les caprices archéologiques du moyen âge.

Or, vers la fin du huitième jour après l'arrestation de Daniel Richter à la maison du Comte, cette place et les rues adjacentes regorgeaient de monde ; la population entière de Gœttingue semblait s'être transportée dans cette partie de la ville pour une intéressante cérémonie.

Des moines perdus dans leurs amples robes, des étudians vêtus de noir, la tête couverte d'une petite barette plate d'où s'échappait une luxuriante chevelure, des bourgeois au ventre volumineux gonflé de bœuf fumé, de bière et d'importance, allaient et venaient dans tous les sens, s'interrogeant avec intérêt.

Les femmes étaient en minorité; et si quelqu'une traversait la foule, on la voyait passer rapidement la tête baissée, comme si elle craignait de regarder autour d'elle.

Ce n'était pas, certainement, une joyeuse sérénade des maîtres chanteurs ou une mascarade d'étudians qui était cause de ce grand concours populaire.

En effet, à une extrémité de la place, devant un édifice public de quelque importance, s'élevait un gibet de sinistre augure; ses grands bras se dessinaient de loin sur le ciel bleu clair où voltigeaient les cigognes aux approches du soir.

L'échelle était déjà appliquée à l'instrument du supplice, et un homme, revêtu d'un grand manteau écarlate, le chapeau enfoncé sur les yeux, était assis tranquillement sur le premier échelon.

Des valets de ville avec leurs hallebardes, et des soldats le fusil sur l'épaule, formaient à l'entour un triple cercle, en dehors duquel se pressait le peuple.

Ces apprêts étaient significatifs; une exécution allait avoir lieu, et les spectateurs, comme il arrive toujours, ne devaient pas manquer à cet horrible spectacle.

A l'angle d'une petite rue tortueuse qui débouchait sur la place, deux bourgeois se tenaient devant leurs boutiques, situées en face l'une de l'autre, et causaient à voix haute, à travers la voie publique, de l'événement qui tenait en suspens l'attention générale.

L'une de ces boutiques était remarquable par une grande quantité de pots de faïence alignés sur des rayons, avec force étiquettes latines. Un immense bois de cerf, placé au-dessus de la porte d'entrée, dénotait une apothicairerie; le bois de cerf étant alors pour les officines pharmaceutiques ce que sont de nos jours le serpent qui se mord la queue ou le pot d'orviétan peints sur les enseignes.

D'ailleurs l'apothicaire, d'un des deux causeurs dont nous avons parlé, portait le costume traditionnel de profession qui s'est conservé si longtemps en Hollande et dans le nord de l'Allemagne.

Il était revêtu d'une robe de chambre à fleurs de pavots, avec une large ceinture de même étoffe, et coiffé d'un bonnet de nuit que surmontait un chou bien mousseux.

Cet habillement faisait ressortir encore la haute taille, la longue et maigre échine de maître Erasme Freund, le nouvelliste le plus intrépide, le bavard le plus infatigable du Hanovre.

Son voisin, maître Goldman, à qui il adressait ses observations critiques sur toutes choses, avait été longtemps un des tanneurs les plus achalandés de la ville, et il avait gagné une fortune fort honnête dans ce commerce. Mais le brave homme était devenu vieux; peu à peu des concurrens plus actifs lui avaient enlevé sa clientèle, en sorte qu'à l'époque dont il s'agit aucune pratique ne dépassait plus le seuil de cette boutique noire et fétide.

Petit, gros, la tête enfoncée dans les épaules, les mains pouvant à peine se rejoindre sur son ventre, la tête couverte d'un énorme chapeau pointu, Goldman était toujours assis sur un ballot de cuir devant sa porte, un pot de bière à portée de sa main.

A quelque heure du jour qu'on passât, on le trouvait à son poste, dans une immobilité complète, tantôt causant avec son ami et compère Erasme Freund, tantôt seul et rêveur donnant, suivant son expression toute germanique, *audience à ses pensées*.

Quand nous disons qu'il causait, nous voulons dire qu'il écoutait causer, car Goldman, avare de paroles autant que d'écus, répondait seulement par monosyllabes aux divagations perpétuelles de l'apothicaire.

En revanche, celui-ci était de force à parler pour deux, et il s'accommodait fort bien de cette taciturnité, qui lui permettait de donner libre cours au torrent de son éloquence.

Or, Goldman et Freund étaient alors des célébrités dans la bonne ville de Gœttingue. L'habitude de voir ces deux burlesques personnages à la même place, et d'entendre l'un d'eux discuter à travers la rue les affaires publiques ou privées de la cité, les avaient fait connaître des habitans de toutes les classes. Ils étaient devenus des espèces de Pasquins, sur le compte desquels on mettait les opinions et les excentricités les plus extravagantes. Si un étudiant voulait raconter une plaisanterie peu croyable à ses camarades, il commençait inévitablement par la formule :

« Hier soir, Freund disait à Goldman... » ou bien, si l'on voulait exprimer qu'un homme était incapable de garder un secret, on disait : « Il contera l'affaire à Freund, qui la contera à Goldman. »

Cela signifiait que bientôt le secret deviendrait celui de la comédie.

Ces importans personnages n'avaient eu garde de déserter leur poste ordinaire, dans une circonstance aussi grave que celle d'une exécution capitale.

Goldman avait exhaussé son ballot, de sorte que ses gros pieds étaient fort loin du sol, et qu'il pouvait, du haut de sa courte personne, dominer la place entière.

L'apothicaire, de son côté, au lieu de s'appuyer, comme d'habitude, contre le montant de sa porte, usé par le frottement journalier de son épaule, s'était campé fièrement au milieu du seuil, afin de mieux voir et d'être mieux vu.

Les bourgeois les plus gourmés saluaient en passant d'un sourire moqueur ces grotesques illustrations, tandis que de malins écoliers rôdaient à l'entour pour écouter leurs propos, se promettant bien de les répéter en bon lieu le lendemain, avec force enjolivemens de leur façon.

Cette conversation, ou plutôt le soliloque de maître Freund, ayant rapport aux événemens de cette histoire, nous allons le reproduire ici, sans tenir compte des quolibets de certains mauvais plaisans.

— Je vous dis, voisin Goldman, criait Freund d'une voix creuse qui faisait ballotter ses joues flasques contre ses maxillaires fortement développées; oui, je vous le dis à vous et à tous ceux qui peuvent m'entendre, il n'est pas ordinaire d'exécuter les malfaiteurs à une heure aussi avancée de la soirée! Dieu me pardonne, il va falloir allumer des flambeaux si l'on tarde encore seulement le temps de préparer un électuaire, et il en coûtera à la ville une grosse dépense de chanvre et de résine pour montrer à chacun les derniers entrechats du pendu!... Comme si la commune n'avait pas fait assez de sacrifices aujourd'hui! Vous ne pouvez ignorer, voisin, quoique vous ne soyez pas un homme lettré, que, d'après un ancien usage, la dépense d'un condamné à mort est à la charge de la ville où a été prononcée la sentence, jusqu'au moment de l'exécution?... Or, ce Daniel Richter ayant été condamné hier soir, c'est une déjeuner et un dîner qu'il en aura coûté aujourd'hui à la commune; et comme je connais la sage économie de notre bourgmestre et de nos échevins, j'affirme qu'il a fallu de grandes raisons pour les déterminer à une semblable prodigalité.

— Eh! eh! hum! bah! grogna le tanneur sans sortir de son immobilité.

— Que voulez-vous dire, voisin, reprit Freund d'un ton superbe; prétendriez-vous que l'exécution n'aura pas lieu? Je ne vois pas trop sur quoi vous fonderiez une opinion pareille... N'étais-je pas hier au soir à la séance du conseil où l'on a prononcé la sentence? N'ai-je pas vu le conseiller Piderman rompre au-dessus de la tête de Richter la petite baguette emblématique, pour lui faire entendre que le jugement était sans appel? puis tous les autres conseillers renverser leurs siéges avec un bruit sourd, en s'écriant : « Que Dieu fasse grâce à son âme ! » Ces cérémonies en disent assez, ce me semble... D'ailleurs, prenez la peine d'examiner un peu ce qui se passe à cinquante pas d'ici, obstiné que vous êtes ! Cette grande machine, par hasard, serait-elle plantée là uniquement dans le but de faire peur aux oiseaux ? Et maître Herzog, avec son manteau rouge, pensez-vous qu'il soit venu pour rien ? Non, non, soyez-en sûr, le vieux sorcier maudit aura demain à me proposer quelques pots de graisse humaine, que nous employons dans la fabrication de la thériaque, et il me les surfera du double, comme à l'ordinaire... à moins toutefois que le docteur Crécelius, le doyen de l'Université, ne réclame le corps pour ses expériences chirurgicales, car le docteur n'en fait jamais d'autre quand le pendu est beau, et au diable ses priviléges de doyen !

Malheureusement pour l'orateur, un des élèves du docteur passait en ce moment et avait entendu ces dernières paroles :

— Retenez votre langue, monsieur Freund ! cria-t-il avec colère. Parlez avec respect de celui qui est comme le flambeau de la science humaine, *os phosterès enn cosmô*; ou bien, de par les dieux immortels ! *ossa tibi perfringam*. Puis, les camarades, nous saccagerons si bien votre boutique, qu'il n'y restera pas un tesson de faïence assez grand pour contenir une pilule de séné.

L'apothicaire avait déjà eu plus d'une querelle avec les turbulens enfans de l'Université ; il s'excusa donc humblement, protesta de sa profonde admiration pour le docteur Crécelius, et l'écolier s'éloigna satisfait.

— On ne peut plus causer entre soi d'amitié, reprit Freund d'un ton d'humeur, après s'être assuré que l'interrupteur s'était perdu dans la foule, sans que ces jeunes hannetons ne se jettent brusquement à travers vos paroles... Mais je reviens à mon sujet, voisin Goldman, car sans doute vous grillez d'envie de savoir précisément pourquoi l'exécution n'a pas eu lieu dans la matinée... Notez qu'en dépit des assertions de Freund, jamais Goldman n'avait été plus froid, plus impassible, plus indifférent qu'en ce moment. — Eh bien ! ce retard est dû au vieux bailli de Brocken, celui-là même qui a arrêté le déserteur et l'a livré à la justice... Le bonhomme a voulu prendre connaissance de toutes les pièces de la procédure ; il les a examinées avec le plus grand soin, et peut-être, à l'heure où nous sommes, n'a-t-il pas achevé cet examen dure-t-il encore. On prétend qu'il a eu l'intention de sauver le condamné ; qu'il a fait des démarches auprès du comte de Stolberg pour décider ce seigneur à intervenir dans l'arrêt ; qu'enfin, en désespoir de cause, il a écrit à la chancellerie de Prusse ; tout a été inutile. Maintenant, il cherche dans la procédure des causes de nullité ; le conseiller Piderman et lui se sont égosillés tout le jour à parler droit romain et constitutions de l'empire. Enfin, si l'on en croit certains bruits, d'autres influences encore se seraient réunies pour faire retarder le supplice ; mais de ces influences-là, il ne m'appartient pas de parler, car...

— Tais-toi ! murmura une voix impérieuse auprès de lui.

Au même instant, une espèce d'ombre, enveloppée d'un grand manteau noir, passa rapidement. L'apothicaire resta terrifié.

— Vous ne saurez plus rien de moi, voisin Goldman, reprit-il précipitamment après une pause ; ne me tourmentez plus pour apprendre ce que je ne dois pas dire... Qu'un condamné soit pendu le soir ou le matin, cela ne vous regarde pas, si telle est la volonté de vos magistrats et de vos supérieurs. Et même sera-t-il pendu ? je commence à en douter... Tenez, sans parler de ces *cousins* du Harz qui rôdent çà et là avec leurs cheveux rouges, il y a autour de nous des figures qui ne me plaisent pas... Ainsi donc, voisin Goldman, des gens prudens ne feraient pas mal de fermer leurs boutiques et d'attendre patiemment chez eux ce qui se passera bientôt sur cette place.

Aussitôt il rentra dans l'apothicairerie et il se mit en devoir de pousser les lourds battans de sa porte, tandis que Goldman, machinalement, en faisait autant de son côté.

Le principal motif de cette retraite de maître Freund était le secret dépit de voir son verbiage moins bien accueilli qu'à l'ordinaire par ses concitoyens. Deux fois il avait été interrompu d'une manière un peu rude, et il ne se souciait pas de s'attirer une troisième réprimande peut-être moins inoffensive que les deux autres.

D'ailleurs la foule réunie sur la place avait réellement une attitude sombre et menaçante.

Des groupes s'étaient formés en divers endroits ; on chuchotait à voix basse, d'un air animé, et l'agitation augmentait à mesure que le jour baissait davantage.

L'inquiétude manifestée par le célèbre Freund n'était donc pas absolument sans sujet.

Mais ce qui l'avait particulièrement décidé à s'enfermer chez lui, c'était la présence de deux rôdeurs qui, pendant son allocution à Goldman, s'étaient constamment tenus sous une porte cochère voisine, à portée d'écouter.

L'un d'eux, jeune homme convenablement mis, à la mode du temps, avait la tournure d'un écolier. Néanmoins il ne comptait pas parmi les étudians de l'Université de Gœttingue, car Freund connaissait toute la jeunesse du pays autant qu'il en était connu.

Son compagnon pouvait être jeune aussi ; mais, grâce au manteau à capuchon dont il était enveloppé de la tête aux pieds, il était impossible de distinguer sa taille et son visage.

Ces inconnus, immobiles et silencieux, ne dissimulaient pas l'attention qu'ils donnaient aux propos de Freund, et cette espèce d'espionnage était bien de nature à exciter les alarmes du nouvelliste.

Quand il eut quitté son poste, les deux amis se rapprochèrent l'un de l'autre. Celui qui prenait tant de soins pour se cacher dit à son compagnon :

— As-tu entendu ce que disait ce bourgeois de la ville, Rodolphe ? N'as-tu pas compris, comme moi, que l'on voulait sauver Daniel, mon bon, mon généreux Daniel ?

Rodolphe Stengel, car c'était lui, secoua tristement la tête.

— Ma sœur, reprit-il, nous ferions bien de gagner notre auberge, de reprendre nos chevaux et de retourner sans retard au Brocken... Si notre père nous voyait ici, il serait grandement irrité contre nous... J'ai eu tort de céder à tes prières et de consentir à t'amener ici avec moi sous ce déguisement ; le terrible spectacle qui se prépare n'est pas fait pour toi !

— Tu ne me connais pas, Rodolphe, reprit Frantzia avec exaltation ; ne crains pas de faiblesse de ma part. Du moment qu'il ne me restera plus d'espoir, je me résignerai, et tu verras comment je sais supporter une grande douleur !... mais je ne crois pas encore tout espoir perdu !

— Pauvre sœur ! que peux-tu espérer maintenant ?

— Notre père aimait Daniel, il le sauvera.

— Mais le pouvoir lui manque, ma sœur... ! Jusqu'ici toutes ses démarches ont été sans résultat. Le comte, notre seigneur, dont l'intervention eût été si favorable à Daniel, refuse toujours de recevoir notre père ; le colonel Wernigerode, en qui il avait tant de confiance, n'a pas même daigné répondre à sa lettre. C'est là sans doute l'effet des menées de cet exécrable Pinck, dont l'hypocrisie a pu un moment nous tromper... Crois-moi, ma sœur, ne restons pas ici.

Il avait pris le bras de Frantzia, et il l'entraînait doucement vers un autre côté de la place, en tournant le dos à l'appareil du supplice. Tout à coup ils se trouvèrent au milieu d'un groupe de Franconiens du Harz, qui causaient d'un air animé. Samuel Toffner, un de leurs chefs, reconnut Rodolphe.

— Vous ici, monsieur Stengel ? dit-il en lui tendant la main ; pensez-vous vraiment qu'ils oseront traiter notre ami comme Pharaon traita le grand pannetier ?

— Ils l'oseront, soyez-en sûr, répliqua Rodolphe tristement ; et vous, que comptez-vous faire ?

— Nous ferons respecter les priviléges des bergmans du Harz... Il y a par-ci par-là une quarantaine de bons enfans du Rammelsberg qui ne souffriront pas que cette iniquité s'accomplisse... nous voulons délivrer Daniel.

Frantzia tressaillit de joie.

— Tu l'entends ? murmura-t-elle à l'oreille de son frère.

— Oui, oui, répétèrent d'autres bergmans, nous l'arracherons des mains des soldats quand il passera, et nous le conduirons hors de la ville... Les soldats ne nous font pas peur ; nous avons eu plus d'une affaire avec eux, et ils ne se sont trouvés ni les plus fins, ni les plus forts.

Rodolphe sentait vaguement la témérité de ce projet ; cependant son affection pour le condamné l'aveuglait sur les conséquences possibles d'une semblable entreprise. Il allait donc demander aux bergmans quelques explications, quand une voix dit tout à coup en patois du Harz :

— Voici le bailli Stengel ; il sort de la prison, et vient de ce côté.

Les regards se tournèrent aussitôt vers le bâtiment devant lequel stationnaient les valets de ville et des soldats ; le bailli, fort reconnaissable à sa robe noire et à sa grande perruque, descendait en effet le grand escalier.

Il était sombre et pensif ; ses yeux rougis portaient des traces de larmes.

— Mes amis, dit Rodolphe précipitamment, mon père me croit encore au Brocken ; ne le détrompez pas, ne lui dites pas que vous m'avez vu... mais, si vous tentez quelque chose pour sauver le malheureux condamné, vous me retrouverez, soyez-en sûrs.

Frantzia se perdirent dans la foule, mais ils ne s'éloignèrent pas, et ils se mirent à observer ce qui se passait entre les bergmans et leur père.

Le vieux bailli s'était arrêté au milieu d'eux et leur parlait avec autorité.

Sans doute il avait deviné leurs intentions, et il s'efforçait, par prières et par menaces, de les détourner de leur dessein. D'abord ils parurent résister opiniâtrement à ses argumens ; mais enfin ses discours produisirent sur eux une certaine impression. Ils baissèrent la tête d'un air morne, et, après avoir hésité quelques instans, ils se séparèrent en silence.

Le frère et la sœur avaient suivi dans toutes ses phases cette petite scène, et ils restèrent consternés.

— Il est perdu ! murmura enfin Frantzia. Notre père aussi aime Daniel, mais il aime encore mieux son devoir.

— Peut-être a-t-il eu raison de faire renoncer à ce dangereux dessein de pauvres pères de famille qui allaient se compromettre en pure perte.

— Et pourtant tu avais promis de les aider, Rodolphe, et ta vie à toi était aussi précieuse que les leurs... Ainsi donc il ne lui reste plus qu'une chance de salut.

— Et laquelle, ma sœur ?

— As-tu oublié les promesses des initiés de *la grotte des Secrets* ? Ils s'engagèrent à examiner la cause de Daniel, et, s'ils la trouvaient juste...

— De qui parles-tu, pauvre Frantzia ? reprit Rodolphe contenant à peine une sourde colère ; as-tu la moindre confiance dans les promesses cauteleuses et évasives de ces lâches qui se cachent dans l'ombre ? Notre père est leur ennemi, parce qu'il a fait exécuter dans toute leur rigueur les édits concernant les sociétés secrètes : nous ne devons pas compter sur eux... Ils ont voulu seulement nous donner le change sur leur impuissance. Seraient-ce eux maintenant qui viendraient, la face découverte, sur la place publique, arracher de vive force un condamné à cette troupe de soldats ?... Non, non, leurs œuvres sont de vaines et misérables momeries accomplies dans un souterrain, pendant la nuit ; il ne peuvent rien pour nous, ils n'oseront rien, ils ne feront rien !

— Veille ta langue, Rodolphe Stengel ! dit une voix dure à son oreille.

Le jeune homme se retourna vivement. Un grand nombre de curieux se pressait autour de lui, mais il ne put reconnaître, au milieu de l'obscurité toujours croissante du soir, celui qui venait de parler.

Frantzia n'avait pas entendu cet avis mystérieux.

— Eh bien ! Rodolphe, reprit-elle avec exaltation, s'il en est ainsi, si nous ne devons plus compter sur aucun secours humain, laisse-moi remplir ma mission jusqu'au bout... suis-moi de ce côté.

— Quoi ! ma sœur, tu oserais...

— J'oserai regarder de près les préparatifs de son supplice... Bien plus, tant qu'il lui restera un souffle de vie, je serai près de lui ; tant que la mort n'aura pas fermé ses yeux, il me verra, et ma présence adoucira peut-être ses derniers instans... Viens, viens.

Elle entraîna le jeune homme avec une autorité singulière.

Ils se glissèrent à travers les groupes, et bientôt ils ne furent plus séparés du gibet que par une double haie de soldats et de gens de police.

En se trouvant si près du redoutable poteau, Rodolphe détourna les yeux et frissonna ; mais Frantzia, domptant son horreur, le regarda fixement, comme pour habituer sa pensée à l'épouvantable spectacle qu'elle allait braver.

Néanmoins elle serrait convulsivement le bras de son frère, et son haleine était oppressée.

Une conversation s'était engagée à quelques pas d'eux.

L'un des interlocuteurs était un grand jeune homme vêtu de noir, à figure jaune et livide, mince comme un échalas.

Il causait, par-dessus la tête des soldats et des valets de ville, avec le bourreau, qui, debout à l'extrémité du cercle, drapé dans son manteau rouge et le chapeau à la main, l'écoutait respectueusement.

— Souvenez-vous, maître Herzog, disait le grand jeune homme d'un ton d'autorité, que mon illustre patron le docteur Crécélius tient à ce sujet autant qu'au plus précieux manuscrit de son ami défunt M. le baron de Leibnitz, c'est-à-dire autant qu'à la vie... Le docteur a vu ce Daniel Richter dans la prison, et à son avis jamais plus riche et plus vigoureuse nature n'aura été étalée sur les tables de son laboratoire. La nuit prochaine, nous devons étudier sur ce gaillard-là les muscles de la quatrième paire, et analyser les fonctions du pancréas. Aussi, maître Herzog, je ne saurais trop vous recommander de prendre des précautions infinies pour ne pas gâter notre sujet. Maniez-le aussi délicatement que s'il était de verre ou de terre de pipe... Il s'agit de vous distinguer, et de pas nous livrer un corps brisé, tordu, avarié de tous points, comme cela vous arrive trop souvent.

— Je fais de mon mieux, répliqua l'homme rouge d'un air de dignité blessée, et je n'attendais pas de pareils reproches, maître Longus, puisque c'est ainsi qu'on vous appelle... Depuis vingt ans j'exécute les sentences de la haute cour de Gœttingue, et je me flatte d'avoir toujours mérité des éloges, soit que je me serve de mon damas, soit que je me trouve dans la nécessité d'employer la corde, comme aujourd'hui... Mais patience ! le docteur et vous, vous serez contens... A son tour, M. le doyen n'oubliera pas, j'espère, qu'en réclamant, comme c'est son droit, un pendu sain et bien constitué, comme celui-ci, il me prive d'un bénéfice honnête, moi père d'une nombreuse famille !

— Il suffit, il suffit, Herzog, dit Longus d'un air de protection, vous aurez une bonne gratification, je vous l'assure ; et quand vous formerez une demande en supplément d'honoraires auprès du conseil de la ville, mon patron l'appuiera chaudement, vous pouvez y compter,... Veillez seulement à remplir votre office comme il convient à un homme expert, connaissant toutes les ressources de son art... Surtout n'allez pas rompre les vertèbres du cou à ce pauvre diable en lui montant sur les épaules ; c'est une coutume barbare et grossière, indigne de vous. Encore une fois, ne brisez rien ; serrez délicatement la corde autour du cou du patient, comme si vous vouliez lui mettre une cravate blanche avant de l'envoyer voir sa maîtresse, puis laissez aller sans secousse et sans brutalité... Que diable, la chose ne me paraît pas si difficile !

— Sur ma parole, monsieur Longus, dit le bourreau gaiement, vous me paraissez avoir autant de disposition pour ôter la vie aux gens que pour leur rendre la santé ! Au lieu de prendre des degrés en médecine, vous devriez solliciter la survivance de ma charge.

Longus partit d'un grand éclat de rire, comme s'il eût trouvé la plaisanterie excellente.

— Vous êtes un flatteur, maître Herzog, reprit-il ; je ne puis n'être qu'un ignare auprès de vous, je le sais... *cuique suum*... mais n'oubliez pas mes recommandations, et vous vous en trouverez bien.

Plusieurs fois Rodolphe avait voulu emmener sa sœur hors de portée d'entendre cet affreux colloque, mais elle avait résisté avec force. Ces ignobles détails la préparaient peu à peu à supporter courageusement la catastrophe imminente. Elle restait immobile, tandis que Rodolphe, pâle et tremblant, sentait ses jambes fléchir sous lui, et une sueur froide inonder son visage.

Tout à coup une grande clameur s'éleva sur la place, et une vive fermentation se manifesta dans la foule.

Tous les regards se tournèrent vers le bâtiment dont nous avons parlé ; une vingtaine de torches allumées brillaient sur le perron et faisaient étinceler des fusils et des hallebardes.

Au milieu d'une troupe de soldats, apparut un homme à la contenance noble et ferme, suivi d'un prêtre en surplis.

— C'est lui ! murmurèrent mille voix.

— Enfin ! dirent quelques curieux avec une sorte de joie féroce.

Au même instant, la grosse cloche de l'église voisine se mit à sonner un glas funèbre ; toutes les autres cloches de la ville répétèrent les unes après les autres ces lugubres tintements.

A ce signal, Herzog se redressa vivement.

— Allez à vos affaires, dit Longus en le congédiant du geste : pour moi, j'attends ici la livraison du sujet, et je veillerai en personne à ce que vous ne lui causiez aucune avarie... Mais ne me faites pas attendre trop longtemps, car j'aurai encore à préparer les scalpels et les instruments du docteur avant l'opération.

L'exécuteur salua et regagna son poste au pied de l'échelle.

Le cortège s'avançait lentement, à travers la foule devenue silencieuse ; on le reconnaissait de loin, à la lueur rougeâtre des torches que tenaient les gens de justice, disposés sur une double haie.

Bientôt le condamné se montra lui-même, marchant d'un pas tranquille au milieu de ses gardiens.

Il portait encore le costume simple et convenable qu'il avait lors de son arrestation ; mais ces vêtements étaient arrangés avec un soin et une propreté annonçant un homme dont le respect pour lui-même survivait au détachement de toutes les choses terrestres.

Sa tête était couronnée de fleurs, selon un usage qui s'est conservé longtemps en Allemagne dans les exécutions capitales. Ses longs cheveux noirs flottans sur son col, ses yeux brillans et animés faisaient ressortir sa pâleur d'ivoire, seule marque d'émotion que lui eût arrachée la certitude d'une mort prochaine.

Rodolphe ne put supporter ce douloureux spectacle ; il se cacha le visage dans ses mains. Il eût voulu fuir jusqu'aux extrémités de la terre ; mais il ne pouvait abandonner sa sœur dans cette horrible crise, et d'ailleurs les spectateurs nombreux qui se pressaient derrière lui l'empêchaient de faire un pas en arrière. Frantzia, au contraire, semblait avoir réservé son courage et sa présence d'esprit pour ce moment.

Elle restait debout et droite, les yeux fixés sur les traits du malheureux Daniel qui s'approchait. Elle prêtait l'oreille pour s'assurer si, dans cette multitude attentive, ne s'élèverait pas un cri de délivrance ; elle se haussait sur ses pieds pour voir si des agresseurs ne se précipiteraient pas brusquement sur le cortège ; elle attendait avec angoisse comme une manifestation divine.

Tout resta immobile et morne.

Aucune clameur ne s'éleva au-dessus du frémissement sourd du peuple assemblé.

Tout à coup la fille du bailli fut frappée d'une idée poignante :

— Il ne me verra pas, dit-elle à voix haute, la nuit est obscure, et je suis confondue dans la foule... Il sera privé de cette consolation suprême, il ne me verra pas...

— Cela vaut mieux, ma sœur, balbutia Rodolphe ; nous avons l'un et l'autre trop présumé de nos forces ; au nom de Dieu ! partons, partons à l'instant.

Longus, qui se trouvait précisément devant la jeune fille, avait entendu imparfaitement cette observation ; il crut qu'elle se plaignait de ne pouvoir jouir à son aise du spectacle de l'exécution.

— Approchez, camarade, dit-il obligeamment en se rangeant pour la faire passer devant lui, je suis assez grand pour voir sans peine par-dessus votre tête. Si vous êtes, comme moi, élève du docteur Crécelius, et si vous voulez étudier dans ses derniers effets l'asphyxie par strangulation, vous ne pouvez être assez près... Véritablement, ajouta-t-il en regardant avec admiration le condamné, qui touchait en ce moment le cercle de soldats, c'est une organisation magnifique, et il nous sera facile d'observer dans toutes ses phases le passage mystérieux de la vie à la mort... Quelle belle et puissante tête ! Comme tous les sinus du cerveau doivent se développer nettement sous ce large frontal ! Et ces muscles cervicaux, comme ils se dessinent vigoureusement ! Ce sera en effet une autopsie superbe, et elle fournira au docteur un texte admirable pour sa prochaine leçon. — Ici Longus reçut par-derrière un effroyable coup de pied qui lui brisa presque une de ses longues jambes. Mais, absorbé par ses observations chirurgicales, il attribua à un accident, fort explicable dans une semblable presse, l'atroce douleur qu'il en ressentit. — Au diable le maladroit ! dit-il à demi-voix sans se retourner. Puis s'adressant à Frantzia que, dans sa distraction, il s'obstinait à regarder comme un confrère :

— Vous avez l'air de le priser fort, camarade, reprit-il en souriant ; et, j'en conviens, c'est un assez friand morceau. Mais écoutez ; si vous êtes un brave compagnon, comme je le suppose, je veux vous faire part de ma bonne fortune. Quand le docteur a terminé ses études, les sujets m'appartiennent à titre d'aide principal ; venez me trouver demain à l'amphithéâtre, après déjeuner, et... Mais, de par tous les diables ! s'interrompit-il avec colère, qui donc s'attaque ainsi à mes tibias et à mes muscles cruraux ?

Cette exclamation lui était arrachée par de nouveaux coups de pied appliqués avec une espèce de frénésie. Rodolphe, fou de douleur, ne pouvait parler ; mais il protestait de la seule manière qui lui restait contre ce révoltant bavardage de l'apprenti médecin.

Heureusement Frantzia n'était plus en état de le comprendre ; les paroles de Longus n'éveillaient en elle aucune idée pénible.

Elle se trouvait maintenant au premier rang des spectateurs, et elle ne cherchait plus à se cacher. Son capuchon, rejeté en arrière, laissait voir sa belle figure resplendissante d'exaltation. La torche du soldat placé devant elle l'éclairait vivement, et elle se détachait comme une figure lumineuse en avant de la ligne noire des curieux.

En ce moment, le tintement des cloches avait cessé ; le plus profond silence régnait sur cette vaste place ; les spectateurs semblaient retenir leur haleine.

Le condamné, en écoutant les dernières consolations de son confesseur, s'avançait lentement vers le pied de l'échelle, quand une voix douce, mais nette et distincte, s'écria d'un ton déchirant :

— Adieu, adieu, pauvre Daniel... je suis à toi pour l'éternité !

Il tressaillit et tourna la tête. Son âme, qui s'envolait déjà vers un monde meilleur, fut ramenée brusquement vers la terre.

Il aperçut Frantzia à quelques pas, les bras tendus vers lui, belle et triste comme l'ange de la mort du juste. Par un mouvement spontané, il voulut s'élancer; on le retint brutalement.

Il n'eut que le temps d'agiter la main et de murmurer avec un sourire céleste:
— Adieu... Prie pour moi!

Le bourreau venait de s'emparer de lui.

Une minute après, un grand cri s'éleva sur la place; l'inexorable justice humaine était satisfaite.

Alors Frantzia s'affaissa lentement et perdit connaissance.

Rodolphe l'emporta dans ses bras, sachant à peine ce qu'il faisait; tous les deux se perdirent dans l'obscurité, au milieu des agitations de la foule.

Une heure après, la place était obscure, silencieuse et complétement déserte. Alors Freund, se montrant à une étroite fenêtre au-dessus de sa boutique, dit à Goldman qui apparaissait en bonnet de nuit à la fenêtre correspondante, de l'autre côté de la rue:
— Certaines gens pourront approuver ce qui s'est passé aujourd'hui, voisin Goldman; pour moi, je trouve qu'il y a eu du louche dans cette histoire de pendaison, et si l'on cherchait bien, on trouverait de graves reproches à adresser...
— Eh! eh! hum! à qui donc? demanda Goldman.
— Aux juges, aux gens de police, aux spectateurs, au condamné, et même à maître Herzog, qui n'a pas fonctionné suivant les règles.
— Ouais! dit une voix moqueuse partie de la rue au-dessous d'eux, vous vous y connaissez bien, vieil empoisonneur du diable! Vous pouvez dire à Goldman que jamais, au contraire, mon compère Herzog n'a si bien travaillé... Pas une vertèbre de brisée, pas un muscle de déchiré, pas même une excoriation à la peau! c'est un vrai travail d'artiste. Allez, allez, maître Freund, vous êtes un âne, *asinus, asinissimus*, et vous pouvez le dire à Goldman.

Celui qui venait de parler s'éloigna d'un pas lourd et mal assuré. Les deux amis cherchèrent à reconnaître qui il pouvait être; mais l'obscurité était trop profonde; ils aperçurent seulement une grande ombre, chargée d'un pesant et volumineux fardeau.

— Vous le voyez, voisin Goldman, reprit Freund, quand le bruit de pas se fut éteint dans l'éloignement, il n'y a pas eu moyen de causer ensemble et comme de bons amis, dans toute cette maudite journée; mais si je ne peux parler, je n'en pense pas moins... Sur ce, bonsoir; demain il fera jour, et je ne dissimulerai pas mes opinions sur tout ceci, quand même j'aurais contre moi la ville entière.
— Eh! eh! hum! bonsoir, répondit Goldman.

Et les deux fenêtres se refermèrent à la fois.

Le son mélancolique d'un cornet se fit entendre à l'extrémité de la place; puis la voix rauque du watchman annonça dix heures et le beau temps.

VIII

L'AUDIENCE DU BAILLI.

Trois mois s'écoulèrent, et tout avait repris à la maison du Comte ses allures accoutumées.

L'événement tragique qui avait frappé récemment la famille Stengel ne pouvait être encore oublié, mais la douleur s'était réfugiée au fond des cœurs.

Frantzia avait repris ses visites aux malades et ses bonnes œuvres habituelles. Quoique un peu pâle, rien n'était changé dans son extérieur noble et gracieux.

Depuis la mort de Daniel, elle portait chaque jour à son corset un petit bouquet de scabieuses sauvages, cette fleur des veuves et des cimetières; mais son père et elle savaient seuls à quelle circonstance avait rapport cette pratique.

De son côté, le justicier était sans doute parvenu à rentrer en grâce auprès de son seigneur, car il continuait à remplir paisiblement ses fonctions.

On ne pouvait douter que sa position, un moment menacée, n'eût repris la solidité désirable, quand on voyait Pinck, le favori du comte, venir quotidiennement à la maison de l'Heinrichsohe, et conserver les relations les plus amicales avec la famille du bailli.

Enfin un changement, plus remarquable encore peut-être, s'était opéré dans le caractère de Rodolphe Stengel.

Le jeune homme avait fait un grand et sincère retour sur lui-même. La scène lugubre de Gœttingue était toujours présente à sa pensée; ce souvenir avait donné à sa raison une teinte sérieuse et grave. Au lieu de courir les fêtes et les cabarets comme autrefois, il passait le temps à étudier les livres de jurisprudence entassés dans la bibliothèque de son père; il se disposait même à se rendre incessamment à l'université pour prendre ses degrés, et se rendre capable de remplacer plus tard le vieux Stengel.

Celui-ci devait donc voir avec une profonde satisfaction cet amendement d'un fils pour lequel il avait éprouvé certaines inquiétudes; cependant, soit que les événemens récens eussent fermé son âme aux émotions douces, soit toute autre raison, il se montrait sombre, contraint, et ses actions les plus simples décelaient une continuelle anxiété.

Cette fâcheuse disposition d'esprit était plus frappante encore, un matin que le bailli donnait audience à ses justiciables dans cette salle basse de la maison du Comte où nous avons déjà introduit le lecteur.

La porte extérieure était ouverte pour laisser libre accès à tous venans; un beau soleil d'août, profitant de l'occasion, projetait une traînée lumineuse et dorée sur les antiques lambris de chêne.

Une vingtaine de personnes allaient et venaient dans la salle ou causaient sur l'escalier extérieur servant de vestibule.

C'étaient, pour la plupart, des tenanciers en différend sur les limites de leurs terres, des vassaux qui n'avaient pas acquitté les dîmes et les corvées dues au seigneur, ou même des buveurs qui, s'étant pris de querelle au cabaret, se préparaient à recevoir une verte semonce. Tout ce monde, amis et ennemis, se confondait sans injures et sans tumulte, attendant patiemment que son tour fût venu de faire valoir ses droits ou d'écouter son arrêt.

Le bailli, en robe noire et en perruque, siégeait devant son bureau, sans avocats, greffiers, huissiers ou gardes, accompagnement obligé de tout tribunal plus ou moins auguste.

Son fils, assis au bas bout de la table, se contentait d'inscrire le jugement sur un registre particulier, et les plaideurs ne se plaignaient pas de cette simplicité de formes.

Derrière le bailli, près de la fenêtre, Frantzia, occupée à un ouvrage de femme, suivait avec intérêt les débats de l'audience. Quand il s'agissait d'une pauvre veuve hors d'état de payer ses redevances, d'un bûcheron père de famille qui, poussé par la misère, avait ébranché les arbres de monseigneur, elle ne manquait jamais de glisser quelques mots en faveur des délinquans.

Ce jour-là donc, une distraction plus forte qu'à l'ordinaire s'était emparée du vieux magistrat, toujours si ponctuel et si attentif à remplir les devoirs de sa charge.

Il semblait ne pas entendre ce qu'on lui disait; son œil

était fixé; le moindre bruit le faisait tressaillir. L'auditoire remarquait avec étonnement ces signes d'une souffrance intérieure; Rodolphe et Frantzia échangeaient des regards inquiets, mais ils n'en savaient pas plus que les autres sur les causes de cette pénible préoccupation.

Stengel était en train de juger un pâtre accusé d'avoir laissé vaguer ses vaches dans les pâturages réservés du château.

Déjà deux fois il avait demandé à l'accusé s'il avouait le fait, et l'accusé, sachant bien qu'il valait mieux s'en rapporter à l'indulgence du bailli que de chercher à lui donner le change par des mensonges et des subterfuges, avait répondu deux fois *oui*, sans que le magistrat eût paru le comprendre. Tout à coup un cheval s'arrêta devant la porte de la maison du Comte, et quelques-uns des assistans, qui se tenaient sur le perron en attendant l'appel de leur cause, annoncèrent avec empressement :

— Un message du château !... C'est monsieur Fritz, le valet de chambre de monseigneur !

Le bailli devint pâle; mais, se contenant, il se retourna vers l'accusé, et lui dit avec un mélange de tristesse et de bonté :

— J'aurai encore le temps d'exercer envers les pauvres cette indulgence dont on m'a fait un crime... Retire-toi, bonhomme; je t'accorde remise de l'amende et de la peine corporelle que tu as encourues... mais sois plus circonspect à l'avenir, car, si je ne me trompe, ce ne sera plus à moi désormais que tu auras à rendre compte de tes fautes.

Ces paroles causèrent une profonde stupéfaction dans l'assemblée. Le montagnard qu'il renvoyait absous le regarda timidement en tortillant son chapeau entre ses doigts :

— Sur ma foi! monsieur le bailli, dit-il, j'aimerais mieux payer un thaler ou deux d'amende, oui, et recevoir encore quelques bons coups de fouet par-dessus le marché, que de voir un autre rendre la justice sur le Brocken... Aussi j'espère bien que longtemps encore...

Un geste de Stengel lui coupa la parole.

En ce moment un vieux domestique en livrée galonnée d'or, avec de grandes bottes et une perruque poudrée, entra dans la salle et vint saluer le bailli d'un air embarrassé.

— Bonjour, mon vieux Fritz, lui dit Hermann amicalement, vous m'apportez sans doute des nouvelles de monseigneur... Eh bien! sa santé s'améliore-t-elle, enfin?

— Oui, oui, monsieur le bailli, répliqua Fritz du ton bourru d'un valet favori, le corps est assez bien; mais, sauf le respect que je lui dois, la tête, voyez-vous, la tête...

— Il est notre maître, Fritz, et nous devons respecter même ses faiblesses... Mais asseyez-vous, ami Fritz; la traite est longue de la résidence ici; or, vous et moi nous n'étions déjà plus des jouvenceaux quand le vénérable comte de Sigismond, le père du comte actuel, mourut à Vienne pendant la guerre de trente ans... Frantzia, mon enfant, ordonne à Sara d'apporter à monsieur Fritz un verre de beste-krug.

La jeune fille se leva pour obéir; sans savoir pourquoi, elle sentait ses jambes se dérober sous elle. Rodolphe, consterné et muet, semblait de son côté prévoir quelque grand malheur.

— Mille remercimens, monsieur le bailli, dit le domestique les yeux baissés, d'un air d'angoisse; votre bonté me rend confus... Si vous saviez de quelle commission je suis chargé pour vous...

— L'envoyé du comte de Stolberg est toujours le bienvenu chez moi, surtout quand l'envoyé est une vieille connaissance comme vous, Fritz, reprit Stengel avec sérénité; mais reposez-vous; puis, si vous m'apportez une lettre de monseigneur, je la lirai et je répondrai comme il convient.

— Une lettre, oui, j'apporte une lettre! grommela le vieux Fritz avec une sorte de colère, et maudite soit-elle! Je n'ai jamais eu de corvée pareille, depuis le jour où je fus envoyé à monseigneur pour lui annoncer la mort de sa nièce, la baronne de Wernigerode.

Il remit au justicier une lettre scellée, aux armes de Stolberg, d'une écriture tremblée et comme impatiente. Stengel l'ouvrit lentement; au moment de la parcourir, il posa la main sur son front et se recueillit quelques secondes. Enfin il se décida à lire; mais, dès les premières lignes, le papier s'échappa de ses mains, et il retomba sur son siège en poussant un sourd gémissement.

— Grand Dieu! que se passe-t-il donc? demanda Frantzia avec épouvante.

— Mon père, de grâce, que venez-vous d'apprendre? s'écria Rodolphe.

— Rien à quoi je ne fusse préparé depuis longtemps, répliqua le vieillard en s'efforçant de paraître calme, rien que de juste peut-être.

— Mais enfin, mon père...

— Mes enfans, je vous le répète, depuis longtemps je m'attends à ce coup; seulement je n'avais pas voulu vous faire partager mes craintes avant qu'il nous eût frappés... Maintenant tout est consommé; il faut quitter cette demeure où nous sommes nés, où nous avons vécu, où nous comptions mourir... On nous chasse... Je ne suis plus bailli du Brocken !

Un murmure douloureux s'éleva parmi les vassaux, qui s'étaient retirés par respect à l'autre extrémité de la salle.

— A quoi sert donc d'être bon, juste et généreux ? dit Frantzia en levant les yeux au ciel.

— Mais c'est impossible cela! s'écria Rodolphe indigné.

— Vois, mon enfant, dit le vieillard en désignant le papier qui était resté à ses pieds.

Et il se cacha le visage dans ses deux mains convulsivement serrées.

Le frère et la sœur ramassèrent la lettre et se pressèrent l'un contre l'autre pour la lire en même temps. Elle était d'un laconisme plein de dureté.

« Hermann Stengel a cessé d'être mon justicier pour la
» justice du Brocken. Il se préparera sur-le-champ à quitter l'habitation appelée la maison du Comte, et à installer comme son successeur la personne qui lui apportera des ordres ultérieurs signés de moi.

» HENRY, comte de Stolberg. »

— C'est une injustice, une infamie! s'écria Rodolphe avec colère.

— Silence, dit le bailli en se redressant; si je n'ai plus l'autorité d'un juge, j'ai encore celle d'un père... Je vous défends d'élever la voix pour blâmer, quoi qu'il fasse, votre maître légitime. — Puis se tournant vers les assistans, profondément émus de cette scène : — Retirez-vous, mes bons amis, reprit-il avec douceur; l'audience est finie pour aujourd'hui... Je vais céder à un autre le pouvoir, dont, je l'espère, je n'ai jamais abusé. Obéissez-lui comme vous m'avez obéi; car, comme moi, il représentera votre seigneur le comte de Stolberg.

— Ah! monsieur le bailli, dit en lui baisant la main un de ceux qu'il venait de condamner à une peine légère peu d'instans auparavant, qui pourra vous remplacer jamais?... Vous étiez notre conseiller, notre bienfaiteur, notre père: tous les pauvres et tous les malheureux vous chérissaient.

— Ce sera ma consolation dans ma chute, mes amis; et moi, de mon côté, je vous regardais comme mes enfans... Mais vous ne perdrez rien au change, car le comte ne peut mal placer sa confiance; seul je suis à plaindre de vous quitter...

— Nous quitter! est-ce bien vrai? Monseigneur ne sera pas assez aveugle, assez fou pour se priver d'un serviteu tel que vous... Tout le pays va être dans la désolation quand on apprendra cette nouvelle.

— Eh bien ! dirent plusieurs voix, nous irons nous jeter aux pieds de monseigneur et nous le supplierons de nous rendre notre excellent bailli...

— Vous ne feriez sans doute que l'irriter, interrompit Stengel en soupirant ; mes amis, laissez mon sort s'accomplir... Adieu donc ; je vous reverrai encore une fois avant de quitter ce pays, si je dois le quitter.

— Adieu, monsieur le bailli, dirent les pauvres gens en venant le saluer les uns après les autres.

Et ils se retirèrent les larmes aux yeux.

Quand la salle fut déserte, le pauvre vieillard s'abandonna à une douleur qu'il avait cherché à dissimuler ou du moins à contenir dans de justes bornes, tant qu'il avait été exposé aux regards des vassaux.

— Le déshonneur pour moi, l'ingratitude pour lui ! murmurait-il d'une voix entrecoupée. Oh mon Dieu ! était-ce ainsi que devaient être récompensés soixante ans de probité ?

— Mon père, dit Frantzia en couvrant ses mains de baisers, il vous reste l'estime de vous-même et l'amour de vos enfans.

— Et ne savoir sur qui se venger ! s'écria Rodolphe.

— L'ignorez-vous, vraiment ? demanda le vieux Fritz, qui était resté immobile dans un coin de la salle ; dans ce cas vous êtes bien aveugle...

— Que dites-vous, Fritz ? Mes soupçons seraient-ils fondés ? Le coup qui nous frappe n'aurait-il pas été dirigé par cet intrigant hypocrite...

— Êtes-vous encore ici, Fritz, reprit le vieux Stengel que cette voix étrangère venait de rappeler au sentiment du décorum ; je vous croyais parti avec les autres... Mais c'est juste, vous attendez une réponse pour votre maître... Je vais la faire, je vais lui écrire.

Il agita précipitamment les paperasses et les livres qui couvraient le bureau, sans trouver ce qu'il cherchait.

— Oui, oui, congédiez-moi, dit le domestique avec émotion, congédiez-moi bien vite, car si je restais plus longtemps ici, je finirais peut-être par haïr le maître que je sers depuis ma naissance.

— Et vous auriez tort, Fritz, car il a toujours été bon pour vous ; les grands, voyez-vous, ont de ces caprices qu'il n'appartient pas aux gens comme nous d'apprécier... Merci, ma fille, je ne trouvais pas cette maudite plume. Enfin m'y voici. — Mais ce fut vainement qu'il chercha à tracer quelques caractères lisibles ; sa main tremblait, et il ne produisait qu'un informe barbouillage. — Je ne peux, je ne peux pas, dit-il enfin d'un air accablé, en rejetant la plume ; je ne sais plus écrire ; mes yeux se troublent, mon cœur se brise... Fritz, dites à monseigneur que je lui répondrai bientôt, plus tard, quand je serai calme... En attendant, assurez-le de mon profond respect et de mon entière soumission à ses volontés.

— Je lui dirai ce que j'ai vu, répondit Fritz avec un accent de tristesse ; adieu donc, monsieur Stengel... Ne perdez pas courage... Qui sait ce qui arrivera d'ici à quelques jours peut-être ? on parle au château du retour d'une personne... Enfin monseigneur est bien vieux, et son humeur est aussi changeante que le vent ; encore une fois, courage !

L'honnête Fritz salua les jeunes gens et sortit.

Rodolphe eût voulu le retenir pour lui adresser des questions importantes ; mais l'état de son père réclamait toute son attention.

Le vieillard était retombé dans un profond désespoir, dont les caresses de son fils et de sa fille ne pouvaient le tirer.

— Pauvres enfans, disait-il en les serrant contre sa poitrine, qu'allez-vous devenir ? Je suis pauvre, vous le savez ; notre maison hospitalière a toujours été ouverte au malheureux ; nous n'avons jamais mis en réserve ce dont tant d'infortunés autour de nous avaient besoin...

— N'ayez aucune inquiétude, mon père, répliqua Rodolphe ; vienne la pauvreté, nous saurons du moins la rendre honorable... Si jusqu'ici, livré aux plaisirs et à la dissipation, je n'ai pas songé à me créer un état, ce dont le ciel me punit maintenant, je serai fier néanmoins de travailler pour mon père et ma sœur. A défaut d'autres ressources, j'ai des bras vigoureux ; j'irai trouver les mineurs du Rammelsberg, je leur demanderai de m'accepter pour compagnon de leurs travaux, et ils ne me repousseront pas !

— Et moi, dit Frantzia, je sais filer, broder ; tous les ouvrages de femmes me sont familiers. J'élèverai une petite école où j'enseignerai aux enfans du voisinage les premiers élémens de l'éducation.

— Oui, oui ; et Dieu bénira notre travail, mon père ; vous connaîtrez encore des jours tranquilles... Mais, au nom du ciel ! ne vous laissez pas abattre par l'adversité ; souvenez-vous des leçons que vous nous avez données vous-même tant de fois, pour nous prémunir contre les reviremens subits des choses humaines !

Cette touchante affection sembla transformer la douleur du vieux Stengel.

— Merci, chers et braves enfans, merci, reprit-il avec moins d'amertume ; vous m'aimez, je le sais ; mais que pouvez-vous pour guérir une blessure telle que la mienne ? Je ne veux pas vous tromper, car le désenchantement serait prompt et cruel : j'ai reçu aujourd'hui un coup dont je ne me relèverai, pas je le sens... Renoncer à cette charge que j'occupe dès ma jeunesse, quitter cette maison où je suis né, abandonner cette population amie dont j'étais le patriarche, c'est renoncer à l'air qui me faisait vivre... Je serai calme et résigné, comme vous le demandez ; je renfermerai dans mon cœur cette douleur dont l'expression vous désole. Mais ne vous abandonnez pas aux illusions, pauvres enfans, et tenez-vous prêts à supporter courageusement à votre tour ce qui doit arriver bientôt.

Ces paroles, prononcées avec un accent de conviction, épouvantèrent les deux jeunes gens.

— Que faire, mon père, que faire ? dit Frantzia en joignant les mains. Ange de mes rêves, continua-t-elle à demi-voix comme si elle s'adressait à un personnage invisible, tu m'as promis de veiller sur moi sans cesse ; viens donc à notre secours, il est temps !

Elle reprit sa place et tomba dans une sombre méditation. Rodolphe se promenait à grands pas dans la salle. Le vieux Stengel, déjà plus fort contre lui-même, s'occupait de réunir les papiers qu'il devait remettre à son successeur.

— Plus j'y pense, dit enfin Rodolphe brusquement, plus il me semble certain que tous nos malheurs proviennent du même homme. Fritz ne s'est pas bien expliqué clairement ; mais, j'en suis sûr, c'est l'assassin de Daniel, c'est cet exécrable Pinck qui a tout conduit !

— Que dis-tu, mon frère ? demanda Frantzia en relevant vivement la tête ; depuis le funeste événement dont tu parles, Pinck ne nous a-t-il pas assez de preuves de repentir et de dévouement ? Quand le pauvre martyr lui a pardonné, peux-tu encore le croire capable...

— Rodolphe, reprit le justicier, ne calomnie pas le seul ami qui nous reste peut-être dans notre infortune. Comme toi, en effet, j'ai cru autrefois que Pinck, abusant de la faiblesse de notre maître, l'avait sourdement excité contre moi. J'ai su depuis combien je m'étais trompé. La haine du comte, quoique sans motifs raisonnables, est réelle, patente, indépendante de toute suggestion étrangère ; ces bizarres caprices ne sont pas rares chez les vieillard moroses, humoristes et perclus d'infirmités. Je reconnus combien son irritation était profonde, quand il refusa de me voir, il y a quelques mois, malgré mes instances... Depuis ce temps, Pinck s'est efforcé vainement de combattre ses préventions ; tout ce qu'il a pu obtenir a été de retarder la catastrophe jusqu'à ce jour.

Rodolphe secouait la tête.

— Mon père, reprit-il, on m'a souvent reproché ma légèreté, mon étourderie. Je n'ai ni votre longue expérience du monde, ni la sagacité féminine de Frantzia ; mais un instinct m'avertit que vous avez grand tort de croire aux bonnes intentions de Pinck à votre égard.

— Encore une fois, Rodolphe, demanda la jeune fille avec intérêt, sur quoi fondes-tu de pareils soupçons ?

— Sur rien de positif, je l'avoue, excepté le souvenir de sa cruauté envers le malheureux Daniel... Mais patience! la lettre du comte de Stolberg nous indique elle-même le moyen de reconnaître l'auteur de nos maux. Celui qui viendra nous chasser d'ici et s'établir en maître dans cette maison aura été sûrement le provocateur de notre disgrâce ; sans doute il ne tardera pas à se faire connaître.

— Le voici! dit Frantzia, dont l'oreille fine avait entendu un cheval s'arrêter encore une fois devant la maison.

— Déjà ! soupira le vieux Stengel.

— Qui est-il ? qui est-il !

Pinck, le visage couvert de sueur et de poussière, tout haletant encore d'une longue course, entra dans la salle.

— Quand je vous le disais ! reprit Rodolphe avec ironie. Eh bien ! douterez-vous encore? Notre persécuteur acharné, notre ennemi mortel s'est trahi lui-même.

Pinck, au lieu de s'emporter contre le violent jeune homme, lui jeta un regard mélancolique :

— Je vous pardonne cette injure, Rodolphe, répondit-il avec douceur ; c'est la punition de mes torts passés dans une circonstance que je déplore... Monsieur le bailli, ajouta-t-il en s'adressant au vieillard, Fritz sort d'ici, et malgré toute ma diligence, je n'ai pu arriver à temps pour joindre quelque adoucissement au cruel message dont il était chargé... J'espère cependant vous prouver que je ne suis pas votre ennemi, comme le pense votre fils.

— Quoi donc ! demanda Stengel, n'est-ce pas vous qui êtes nommé à ma place justicier du Brocken ?

— Ce projet, en effet, était autrefois celui de monseigneur, mais j'ai refusé nettement d'accepter les dépouilles d'un bon et vénérable ami que je me sentais incapable de remplacer... Un autre a donc été désigné ; c'est le procureur Libarius.

— Le procureur Libarius, répéta Hermann avec douleur ; l'homme le plus dur, le plus avide, le plus impitoyable de tout le Hanovre? Ah! monseigneur pouvait mieux choisir.

Rodolphe, interdit mais non convaincu, attendait en silence des explications.

— Mon vieil ami, reprit Pinck après une pause, j'ai été sans le vouloir la cause de votre malheur... Ce matin, j'ai cru devoir profiter d'une occasion favorable pour parler au comte en votre faveur. D'abord il était assez modéré dans l'expression de ses griefs contre vous ; mais, comme il arrive quelquefois dans certains esprits faibles, il s'est exalté peu à peu et s'est enivré de son propre ressentiment. Un mot mal calculé de ma part a fait déborder la mesure... Ayant eu l'imprudence de dire à monseigneur que ce serait un déshonneur pour lui de congédier brutalement un magistrat dont la famille servait la sienne de génération en génération, depuis plusieurs siècles, il est entré dans une colère terrible. Il a écrit quelques mots, et il a ordonné à Fritz de cheval pour nous apporter ses ordres. Telle était sa fureur en ce moment que, vu son état maladif, la moindre résistance eût pu déterminer une crise dangereuse ; j'ai dû garder le silence et laisser faire.

— D'ailleurs, aujourd'hui ou demain, qu'importait ? murmurait le bailli avec un soupir.

— Et monsieur Pinck était trop bon serviteur pour contrarier à ce point son noble patron, ajouta Rodolphe.

Le secrétaire n'eut pas l'air de remarquer cette nouvelle attaque.

— Après le départ de Fritz, reprit-il, cette aveugle colère tomba peu à peu. Tout fier du coup d'autorité qu'il venait de frapper, le vieux comte parut disposé à l'indulgence. J'osai alors élever la voix de nouveau pour vous défendre ; je rappelai vos services passés ; je remontrai surtout que vous n'étiez pas riche, et qu'il serait odieux de vous laisser, dans un âge avancé, exposé au besoin... Monseigneur a senti la justesse de ces raisons, et voilà ce qu'il m'a remis pour vous.

Pinck présenta un papier au bailli qui le déploya en fronçant le sourcil ; c'était un ordre du comte à son intendant de payer annuellement à Hermann Stengel une pension viagère de deux cents thalers.

Les deux jeunes gens, après avoir lu à leur tour, regardèrent leur père.

— Je vous remercie, Wilhelm Pinck, reprit le vieillard, car c'est à vous que je dois cette faible et insuffisante réparation d'une excessive sévérité ; mais je ne puis l'accepter.

— Quoi! monsieur le bailli, vous refuseriez...

— Je refuse une aumône, Pinck. Si cette pension m'eût été accordée à la fin de ma carrière, en récompense de mes services, quand l'âge et les infirmités m'auraient eu interdit l'exercice de mes fonctions judiciaires, j'eusse béni la main qui protégeait ainsi mes derniers jours... Mais aujourd'hui, quand mon maître est rempli de fiel et de colère contre moi, quand il m'a retiré son estime et son affection dont j'étais si fier, quand il me chasse honteusement, à la face du pays, comme un mauvais serviteur, je ne dois voir dans ce bienfait qu'un acte d'insultante pitié, et je n'en veux pas.— En même temps il déchira l'acte en mille pièces. — Vous direz à monseigneur, continua-t-il avec émotion, que son affection était préférable pour moi à tout l'or de la terre... Puisqu'il me l'a ôtée, je ne lui demande rien.

— Ainsi donc, monsieur Stengel, vous avez sacrifié votre dernière ressource à un vain scrupule de délicatesse?... Mais cet écrit n'était pas d'une utilité absolue ; la volonté de monseigneur fait loi, et je donnerai ordre à l'intendant...

— Tant que j'aurai des bras pour travailler, dit Rodolphe avec fermeté, mon père n'en sera pas réduit à accepter des dons qui l'humilient!... Dites aussi cela à votre maître, monsieur Pinck, et s'il lui reste encore un éclair de raison, une parcelle de sentiments humains, dites-lui de plus qu'il sera puni de son injustice.

— Oubliez les paroles inconsidérées de ce pauvre garçon, ami Pinck, interrompit le bailli, la douleur l'égare... S'il faut donner au comte un prétexte convenable de mon refus, annoncez-lui que je possède quelques épargnes, que je ne manquerai de rien jusqu'à mon dernier jour.

— Cependant, il me semblait vous avoir entendu dire à vous-même...

— Eh! ne voyez-vous pas, s'écria Frantzia avec une explosion de désespoir, que mon pauvre père compte ne pas survivre à ce triste événement ?... Ne voyez-vous pas que l'injustice de monsieur de Stolberg l'a frappé à mort, qu'il est insensible à tout le reste, même à la tendresse de ses enfans?

— Allons ! petite, dit Stengel en s'efforçant de sourire, il ne faut pas ainsi prendre à la lettre des paroles échappées dans un premier moment de trouble...

— Oh! je vous connais bien, mon père, répliqua la belle jeune fille en fondant en larmes, je sais combien vos impressions sont profondes et durables. Cet aveu parti de l'âme ne pouvait être trompeur... Oh! monsieur Pinck, monsieur Pinck, ajouta-t-elle d'un ton suppliant, j'ai recours à vous. Maintenant vous êtes bon et généreux : votre intérêt pour nous dans les circonstances présentes vous donne pour toujours des droits à notre reconnaissance... Vous avez tenu noblement la promesse faite à Daniel dans cette nuit lugubre où il vous accorda son pardon ; vous êtes devenu notre protecteur, notre ami... Eh bien ! achevez votre ouvrage.

Une flamme rapide brilla dans l'œil noir de Pinck et trahit la joie que lui inspiraient ces éloges; cependant il répondit avec tristesse :
— Hélas! mademoiselle, que puis-je de plus?
— Cette décision du comte n'est pas irrévocable.
— Elle l'est, ma fille; elle l'est certainement. Monseigneur ne peut revenir aussi brusquement, sans manquer à sa dignité, sur une décision déjà connue du public, et puisque mon successeur est nommé...
— Libarius n'a pas reçu encore la nouvelle de sa nomination, répliqua Pinck; je suis chargé de la lui notifier officiellement à mon retour au château.
— Alors donc, par tout ce qu'il y a de plus sacré, obtenez que le comte revienne sur sa détermination!
— Quoi! ma fille, voudrais-tu...
— Je ne veux pas que mon père meure de chagrin et de honte. Pinck, réfléchissez; il ne peut y avoir déshonneur pour votre maître à reconnaître une faute; le seul déshonneur serait d'y persister... Allez le trouver, je vous en prie; implorez de nouveau sa pitié; vous avez du crédit sur son esprit, il vous aime; il pardonnera!

Pinck se leva avec vivacité.
— Je ferai cela, mademoiselle; oui, je ferai cela, puisque vous l'exigez... mais, je ne dois pas vous le cacher, mes efforts seront certainement perdus.
— Serait-il vrai, mon Dieu?
— Entre autres faiblesses de vieillard, monseigneur est extrêmement jaloux de son autorité. De nouvelles instances de ma part pourraient le pousser à quelque mesure extrême. Il faudrait du moins, pour justifier ma démarche, paraître lui faire quelque concession importante, et il ne m'appartient pas de conseiller à monsieur Stengel des actes ou des paroles contraires à sa conscience... Cependant je suis prêt à parler encore une fois au comte le langage de la raison, dussé-je attirer sa colère sur moi-même.

La jeune fille resta un moment accablée.
— Monsieur Pinck, reprit-elle enfin avec un effort douloureux, autrefois monseigneur avait daigné s'occuper de mon sort et m'assigner un rôle dans ses projets... Ne pourrai-je, par un sacrifice personnel, désarmer cette incroyable haine?
— Vous le savez, mademoiselle, la résistance que le comte a rencontrée à ce projet favori est son grief le plus sérieux contre votre père... Mais je me suis interdit de parler sur ce sujet, de peur de froisser des sentiments que j'honore.
— Parlez, au contraire, je vous en prie.
— Eh bien donc, reprit Pinck avec une timidité mélancolique, si des engagemens sacrés d'une part, de l'autre des préjugés trop bien justifiés par mes fautes passées, n'eussent rendu ce plan impossible, le malheur qui vous frappe eût pu être aisément détourné... Monseigneur, satisfait de voir ses désirs respectés, d'avoir assuré mon bonheur sans froisser les droits acquis de votre famille, eût oublié les torts prétendus de votre père. Le bailli fût demeuré paisible possesseur de sa charge; et après lui Rodolphe eût été libre de continuer ces traditions de probité austère qui distinguent depuis tant d'années les justiciers du Brocken.

Le vieux Stengel ne put retenir un soupir.
Frantzia se leva brusquement.
— Non, non, dit-elle d'un air égaré, c'est assez, c'est trop... Je ne m'appartiens plus... Je suis fiancée à un mort, et les morts sont jaloux.

Pinck la regarda fixement pendant quelques secondes.
— Mademoiselle, reprit-il enfin avec réserve, ce n'est pas moi qui ai fait allusion le premier à des événemens si douloureux; mais permettez, puisque vous m'avez vous-même invité à rompre le silence, que je combatte certains scrupules exagérés de votre conscience... Oui, Frantzia, si vous aviez surmonté vos préventions contre moi, il m'eût été facile de vous démontrer que ces liens dont vous invoquez la sainteté peuvent être brisés sans honte...
— Ne dites pas cela, monsieur Pinck, oh! ne dites pas cela si vous ne voulez pas que je doute encore de votre sincérité, si vous ne voulez m'inspirer de nouveaux soupçons...
— Vous en croirez du moins cette preuve claire, positive, indubitable.

En même temps il lui montra une lettre ouverte qu'il tira de son portefeuille.
— L'écriture de Daniel! s'écria Frantzia toute haletante.
— Cette lettre, continua Pinck, me fut apportée par votre père, le lendemain du jour funeste... Bailli, la reconnaissez-vous?
— Oui, oui, répondit Hermann en jetant un coup d'œil rapide sur le papier; mais j'en ignore le contenu.
— Vous allez le savoir.

Et il lut à haute voix :

« Je vous ai pardonné et je ne m'en repens pas. Mais au moment de quitter la vie et de laisser sans protection une famille amie, je suis encore assailli de doutes et d'inquiétudes à cause de vous. Au nom de tout ce que vous avez de plus cher, n'oubliez pas la promesse solennelle que vous m'avez faite dans la chambre où est mort Carl Blum! Protégez Frantzia, son respectable père, son bon et loyal frère... Et si un jour, plus tard, vous croyez devoir demander la récompense de votre dévouement, dites à Frantzia qu'elle n'écoute que son estime et sa reconnaissance pour vous. C'était injustice et folie à moi de vouloir prolonger mon empire sur elle au delà de la tombe... Il me suffira qu'elle me garde une place dans son cœur et qu'elle prononce quelquefois mon nom dans ses prières. Si donc un jour, s'obstinant dans sa fidélité pour un pauvre supplicié, elle trouvait dans mon souvenir un obstacle à son bonheur et à son repos, montrez-lui cette lettre et plaignez-moi tous deux.

» DANIEL. »

Après avoir lu lentement et de manière à faire ressortir chaque expression, il remit le papier à Frantzia; elle l'examina longtemps avec émotion.
— Comme il m'aimait! murmurait-elle en levant les yeux au ciel, et comme ces quelques mots ont dû lui coûter!... Eh bien! j'imiterai sa résignation... Ainsi que lui j'oublierai les douces et riantes chimères de l'imagination pour céder aux lois sévères et inexorables de la réalité. — Puis se tournant vers le secrétaire du comte, elle demanda d'un ton grave : — Monsieur Pinck, si les vœux du comte de Stolberg, ce qui me regarde, étaient satisfaits, croyez-vous qu'on laisserait encore mon père exercer paisiblement sa charge, dans cette maison, jusqu'à la fin de sa carrière?
— Je n'ai aucun doute à cet égard, Frantzia.
— Et vous, monsieur, vous contenteriez-vous de ce que je pourrais vous donner en vous accordant ma main... de l'estime, de l'affection d'une amie... de l'obéissance, de la résignation d'une épouse?
— Frantzia, peut-être oserais-je attendre davantage...
— Je ne veux pas vous tromper : jamais je n'aimerai personne comme j'ai aimé Daniel, comme je l'aimerai toujours.
— Frantzia, j'espérerai malgré vous....
— Et quand je soupirerai à l'écart, quand des larmes silencieuses couleront sur mes joues, vous me pardonnerez, vous ne m'adresserez pas de reproches?
— Frantzia, je pleurerai, je prierai avec vous.
— Eh bien donc! reprit la jeune fille toute pâle, s'il en est ainsi, si vous acceptez ces dures conditions...
— Ma sœur, interrompit Rodolphe avec énergie, prends garde!
— Ma fille, dit le justicier à son tour en l'embrassant, une semblable détermination nécessite des réflexions sérieuses... Quels regrets n'aurais-je pas plus tard si tu venais à te repentir?
— Soit, reprit Frantzia, je ne précipiterai rien... Mon-

sieur Pinck, je vous demande trois jours... Si dans trois jours d'ici, à pareille heure, je n'ai pas retiré ma parole, je vous appartiendrai, et vous pourrez me conduire à l'autel... Maintenant, songez à mon père, et... adieu...

En même temps elle s'enfuit et alla cacher dans sa chambre ses angoisses et son désespoir.

Stengel et Rodolphe restaient plongés dans un morne accablement. Pinck lui-même semblait étourdi de son bonheur.

— Monsieur le bailli, dit-il enfin en se préparant à sortir, je retourne sans retard au château apprendre à monseigneur l'heureux changement qui vient d'arriver... Considérez-vous toujours comme justicier du Brocken, et continuez à en remplir les devoirs... Je prends tout sur moi.

— Monsieur Pinck, je ne puis, à moins que ma destitution n'ait été publiquement révoquée...

— Elle le sera... elle le sera dans trois jours... quand je conduirai ma fiancée à l'autel. En attendant, courage ! Mon père, mon frère, maintenez Frantzia dans ses bonnes résolutions, et ayez foi dans l'avenir.

Il embrassa le vieux Stengel et Rodolphe, qui le laissèrent faire machinalement, puis il partit.

Tout en parcourant au galop de son cheval la route de Stolberg, il se disait avec un accent d'indicible joie :

— Bien manœuvré, cette fois !... Wilhelm Pinck est un grand diplomate... Mieux fait douceur que violence... Elle est à moi !

IX.

LA RENCONTRE.

Le matin du troisième jour prescrit par Frantzia elle-même pour terme à ses réflexions, la jeune fille se trouvait sur le petit plateau couvert de bruyères et d'arbres rabougris qui forme la cime du Brocken.

Les pâles teintes de l'aurore commençaient à peine à se montrer du côté de l'orient.

D'épais brouillards, adhérens aux flancs de la montagne, semblaient combler la profondeur des abîmes et mettre la contrée entière au niveau du plateau; mais comme ils n'avaient pas envahi les régions supérieures, le ciel était pur et dégagé de vapeurs.

Seulement, par intervalles, une brise folle poussée par une brise folle rasait la cime des hautes herbes et cachait pour un moment les étoiles, qui s'éteignaient une à une dans l'azur du firmament.

Frantzia, revêtue de sa mante brune, dont le capuchon rejeté en arrière laissait sa tête nue exposée à une brise glaciale, était assise vers l'extrémité septentrionale du plateau, sur un énorme bloc de granit portant encore les traces d'un travail grossier.

D'autres blocs du même genre et de forme bizarre se dressaient autour d'elle.

A quelque distance sortait d'une espèce de grotte voûtée, de construction barbare, un ruisseau limpide qui coulait avec un bruit rauque sur son lit rocailleux.

Cet endroit était célèbre et redouté dans tout le pays.

Ces masses informes de granit étaient l'*autel* et la *chaire des Sorciers*.

Suivant la tradition, elles avaient servi au culte de Krodo, et elles avaient été arrosées du sang de victimes humaines.

La source était la fameuse *fontaine Magique* (*Hexen-Brunnen*), dont les eaux jouissaient de propriétés merveilleuses dans les légendes locales. Sur ses bords, comme nous l'avons dit, s'assemblaient, dans la nuit du premier mai, anniversaire de la fête de Krodo, tous les sorciers et toutes les sorcières du monde pour tenir leur sabbat.

Enfin cet aride désert, où l'on n'entendait que le chant lointain de l'auerhan ou grand coq de bruyères, servait surtout de théâtre aux ébats du terrible *wildmah* du Harz; c'était là qu'il se montrait le plus fréquemment à ceux qui avaient le courage de venir l'y chercher.

Frantzia, malgré son éducation soignée, ne pouvait être complètement étrangère aux superstitions de son temps et de son pays.

Son imagination ardente était encore surexcitée par une disposition d'esprit particulière.

La nuit précédente, pendant qu'elle était en proie à l'insomnie, une idée bizarre, naïve, telle que pouvait seule en concevoir une jeune et crédule Allemande, avait germé dans son cerveau.

Elle s'était dit que l'amant mort à qui elle avait engagé sa foi pouvait seul lui rendre sa parole; qu'il fallait essayer si Dieu ne permettrait pas en sa faveur une de ces manifestations surnaturelles dont elle avait entendu raconter un si grand nombre.

Toute brûlante de fièvre, elle avait quitté sa couche, elle était montée sur le Brocken, et là, devant l'ancien autel saxon, elle avait, non sans terreur, appelé plusieurs fois Daniel d'une voix vibrante.

L'écho sauvage des rochers avait seul répondu à son appel.

Frantzia, morne et abattue, le visage appuyé sur sa main, regardait tristement les progrès du jour naissant.

— Jour maudit, murmurait-elle, quels nouveaux malheurs m'apportes-tu? Mais partons, ajouta-t-elle, en se levant; Daniel n'a pas voulu me répondre, il n'est pas venu... Que mon sort s'accomplisse !

Une vision merveilleuse frappa ses regards et la retint immobile.

Peu à peu les vapeurs du côté de l'orient s'étaient illuminées de teintes brillantes de pourpre et d'or.

Tout à coup le soleil lança un trait de feu à travers une déchirure de ce voile magnifique. Aussitôt les nuées, suspendues aux flancs de la montagne, commencèrent à s'agiter dans tous les sens, comme saisies de respect en présence du roi de la création.

L'une d'elles, se séparant des autres, se dirigea vers Frantzia; et dans cette masse floconneuse et mobile, la jeune fille aperçut une figure humaine dont la forme devenait plus distincte à mesure qu'elle approchait.

Cette figure, encadrée d'une espèce d'arc-en-ciel, glissait en silence à la surface du sol, pareille à une ombre ossianique évoquée par les chants d'un barde du Nord.

Frantzia Stengel, absorbée par une idée unique, tomba à genoux et s'écria d'une voix éclatante:

— Daniel, Daniel, c'est donc vous enfin ? Oh ! pourquoi m'avoir tant fait attendre quand mon cœur était déchiré ? Vous savez à quel prix je peux sauver mon père; conseillez-moi. Dois-je donner ma main à Pinck... Pinck, votre meurtrier ? Ses remords ont-ils suffisamment expié son crime envers vous ? Un mot, Daniel, un mot, au nom de celui qui vous a envoyé du haut des cieux pour faire cesser mes mortelles angoisses ! — Tout se tut. L'apparition s'effaçait déjà lentement dans le brouillard, et son auréole lumineuse perdait ses vives couleurs. Frantzia quitta sa posture suppliante; un sourire amer effleura ses lèvres. — Insensée que j'étais, murmura-t-elle, la tombe garde ses secrets et la mort ne rend pas ses victimes... J'ai pris pour une manifestation de la volonté divine un de ces effets de mirage dont mon digne maître Carl Blum m'a si souvent expliqué le secret... je me suis effrayée de ma propre image réfléchie par la brume !

La vision avait disparu, et le nuage s'envolait à l'extrémité du plateau comme un tourbillon de blanche fumée.

Frantzia voulut se remettre en marche pour retourner à la maison du Comte, où l'on devait être inquiet de son absence. Mais l'émotion qu'elle venait d'éprouver avait épuisé ses forces. Elle s'arrêta un moment au haut du sentier tortueux qui, suivant la pente de la montagne, conduisait à l'Heinrichsohe.

Un panorama grandiose s'offrait à ses yeux.

Les vapeurs, pénétrées victorieusement par les rayons du soleil, s'enfuyaient de toutes parts comme les bataillons d'une armée en déroute.

A travers leurs déchirures, qui s'élargissaient de minute en minute, on pouvait embrasser d'un regard les proportions majestueuses du Brocken, la chaîne entière du Harz et l'immense plaine environnante.

Le Brocken n'était pas un pic âpre et ardu, comme les pyramides couronnées de neige des Alpes et des Pyrénées ; on eût dit, au contraire, un immense cône tronqué, aux formes arrondies, dont la pointe se serait brisée à une époque inconnue, à la suite d'un de ces effrayans cataclysmes, dont notre globe présente tant de preuves. Tout autour de sa base, et jusque sur ses versans, des roches éparses prouvent d'une manière certaine cet écroulement de sa cime ; de là vient son nom, qui signifie *brisé*.

Les naturalistes modernes ont prétendu que, par suite de sa dégradation lente mais continuelle, ce mont, qu'on appelait le *géant* dans les vieilles traditions saxonnes, finira par disparaître. D'après des calculs exacts en apparence, il a dû avoir primitivement quinze ou dix-huit mille pieds au-dessus du niveau de la mer du Nord ; et aujourd'hui il en a trois mille cinq cents à peine.

Ainsi donc, les monumens de la nature sont périssables comme les monumens des hommes !

Malgré les cruelles atteintes du temps, peut-être même à cause d'elles, la croupe du Brocken est douce, accessible, couverte de verdure.

De grands arbres, dans la partie moyenne, cachent les traces de ces déchiremens ; l'antique forêt Hercynienne semble vouloir dérober aux regards ces ruines de la nature, plus anciennes qu'elle.

C'est au bas seulement que des gorges affreuses, des débris de rochers, des fissures effrayantes, forment un vaste chaos et font penser à la destruction future du Brocken.

Le reste de la chaîne du Harz, sous son revêtement de feuillage, offre un aspect moins tourmenté.

Excepté le Rosstrapp, à peine inférieur au mont principal pour l'élévation, les montagnes s'abaissent insensiblement vers la Silésie, où elles vont rejoindre les Sudètes.

Au pied du Brocken, une majestueuse nappe d'eau réfléchissait, comme un miroir d'argent, les rayons du soleil levant ; c'était l'Odertrich, beau réservoir construit de main d'homme, qui met en mouvement les machines ou *die kunste* des mines de l'Andreasberg.

Au nord et au sud de la chaîne, deux grandes plaines, couvertes de villes, de villages, de chalets rians, arrosées d'un grand nombre de ruisseaux, se confondaient dans un immense éloignement avec les brumes bleuâtres de l'horizon.

Ce magnifique paysage, auquel mille accidens d'ombre et de lumière donnaient à chaque instant un caractère nouveau, était trop familier à Frantzia pour fixer long-temps son attention.

Aussi, après quelques minutes de repos, prit-elle l'étroit sentier qui, à travers les myrtilles et les bruyères, descendait en serpentant à la demeure du bailli.

Elle marchait ainsi depuis une demi-heure environ, quand des cris de détresse, auxquels répondait par intervalle une voix sévère, se firent entendre à une courte distance.

Elle s'arrêta ; le bruit semblait partir d'un enfoncement situé à gauche du chemin et caché dans les broussailles.

Craignant quelque accident du genre de celui dont Carl Blum avait été autrefois victime, elle gravit légèrement une roche voisine, et bientôt elle put s'assurer qu'il ne s'agissait pas, heureusement d'un fait de nature aussi grave.

De l'autre côté de la roche, le terrain déprimé circulairement formait une de ces tourbières si fréquentes sur le Brocken.

Celle-ci, encadrée d'arbustes toujours verts, disparaissait sous ce gazon fin et dru qui couvre la vase des marais.

Les pâtres du pays la redoutaient particulièrement, car ils avaient souvent grand'peine à retirer de ce sol perfide les bestiaux alléchés par l'herbe délicate.

Or, ce n'était ni un mouton, ni un taureau qui s'était pris en ce moment au piége de la tourbière, mais un grand garçon, dont les vêtemens annonçaient par leur coupe un habitant d'une ville voisine.

Déjà ses bottes à glands de soie avaient disparu tout à fait dans l'abîme boueux, et le pauvre diable faisait de vains efforts pour se dégager ; mais son équipage ajoutait encore aux embarras, peut-être même au danger de sa position.

Il portait sur l'épaule un sac de cuir contenant des objets fort lourds ; sa main gauche soutenait un gros bouquet de plantes sauvages ; le bras droit était chargé d'un instrument volumineux et de forme étrange.

Ainsi empêtré, il ne pouvait que se débattre machinalement, sans résultat avantageux.

Heureusement ses jambes avaient une longueur remarquable, et l'on pouvait raisonnablement espérer qu'elles finiraient par atteindre le fond solide de la tourbière.

L'autre voyageur était un homme de cinquante-cinq ans environ, de haute taille, à l'air noble et majestueux.

Son costume noir et sa perruque bien poudrée, trahissaient un magistrat ou un savant.

Il s'appuyait sur une belle canne à pomme d'ivoire, et ses souliers à boucles d'argent n'avaient pas reçu la plus imperceptible souillure.

Debout sur une langue de terre ferme, il se montrait médiocrement inquiet des doléances de son compagnon, qui semblait être un domestique ou tout au moins un inférieur habitué à remplir près de lui des fonctions subalternes.

Frantzia se souvint alors d'avoir entendu dire, la veille au soir, que deux étrangers étaient arrivés au Brocken-Werthaus pour visiter la montagne, déjà célèbre à cette époque ; elle ne douta pas qu'elle n'eût sous les yeux ces voyageurs inconnus.

Sans doute ils avaient voulu profiter de la fraîcheur de la matinée pour faire une promenade, et, s'étant égarés, l'un deux était tombé dans la tourbière.

Mademoiselle Stengel eut d'abord la pensée de continuer son chemin, sans se faire voir.

Mais les lamentations du pauvre embourbé excitèrent sa pitié ; elle attendit donc un moment si son secours ne deviendrait pas nécessaire.

— Mon cher maître, *doctor reverendissime*, s'écriait le jeune homme en se débattant toujours, venez à mon aide, au nom de Dieu ! ou je vais être asphyxié par immersion.

— Fi donc ! monsieur, fi ! répliqua l'autre avec colère, n'avez-vous pas honte de vous effrayer de si peu ?... D'ailleurs, comment pourrais-je aller à vous sur ce terrain maudit ?... Mais, de grâce, maître Longus, prenez garde, en vous agitant ainsi, de déranger mon baromètre à cuvette ; comment déterminerions-nous exactement la hauteur du *Bructerus*, s'il arrivait malheur à ce précieux instrument que j'ai fait confectionner moi-même à Paris ?

— Monsieur le docteur, répliqua Longus (car c'était notre ancienne connaissance de Gœttingue), le baromètre me gêne beaucoup, mais beaucoup en ce moment... Si du moins vous me permettiez de me débarrasser de ce sac rempli de minéraux ?... Il m'écrase et me fait entrer deux fois plus vite dans cette misérable vase.

— Gardez-vous-en bien... Des trouvailles précieuses sur lesquelles je compte baser l'histoire géologique de ces montagnes !... Mes échantillons de granit mêlés de fer magnétique, mon argent rouge de l'Andreasberg, mes pétrifications de madréporites et de milléporites!... Malheureux! mais j'aimerais mieux laisser ici un bras que d'y laisser ces richesses de la science!

— Et moi j'y laisserai ma vie sûrement, dit l'élève d'un ton piteux ; du moins, permettez-moi de jeter ces plantes qui gênent mes mouvemens... Nous en chercherons d'autres.

— La peur vous a-t-elle fait perdre la tête? s'écria l'impitoyable savant avec indignation ; ces productions végétales sont, comme les minéraux, autant de monumens sur lesquels je dois appuyer ma théorie sur la nature et l'origine de la chaîne du Harz. D'ailleurs, où retrouverions-nous maintenant *Partemisia glacialis*, l'*anémone Bructeri*, la *saxifraga Pyrenaïca*, que le plus heureux hasard nous a fait rencontrer?

Pendant cette harangue, qui rappelait un peu celle du maître d'école, dans la fable de La Fontaine, le malheureux Longus, désespéré de l'inutilité de ses efforts pour revenir en prière, se portait machinalement en avant.

Dans cette direction, en effet, la vase plus molle laissait quelque liberté à ses mouvemens, mais il approchait ainsi du centre de la tourbière où il risquait de périr ; Frantzia reconnut le danger.

— Pas de ce côté, s'écria-t-elle d'une voix perçante, si la vie vous est chère ; prenez à gauche... à gauche, vous dis-je?... Ou bien restez immobile ; je suis à vous.

Aux premiers mots, le maître et le disciple avaient levé la tête.

En apercevant si près d'eux, au sommet du rocher, cette belle jeune fille aux traits angéliques, à la pose gracieuse, aux vêtemens pittoresques, ils eussent cru voir la nymphe protectrice de ce lieu solitaire, si les inquiétudes de leur position présente, ou des goûts peu mythologiques, eussent laissé place, dans leurs âmes, à la poésie.

Du reste, ils n'eurent pas le temps de la réflexion : Frantzia s'était déjà élancée en bas du rocher, et courait d'un pas de gazelle vers Longus, qu'elle encourageait toujours de la voix.

Elle eût bientôt arraché une grande quantité de ces broussailles qui croissaient en abondance au bord du marais ; elle en forma plusieurs petits fagots, et les lança adroitement sur la tourbière.

Longus étant parvenu avec grand'peine à poser le pied sur l'un d'eux, y trouva un point d'appui dont il se servit pour enjamber, comme autant d'échelons, les autres fascines ; enfin il atteignit un sol résistant.

La jeune fille l'accueillit avec un sourire moqueur, et se mit aussitôt en devoir de venir en aide au docteur.

Il s'était engagé dans une sorte de presqu'île solide au milieu de ces terrains mouvans, et n'osait bouger.

Frantzia, avec cette rapidité de coup d'œil que donne l'habitude, reconnut aisément la chaussée, à peine visible, qu'il avait suivie ; en un instant elle fut près de lui.

Alors, baissant les yeux et rougissant, elle le prit doucement par le bras et le conduisit en sûreté sur le bord de la tourbière, où Longus s'occupait piteusement à faire disparaître les traces de sa mésaventure.

Le plus âgé des deux voyageurs observait avec une extrême curiosité cette jeune fille aux manières charmantes, envoyée du ciel d'une manière si inopinée pour le tirer lui et son compagnon d'un mauvais pas.

Mademoiselle Stengel supportait avec modestie, mais sans embarras, ce regard pénétrant.

Enfin, jugeant ses services désormais inutiles, elle fit aux inconnus une révérence, et voulut s'éloigner ; le docteur la retint.

— Mademoiselle, dit-il en adoucissant sa voix naturellement impérieuse, permettez-moi de vous remercier de votre obligeante intervention! Sans le bienheureux hasard qui vous a conduite dans ce lieu désert... Mais, par le ciel! qu'est ceci? s'interrompit-il brusquement ; Longus, misérable imbécile, qu'avez-vous fait?

— Il est bon de dire, pour expliquer la fureur du savant, que si Longus se trouvait intact sur la terre ferme, il n'en était pas ainsi des divers objets dont il était porteur.

Pendant qu'il s'agitait au milieu de la mare, le sac de cuir s'était ouvert, et les échantillons de minéralogie, entraînés par leur propre poids, avaient disparu dans la tourbière.

Une couche hideuse de vase couvrait le bouquet de plantes rares qu'il tenait à la main, et souillait sans remède les fleurs délicates.

Pour comble de malheur, le baromètre était brisé en plusieurs endroits, et le mercure tombait en fine pluie d'argent sur la verdure.

L'aspect de ces désastres avait arrêté les remercîmens du docteur.

L'instinct du savant dominant celui de l'homme du monde, il accablait de reproches son pauvre disciple qui ne savait comment se défendre.

Frantzia écoutait avec surprise ce débordement de colère ; enfin, prenant pitié de l'état où elle voyait Longus, elle dit au maître d'un ton timide :

— Les malheurs dont vous vous plaignez, monsieur, ne sont rien auprès de ceux que vous auriez eu à déplorer si votre ami fût resté dans la tourbière. Mais que l'accident arrivé à votre baromètre ne vous afflige pas ; vous en trouverez un fort bon à la maison du Comte ; il a déjà servi à mesurer la hauteur du Brocken.

— Et quelle hauteur a-t-on trouvé? demanda le savant avec distraction.

— Tout juste cinq cent quatre-vingt-deux toises au-dessus du niveau de la Baltique.

— L'entendez-vous, Longus, l'entendez-vous! s'écria le docteur transporté de joie ; voilà ce que je soutiens contre le docteur de Luc, qui n'a trouvé que cinq cent quarante-cinq... Ce baromètre est bon, j'en jurerais par monsieur le baron de Leibnitz dont j'ai eu le bonheur d'être l'ami... Ah! maladroit, si du moins vous m'aviez conservé mes échantillons de milléporites et de fer oligiste! J'ai envie de vous les envoyer chercher dans le marais!

— Il ne sera pas nécessaire d'exposer encore une fois la vie de ce jeune homme, reprit Frantzia ; je peux vous offrir les mêmes curiosités, en morceaux choisis, et d'autres, au dire des personnes compétentes, bien plus intéressantes encore, comme, par exemple, des térébratulites de la grosseur d'un œuf, des cristaux d'antimoine, de nickel et de molybdène.

Le docteur, habitué à causer avec des savans, ne remarquait pas ce qu'il y avait d'extraordinaire à entendre parler ainsi de la minéralogie cette charmante enfant.

— Du nickel, du molybdène, des térébratulites plus grosses que celles de Bâle! s'écria-t-il, mais ce sont de vrais trésors ; et jamais mon illustre ami, feu monsieur le baron de Leibnitz, dont je connaissais la collection comme la mienne propre, n'a découvert de semblables merveilles dans le Harz.

— C'est que l'illustre Leibnitz n'a passé ici plusieurs années à faire des recherches comme... comme d'autres! répliqua Frantzia en souriant. Quant aux plantes que vous avez perdues, il sera facile de les remplacer ; je vous indiquerai aisément où vous pourrez en recueillir de pareilles ; je vous en montrerai même de plus rares encore pour nos climats, telles que le *lathræa clandestina* et le *cypripedum calceolus* de Linnée. Enfin, si vous daigniez jeter un coup d'œil sur l'*herbarium* conservé là-bas à la maison du Comte, vous pourriez étudier certaines plantes tout à fait nouvelles et absolument inconnues des naturalistes.

Cette fois le docteur ouvrit de grands yeux étonnés, dans lesquels se réfléta une vive admiration.

— Si je n'avais pas reconnu à sa beauté mademoiselle Frantzia Stengel, la fille du bailli du Brocken, dit-il après un moment de silence, je la reconnaîtrais sans peine à sa science... La rencontre d'aucune personne au monde ne pouvait m'être plus agréable que la vôtre en ce moment, mademoiselle ; aussi j'accepte vos offres avec joie... Vous êtes l'élève d'un homme pour lequel j'avais une vive affection, quoique cette affection n'ait pu préserver sa vieillesse de grands malheurs. Sans doute ce cher Carl Blum aura prononcé quelquefois devant vous le nom du docteur Crécelius, de Gœttingue?

— En effet, monsieur, répliqua la jeune fille en s'inclinant, et il le prononçait avec tout le respect dû à l'un des savans les plus distingués de l'Allemagne.

— Après lui, mademoiselle, bien loin après lui, quoiqu'il ait mis sa science sous le boisseau et qu'il ait réservée pour un très petit nombre d'amis... Eh bien! si vous retournez à la demeure de votre père, permettez-moi de redescendre le Brocken avec vous. Nous causerons, chemin faisant, des productions naturelles de ce pays, ou, si vous l'aimez mieux, de notre pauvre ami Carl Blum; peut-être même, ajouta-t-il d'un air mystérieux, trouverons-nous des sujets qui vous toucheront de plus près...

Sans remarquer ces dernières paroles, Frantzia fit un signe d'assentiment froid et poli.

Dans la situation d'esprit où elle se trouvait, elle eût préféré la solitude à une compagnie quelle qu'elle fût.

D'ailleurs, la dureté du savant envers son élève l'avait révoltée.

Cette impression n'échappa peut-être pas au docteur Crécelius.

Il se retourna vers le jeune homme, qui continuait à se lamenter sur les débris du baromètre.

— Allons, mon garçon, dit-il d'un accent de bonté, ce qui est fait est fait; toutes vos jérémiades ne parviendraient pas à souder ensemble les fragmens de ce tube brisé... Nous allons prendre les devans... Cherchez un ruisseau où vous puissiez laver les souillures de vos bottes; puis vous retournerez à l'auberge, et vous demanderez une soupe à la bière, bien épicée de gingembre et bien chaude, avec un verre de genièvre par-dessus pour vous réchauffer... Si en chemin vous rencontriez... celui que vous savez, écoutez-moi.

Il dit quelques mots à l'oreille de Longus, qui s'inclina humblement.

Puis il s'éloigna avec Frantzia, laissant le pauvre étudiant tout joyeux d'en être quitte à si bon marché.

Le docteur Crécelius et mademoiselle Stengel suivirent un moment côte à côte en silence le chemin de l'Heinrichsohe.

Frantzia était pensive.

— J'ai sûrement entendu déjà une fois la voix de votre élève, dit-elle en trahissant tout haut le secret de ses réflexions; mais où et quand? voilà ce que j'ignore... Toujours est-il qu'en l'écoutant je sentais mon âme remplie d'horreur et de tristesse... Mais laissons ce jeune homme, ajouta-t-elle en s'efforçant de sourire, et permettez-moi de vous blâmer, monsieur le docteur, d'avoir entrepris sans guide et par ce brouillard l'ascension de la montagne.

— Nous avions un guide, mademoiselle; mais il nous a quittés en chemin... Il est amoureux, et l'on ne peut guère compter sur les amoureux; j'aurais dû y songer.

Tout en parlant, le savant observait Frantzia avec une attention singulière; son œil fixe et perçant ne quittait pas la jeune fille, qui ne savait comment se soustraire à cette espèce d'inquisition.

— Monsieur le docteur, dit-elle en s'arrêtant tout à coup et en désignant du doigt une petite plante qui croissait sur le bord du sentier, examinez cette saxifrage, et voyez si elle se rapporte à quelqu'une des espèces décrites par les naturalistes.

Crécelius se mit à genoux devant la plante indiquée, tira de sa poche une loupe au moyen de laquelle il examina la fleur avec la plus grande attention.

— C'est en effet une espèce nouvelle, dit-il en se redressant; mademoiselle, vous devez être fière d'une semblable découverte... Il y a de quoi faire pâlir de jalousie tous les botanistes de la Confédération!

— Je vous révélerai bien d'autres curiosités de ce genre, si vous demeurez quelques jours encore sur le Brocken, dit mademoiselle Stengel avec modestie, et dans l'intérêt de la science vous ferez bien de vous attribuer ces découvertes, qui seraient sans prix pour moi.

Le docteur, tout tremblant de joie, déchaussa la plante, l'enleva avec les racines, et l'enveloppa précieusement dans son mouchoir.

Quand il se retourna, il vit Frantzia ramasser furtivement quelques fleurs et les cacher avec empressement sous sa mante.

Cette apparence de mystère suffit pour exciter la défiance du savant, avide comme l'avare, et lui faire douter de la sincérité de la jeune fille.

— Que cachez-vous là, mon enfant? dit-il d'un air de soupçon; quelle est cette espèce que vous semblez vouloir réserver pour vous seule?

Frantzia tira de dessous sa cape un petit bouquet de ces scabieuses sauvages qui croissent en abondance sur le Brocken.

— Ces fleurs n'ont aucun intérêt pour vous, murmura-t-elle, mais elles possèdent pour moi un charme douloureux que vous ne sauriez comprendre... Je n'ai pu résister au désir de m'en parer une dernière fois aujourd'hui!

Et une larme glissa sur ses joues.

Un changement complet s'opéra alors dans la personne de Crécelius.

— Je suis égoïste et cruel, dit-il avec chaleur; je vous occupe de sciences et de découvertes, quand votre âme est déchirée, votre cœur brisé... Pardonnez-moi de n'avoir su faire trêve plus tôt à de longues habitudes... Nous causerons plus tard botanique et géologie; maintenant parlons de vous, de vous seule.

Frantzia fut frappée d'étonnement et presque d'effroi.

— Monsieur le docteur, demanda-t-elle, je ne sais comment vous avez pu l'apprendre...

— Que vous allez, pour prévenir la ruine de votre père, épouser un homme odieux? Qu'importe comment j'ai appris cet événement, s'il est vrai?... Mademoiselle, vous ne me connaissez pas; cependant je suis votre ami, un ami qui a peut-être assez d'expérience pour vous donner un bon conseil, assez de pouvoir pour vous protéger avec efficacité. Ayez confiance en moi, parlez-moi avec franchise. Avez-vous bien réfléchi aux dangers du parti que vous allez prendre?

La jeune fille ne répondit pas d'abord.

— Je ne dois pas m'étonner, dit-elle enfin, de voir un étranger connaître si bien mes affaires, car nos malheurs ont été publics... Mais, quelque prix que je puisse attacher aux conseils d'un homme important et sage comme vous, à quoi me serviraient-ils? Mon devoir n'est-il pas tout tracé? Dois-je écouter une autre voix que la sienne?

— Vous devez écouter surtout la voix de votre conscience... Or, votre conscience ne vous défend-elle pas d'accorder à Pinck ce que vous avez engagé pour l'éternité à un autre?

Frantzia tressaillit comme si cette pensée, qui l'obsédait sans cesse, venait de se présenter à son esprit pour la première fois.

— Mais, balbutia-t-elle, ignorez-vous que celui dont vous parlez a pris soin lui-même de me dégager avant de mourir?

— Cela est impossible, cela est faux! dit le docteur avec beaucoup de véhémence; mademoiselle, on vous trompe... Ce Pinck est un lâche hypocrite, capable des plus grands crimes!

— Pourriez-vous m'en fournir des preuves?

— Peut-être... Retardez de quelques jours encore l'exécution de votre promesse, et bientôt vous frémirez du danger que vous aurez couru.

— Ce que vous demandez est impossible; je dois tenir ma parole.

— Même quand cette parole pourrait vous coûter des larmes de sang, même quand, le sacrifice fait, vous devriez mourir de honte et de regret?... Je vous en supplie, mademoiselle, exigez impérieusement ce délai. Je ne suis pas un homme dont la parole soit vaine et légère ; j'ai de fortes raisons pour parler ainsi ; votre précipitation appellera de grands malheurs sur vous et sur d'autres encore.

La solennité de cette adjuration sembla produire une vive impression sur l'esprit irrésolu de Frantzia.

— Dites-moi ces raisons, répliqua-t-elle en s'arrêtant ; j'en dois être aussi bon juge que personne, je pense.

— Il ne m'est pas permis de satisfaire votre désir, car ce secret ne m'appartient pas. Eh bien ! Frantzia Stengel, continua le docteur en baissant la voix, si vous me refusez une confiance entière quand je vous parle en mon nom, peut-être serez-vous plus docile quand je vous parlerai au nom d'une autorité redoutable devant laquelle vous vous êtes inclinée dans une circonstance de votre vie... Jeune fille, je suis un messager de ceux à qui vous avez envoyé cette bague en invoquant leur appui... La reconnaissez-vous ?

Il tira de son sein la bague de Carl Blum suspendue à son cou par un cordon de soie.

Frantzia y jeta un coup d'œil rapide.

— Je la reconnais.

— Et ce signe ne vous dit-il pas que je suis un de vos protecteurs, que j'ai reçu l'ordre de veiller sur vous comme le pasteur sur une brebis chérie ? Ne comprenez-vous pas qu'en me donnant cette mission, les initiés m'ont armé de leur redoutable glaive pour vous défendre, ont soufflé sur moi leur esprit de sagesse et de justice pour vous conseiller ?

— Ne cherchez pas à déguiser sous la pompe des mots une timidité réelle et une impuissance certaine, interrompit la jeune fille avec amertume ; je sais trop jusqu'à quel point on peut se fier à vos promesses... Qu'avez-vous fait quand, d'après vos rites mystérieux, j'ai demandé votre protection pour l'infortuné Daniel ? Comment avez-vous, eu égard aux recommandations si pressantes de Blum, votre ancien chef, la tête et le bras droit de votre association ? Daniel est mort d'une mort ignominieuse, et de tant de bras qui s'agitent dans l'ombre, pas un ne s'est levé quand le moment est venu.

Un sourire dédaigneux se montra sur les lèvres de Crécélius.

— J'écoute vos blasphèmes avec pitié, jeune fille, reprit-il sévèrement, parce que vous ignorez à qui ils s'adressent... Si vos oreilles avaient reçu l'onction sainte, je leur ferais entendre des vérités que vous ne sauriez méconnaître ; mais votre esprit étant encore livré aux préjugés et aux erreurs du commun des hommes, je vous parlerai le langage de la raison vulgaire... Pensez-vous que, malgré notre pouvoir, nous ne devions pas respecter les règles les plus simples de la prudence ? Pouvons-nous attaquer en face les rois et les princes qui se partagent la surface de la terre, quand cette agression n'a pas pour but un grand intérêt public, la défense d'un droit sacré de l'humanité ? D'ailleurs, que nous demandiez-vous ? De soustraire aux châtiments de la loi un homme qui avait enfreint la loi. Cet homme avait-il été condamné injustement ? Non, sans doute ; son crime était patent, notoire, reconnu de tous. Notre intervention en pareille circonstance n'eût-elle pas été de nature à compromettre cette réputation de justice qui fait notre force et notre orgueil ? N'eût-elle pas été un motif de scandale pour les honnêtes gens ? — Frantzia baissa la tête en silence. — Vous reconnaîtrez bientôt, belle et douce enfant, reprit le docteur d'un ton bienveillant, combien vous avez tort d'accuser la sainte association de lâcheté et d'impuissance ? Vous vous sentirez accablée de ses bienfaits, vous maudirez votre aveuglement... A partir du moment où vous l'avez appelée à votre aide, elle a toujours été présente quoiqu'invisible autour de vous ; elle a écarté de vous le lion rugissant et le serpent se glissant sous l'herbe... Mais puisque votre heure n'est pas encore venue, persistez dans votre opiniâtreté ; vous serez sauvée malgré vous.

Sans se rendre compte de cette impression, Frantzia sentait son âme s'ouvrir à l'espérance à mesure que le docteur parlait.

— Dieu m'éclairera, répliqua-t-elle, et j'agirai suivant ses inspirations... Cependant, continua-t-elle, si j'ai manifesté quelque aigreur contre ceux en qui j'avais placé une confiance cruellement déçue, je n'en suis pas moins reconnaissante envers vous, de votre affectueuse sollicitude pour les miens et pour moi... L'appui que trouva mon frère devant les juges de la *grotte des Secrets*, quand il les outragea avec tant de témérité, venait certainement du docteur Crécélius.

— Il n'appartient à personne de révéler ce qui a pu se passer dans l'enceinte sacrée du mal... Mais vous avez raison, mademoiselle, de me considérer comme votre ami. Mon amitié vous fut acquise dans cette nuit où je vous vis ici, sur le Brocken, soutenir la marche chancelante du vénérable Blum, quand, affaibli par l'âge et la maladie, il donna ses derniers conseils à nos frères initiés. Ce fut une terrible nuit, car il nous fallut dire un dernier adieu à notre chef mourant ! Avec quelle douceur, quelle bonté vous dirigez ses pas ! Avec quelle modestie vous vous retirâtes à l'écart pour ne pas gêner cet entretien suprême ? Frantzia Stengel, si Dieu eût béni mon mariage avec ma bien-aimée Lia, la fille du grand bailli, toute ma joie eût été d'avoir une charmante enfant comme vous pour être la consolation de ma vieillesse.

Pendant cette conversation, ils étaient arrivés à l'Heinrichsohe ; ils apercevaient à quelque distance le toit bas, recouvert en chaume du Brocken-Werthaus, et le petit édifice en granit noirci par le temps de la maison du Comte.

Devant la porte, plusieurs personnes allaient et venaient d'un air inquiet.

— Voyez, dit Frantzia avec égarement en étendant la vers ce groupe, on m'attend, on me cherche... Je ne m'appartiens plus.

— Oui, oui, reprit le docteur en hochant la tête ; Pinck est impatient ; il craint toujours que quelque événement inattendu vienne briser sa trame... Mademoiselle, je vous en supplie, n'oubliez pas mes recommandations... Cherchez à gagner du temps, ne fût-ce qu'un jour, ne fût-ce qu'une heure.

— Eh bien ! j'essayerai... j'essayerai, je vous le promets, murmura la jeune fille.

Une des personnes qui formaient le groupe arrêté devant la maison du Comte accourait de toute sa vitesse.

Frantzia reconnut son frère. Rodolphe était très pâle, cependant une vive expression de joie éclatait sur son visage.

— Est-ce bien toi, ma sœur ? dit-il avec un accent de tendresse ; que Dieu te pardonne l'inquiétude que tu m'as causée ! J'ai deviné tes angoisses secrètes, je craignais en ne te voyant pas reparaître...

— Que pouvais-tu craindre, Rodolphe ? répliqua la jeune fille avec mélancolie ; la vérité est que, dans ma promenade ordinaire du matin, j'ai eu le bonheur de rencontrer le savant docteur Crécélius herborisant sur le Brocken, et je n'ai eu garde de manquer cette occasion de recevoir ses leçons.

— Le docteur Crécélius ? balbutia Rodolphe en reculant d'un pas : le doyen de la faculté de médecine de Gœttingue ? celui-ci... Ah ! ma sœur, si tu savais !

Le docteur fixa sur lui un regard sévère.

— Et en quoi mon nom ou ma personne auraient-ils pu déplaire à Rodolphe Stengel ? demanda-t-il avec ironie.

Ce son de voix sembla encore augmenter le trouble de Rodolphe. Il recula avec effroi sans prononcer une parole.

En ce moment, les autres personnes du groupe se rapprochèrent des nouveaux venus.

C'étaient Pinck, le bailli Stengel, l'intendant du comte de Stolberg, et quelques habitants notables du voisinage.

Pinck était richement vêtu de velours noir, l'épée au côté ; un jabot de dentelle flottait sur sa veste brodée. Son visage était rayonnant comme sa toilette.

— Frantzia, cruelle Frantzia, s'écria-t-il, pouvez-vous bien vous jouer ainsi de ma mortelle impatience ! Mais enfin vous voici ; nous allons partir.

— Pardonnez mon absence, monsieur Pinck, je ne savais pas être attendue.

— Et cependant, mademoiselle, le délai fixé par vous-même est passé depuis plus d'une heure ; depuis plus d'une heure je suis ici pour vous rappeler votre parole...

— Je ne la retire pas, monsieur Pinck, mais...

— Vous ne la retirez pas, Frantzia ? oh ! que le ciel vous récompense ! Eh bien donc ! hâtez-vous ; car il ne faudrait pas faire attendre monseigneur.

— Monseigneur ! que signifie...?

— Quoi ! ma fille, dit le vieux bailli en la serrant dans ses bras, ignores-tu de quelles faveurs, de quels honneurs inattendus nous comble notre noble maître, le comte de Stolberg ? Il veut que la cérémonie des fiançailles ait lieu à l'instant même, sous ses yeux, dans la chapelle du château ; il se charge de la dot, et il veut fournir lui-même l'anneau de mariage. Il nous appelle tous auprès de lui ; il va me pardonner, me rendre son amitié... J'en deviendrai fou de joie !

Frantzia attacha un regard plein d'angoisses sur le docteur Crécelius qui semblait consterné.

— Mon père, reprit-elle timidement, un acte de cette importance devrait-il avoir lieu avec tant de précipitation ?

— Ni moi ni personne n'avons été maîtres de choisir un autre moment, mademoiselle Frantzia, dit Pinck avec douceur ; le comte n'admet pas de retard à l'exécution de ses volontés... Il a exigé que la cérémonie eût lieu de suite, et il a donné des ordres en conséquence. Quant à moi, je l'avoue, j'étais trop heureux de cet empressement pour m'en plaindre.

La jeune fille souffrait intérieurement toutes sortes de tortures.

— Je ne puis pourtant me présenter devant monseigneur et devant l'autel sous cet humble costume, reprit-elle ; il me faudrait plusieurs jours pour me procurer une toilette convenable...

— Tu ne sais guère jusqu'où va la galanterie de monsieur Pinck, dit le bailli ; monte dans ta chambre, Frantzia, et tu trouveras les plus charmantes toilettes qu'ait pu créer une modiste parisienne établie depuis peu à Hanovre.

— Allons ! tous mes souhaits sont prévenus ! répliqua Frantzia avec une satisfaction ironique ; mais il y a loin d'ici à Stolberg, et comment nous rendre en parure de fête ?...

— Monseigneur a aussi songé à cela, mademoiselle, dit Pinck avec empressement ; il a envoyé deux de ses carrosses de gala pour vous chercher votre famille et vos amis ; les voitures, étant un peu lourdes, n'ont pu monter jusqu'ici, mais elles nous attendent là-bas au pied de l'Heinrichsohe. Les laquais poudrés et galonnés sont à leur poste ; vous allez voyager comme une reine ou une impératrice !

La pauvre Frantzia était à bout d'objections. Elle regarda encore Crécelius.

Le docteur, les sourcils froncés, paraissait vainement chercher un moyen de tourner des difficultés insurmontables.

— Il suffit, reprit-elle enfin ; j'ai promis... Mon père, monsieur Pinck, je suis à vous.

Elle se détourna pour cacher ses larmes, et se dirigea vers la maison.

En même temps, elle laissa tomber à terre le petit bouquet de scabieuses recueillies sur la montagne.

— L'intrigue a été habilement conduite, murmura le docteur en la regardant s'éloigner ; la pauvre enfant est si bien enlacée qu'aucune résistance n'est possible... Cependant, il ne s'agit que de fiançailles, après tout, et il y a loin de la coupe à la bouche !

Pinck, le bailli et les autres assistans observaient le savant avec étonnement.

— Quel est donc cet inconnu qui accompagnait ma fiancée ? demanda le secrétaire.

Rodolphe nomma le docteur Crécelius, arrivé la veille au Brocken pour faire des observations scientifiques.

A ce nom illustre, le bailli vint saluer respectueusement l'étranger.

Pinck lui-même lui exprima d'un ton mielleux combien il serait honoré de le voir assister aux fêtes prochaines de son mariage avec Frantzia Stengel.

— J'y assisterai certainement, monsieur le secrétaire, répondit le docteur ; j'ai déjà fait connaissance avec cette aimable enfant, et je m'intéresse vivement, très vivement à son sort... Pendant mon séjour sur le Brocken, j'aurai peut-être occasion de lui en donner des preuves.

Il salua et prit le chemin de l'auberge, pendant que Pinck, le bailli et le reste de la compagnie retournaient à la maison du Comte se préparer au départ.

Rodolphe les suivit un instant, puis, revenant brusquement sur ses pas, il rejoignit le docteur à la porte du Brocken-Werthaus.

— J'ai bien des raisons de ne pas rechercher votre présence, monsieur, lui dit-il précipitamment ; mais fussiez-vous le diable en personne, je n'hésiterais pas à m'adresser à vous si je vous croyais capable de protéger ma malheureuse sœur,... Sauvez-la, et je vous pardonnerai tout, oui tout, même vos promesses mensongères dans la *grotte des Secrets*; même vos sacriléges profanations sur le corps du pauvre Daniel !

Crécelius, profondément absorbé dans ses méditations, ne parut pas avoir compris ces paroles.

— Le pouvoir humain est toujours faible et sujet à l'erreur, dit-il enfin comme à lui-même ; le moindre incident déconcerte les plans les mieux conçus.

— Que craignez-vous ? demanda Rodolphe avec insistance.

— Dieu le sait !

— Et si vos craintes se réalisaient, les initiés ne pourraient-ils rien pour ma sœur ?

— Que pourrait le ciel même contre des faits accomplis ?

— Allons, répliqua Rodolphe avec colère, toujours des subterfuges, des demi-mots, pour cacher la faiblesse et la lâcheté... Honte et malédiction sur les imposteurs !

Il tourna le dos et s'enfuit désespéré.

X

LE RÉCIT DU COUSIN MATHIAS.

Le reste de la journée et une partie de la journée suivante s'écoulèrent sans que la famille Stengel fût revenue à la maison du Comte.

Au su de tous les vassaux, le seigneur de Stolberg était dans un état à peu près complet d'imbécillité, et Pinck avait pris sur lui un empire absolu ; or Pinck était capable de tout, en cas de résistance à ses volontés, pour faire triompher ses projets.

Aussi les gens du voisinage commençaient-ils à concevoir les craintes les plus sérieuses sur le sort du bailli et de ses enfans.

Mais personne ne paraissait plus préoccupé de cette longue absence que le docteur Crécelius, logé, comme nous l'avons dit, au Brocken-Werthaus. Il avait établi son élève Longus dans la salle principale de l'auberge, avec ordre de venir lui rapporter ce qu'il apprendrait relativement à ses nouveaux amis.

Cette mission, qui consistait à écouter les propos des buveurs, tout en vidant lui-même nombre de pots et en fumant sa pipe de porcelaine, plaisait fort à l'étudiant.

Il s'en acquittait donc avec un zèle remarquable, et son patron n'ignorait pas la plus stupide supposition des plus stupides bergmans sur l'évènement du jour.

Quant au docteur lui-même, profitant de l'invitation de Frantzia, il s'était installé provisoirement à la maison du Comte, dans l'ancienne chambre de Carl Blum, afin d'être plus à portée d'épier le retour des voyageurs.

Là, seul au milieu des trésors de science rassemblés par le savant défunt, et après lui par la charmante Frantzia, il ne se livrait pourtant qu'avec distraction à ses études favorites.

A chaque instant il oubliait le minéral précieux posé devant lui ou la plante classée dans le volumineux *herbarium*, pour aller regarder à la fenêtre ou pour demander à la vieille servante de la maison si aucun message de ses maîtres n'était arrivé.

Question toujours suivie d'une même et désolante réponse.

Plusieurs fois néanmoins, pendant ces deux jours, il s'était dirigé sans guide vers une partie solitaire du Brocken, et il en était revenu encore plus inquiet, plus agité.

Mais ceux qui l'avaient rencontré dans ces mystérieuses promenades n'avaient pas songé à s'en étonner.

On les attribuait au désir de recueillir des curiosités d'histoire naturelle, et cette supposition était d'autant plus probable que le docteur rapportait de chacune de ces excursions une charge d'herbes et de pierrailles destinées à augmenter sa collection.

Plus de la moitié du second jour s'était donc passée, et l'on causait de la famille du bailli dans le stubé enfumé du Brocken-Werthaus.

Parmi les discoureurs se trouvaient le *cousin* Michel, le forgeron, une douzaine de ménétriers et leur chef Samuel Toffner, plus débraillé que jamais.

Dans un coin, Longus écoutait en silence, et, quoique assis, il dépassait de toute la tête le petit Samuel Toffner, qui gesticulait avec véhémence, selon l'ordinaire.

— C'est une chose hardie, cousin Samuel, disait Michel en branlant la tête, de juger les gens qui sont au-dessus de soi... Cependant, à mon avis, il doit être permis à chacun de régler ses affaires de famille comme il l'entend, et il n'appartient pas à un maître, fût-il comte ou duc, de violenter les consciences.

— Et moi je te dis, cousin Michel, reprit Toffner avec ses formes bibliques, que Dieu ne saurait permettre à Gog et Magog de prévaloir contre les justes... Les méchans se rient longtemps de sa colère, mais, quand l'heure est venue, il les châtie d'une manière terrible. Alors, fussent-ils non-seulement des comtes et des ducs, mais des Pharaons et des Nabuchodonosor, le Seigneur renverse leurs desseins et ruine leurs espérances. Il en sera de même de ceux qui prétendent faire épouser la fille du bailli à Wilhelm Pinck, l'Aman orgueilleux du Harzwald. La main de Sara, fille de Baguel, appartient à Tobie, et le démon viendra la nuit étrangler tous les maris qui se présenteront, jusqu'à ce que l'époux prédestiné paraisse lui-même, conduit par un ange de lumière, pour réclamer sa fiancée.

Ces paroles prononcées d'un ton d'enthousiasme ne firent qu'exciter un sourire d'incrédulité de la part des auditeurs.

— Tu parlais ainsi du cousin Richter, répliqua Michel avec ironie, et tu soutenais que Dieu ne permettrait pas la mort d'un innocent, d'un élu qui avait reçu des leçons de violon d'un Chérubin céleste, dût-il faire un miracle; eh bien ! qu'est-il devenu, le pauvre Daniel ? Ne l'as-tu pas vu comme nous attaché à la potence de Gœttingue; si bien que tu en as perdu pendant trois jours l'appétit, la parole, et, miracle plus grand encore, ton goût bien connu pour la bière et le genièvre ?

La plaisanterie de Michel sur les vices du vieil artiste n'eut aucun succès, car elle se rattachait à un souvenir pénible pour tous.

Toffner prit un air solennel :

— Ton esprit est enveloppé des langes de l'ignorance, cousin Michel, dit-il, et tu nies la lumière que tu ne peux voir. Mais l'avenir répondra pour moi; les écailles tomberont de tes yeux, comme elles tombèrent des yeux du vieux Tobie quand ils eurent été frottés avec le fiel du poisson... Maintenant, écoutez bien mes paroles et gravez-les dans votre mémoire, toi et tous ceux qui m'entourent : le mariage de Pinck avec Frantzia Stengel ne s'accomplira pas ; et si quelqu'un osait donner suite à ce projet, de tels signes apparaîtraient sur la terre que les plus hardis soraient frappés de terreur !

— Les signes sont apparus, cousin Toffner ! répondit une voix derrière lui...

Les assistans se retournèrent; le forgeron Mathias entrait en ce moment. Son visage baigné de sueur, ses pieds poudreux annonçaient qu'il venait de faire une longue course.

— Quoi ! Mathias, demandèrent les bergmans, viens-tu du château ?

— J'en viens, en effet... Hier, j'avais une grande démangeaison de voir ce qui allait se passer, et comme je suis ami de monsieur Fritz, le valet de chambre de monseigneur, il consentit à me laisser monter avec lui derrière un des carrosses. J'ai perdu deux journées à la mine, c'est vrai ; mais je ne les regrette pas, car ce que j'ai vu vaut plus de trois gros-à-l'ange, sur ma parole !

— Eh bien ! qu'as-tu vu, cousin Mathias ?

— Avant tout, que l'un de vous me passe son verre, et que l'on fasse venir la mère Reuben ; j'ai une commission pour elle.

Michel lui présenta une chope de bière.

La maîtresse du Brocken-Werthaus fut appelée.

— Mère Reuben, reprit Mathias après s'être largement désaltéré, vous allez faire monter ici, devant la porte, vos deux meilleurs tonneaux, et vous les mettrez en perce à la disposition de quiconque en voudra... Vous ferez aussi placer quelques futailles vides à l'ombre de ces vieux chênes, et notre bon cousin Samuel Toffner prendra la peine de s'y installer avec une douzaine de ses ménétriers. Enfin ceux qui ont des femmes et des filles aimant la danse vont courir les chercher... Il y a fête ici, et cette fête va commencer à l'instant même pour durer toute la nuit... C'est l'ordre de monseigneur, qui se charge des frais.

Les assistans étaient fort surpris.

— Mais enfin, Mathias, pourquoi ces apprêts ? demanda Samuel.

— Pour célébrer dignement le mariage de monsieur Pinck avec la fille du bailli.

— Ce mariage n'aura pas lieu ! s'écria Toffner d'un ton ferme.

— Vous vous trompez, cousin Samuel, car il est déjà consommé.

En ce moment le docteur Crécelius, que Longus était allé prévenir, parut dans la salle.

— C'est vous qui vous trompez, sans doute, mon ami, dit-il à Mathias; il ne s'agissait que de fiançailles entre mademoiselle Stengel et le secrétaire du comte.

A la vue du docteur tout le monde s'était levé respectueusement.

— Par mon tablier de cuir, répondit le bergman sans se déconcerter, je sais quelle différence il y a entre mettre un anneau au doigt d'une femme et répondre *oui* à la question d'un chapelain ! Les fiançailles ont eu lieu hier, le mariage ce matin, et j'ose dire que quiconque a assisté à la cérémonie d'aujourd'hui s'en souviendra toute sa vie, car il s'y est passé des choses qu'on ne voit pas tous les jours.

— Mais c'est une trahison ! interrompit le docteur avec agitation ; Frantzia m'avait promis...

— Et le ciel a souffert ce sacrilège ! s'écria Samuel avec désespoir ; et les morts ne sont pas sortis du tombeau pour empêcher ce parjure !

Cette exclamation se perdit au milieu du bruit ; les interrogations pleuvaient de toutes parts sur Mathias.

D'un signe impérieux, le docteur commanda le silence.

— Il m'importe beaucoup, mon ami, reprit-il en s'adressant au bergman, de savoir ce qui est venu à votre connaissance sur cet inconcevable mariage... Je vous prie donc de m'apprendre...

— Que sais-je, monsieur ?... Pendant que l'on parlait au salon, j'étais, moi, dans la cuisine du château, où monsieur Fritz, mon ami, m'avait fait donner une petite place au coin du feu et une tranche de bœuf pour passer le temps.

— Hum ! hum ! ce que l'on dit au salon a souvent de l'écho dans la cuisine, surtout dans une maison où le maître... Il suffit, je me comprends.

— Et je vous comprends aussi, monsieur le docteur ; mais enfin je ne me ferai pas tirer l'oreille, car il n'y a pas de mal à dire ce que j'ai vu. Hier donc, en arrivant au château, monsieur Pinck présenta le bailli et ses enfans à monseigneur, qui les accueillit très amicalement. Puis on se rendit à la chapelle, où les fiançailles eurent lieu selon la forme accoutumée.

— Et à la suite de cette cérémonie on ne parla pas de revenir ici...

— On en parla bien ; mais les difficultés se multiplièrent ; un des carrosses s'était brisé ; les chevaux fatigués ne pouvaient marcher. D'ailleurs la nuit approchait, et il eût été dangereux de se remettre en route dans l'obscurité. Il fut donc convenu que la famille Stengel passerait la nuit au château. Le soir, après un somptueux souper où les fiancés occupaient les places d'honneur, monseigneur, qui n'avait pu y assister, a fait appeler tout le monde dans sa chambre. Là, m'a-t-on dit, il a déclaré qu'il était inutile d'ajourner la cérémonie définitive ; qu'il était bien vieux, et qu'il craignait de ne pas voir le bonheur de ces jeunes gens pour lesquels il éprouvait un si vif intérêt. Bref, il a fini par prier (et monseigneur prie comme les autres commandent) que la célébration du mariage se fît sans retard, et il a bien fallu y consentir.

— Quoi ! personne ne s'est-il élevé contre cette espèce de surprise ? Le bailli n'a-t-il pas insisté pour laisser à sa fille le temps de se reconnaître ?

— Que pouvait faire le bailli, monsieur ? Le digne homme, tout fier de l'intérêt que monseigneur semblait prendre à sa famille, heureux d'être rentré en grâce auprès de son vieux maître, ne voyait rien au delà ; il eût volontiers donné sa vie et celle de ses enfans, si le comte de Stolberg les lui eût demandées.

— Et Frantzia ? et Rodolphe ?

— Frantzia n'osait troubler la joie de son père ; elle se taisait et renfonçait ses larmes !... Quant à monsieur Rodolphe, il n'a pas aussi bien pris la chose ; il s'est emporté, dit-on, si bien que le bailli lui a ordonné de se taire et l'a chassé de sa présence ; mais monsieur Pinck a intercédé pour monsieur Rodolphe, et il a réconcilié le père et le fils.

— Ce Rodolphe est toujours le même ! murmura Crécelius ; son impétuosité annule en toutes circonstances l'effet de ses bonnes intentions... Ainsi donc, continua-t-il, Pinck ne s'est rendu coupable, en apparence du moins, d'aucune menace, d'aucune violence ?

— Il ne m'appartiendrait pas, répondit Mathias d'un air cauteleux, de médire de monsieur le secrétaire ; il m'a fait du bien, je lui dois d'être brigadier dans la mine d'Andreasberg, de simple bergman que j'étais avant la capture de ce pauvre Daniel Richter, Dieu veuille avoir son âme !

— Ah ! ah ! monsieur Pinck vous a rendu service, dit le docteur en fixant sur le forgeron un regard inquisiteur, et c'est pour cela que vous refusez de m'apprendre ce que vous savez de lui ?

Par un signe imperceptible, Mathias lui montra la foule qui se pressait autour d'eux ; Crécelius comprit.

— Eh bien ! et le mariage, Mathias, et le mariage ? demandèrent les auditeurs impatiens.

— Eh bien donc ! le mariage a eu lieu, et, soit dit sans offenser les puissans esprits de la terre et d'en haut, je n'en souhaiterais pas de pareil à mon plus mortel ennemi.

— Que s'est-il passé ? Mathias vous rendrait fou avec ses détours à n'en plus finir.

— M'y voici, et plus d'un de vous refusera certainement de croire ce que j'ai vu de mes propres yeux... Dieu sauve les pécheurs !... On s'est donc réuni de bon matin dans la chapelle du château ; vous connaissez tous cette chapelle ? un immense édifice vieux et sombre, avec de lourds piliers et des fenêtres garnies de vitraux coloriés. Monseigneur était à son banc, enveloppé de flanelle et de dentelles. Deux laquais se tenaient à ses côtés pour le servir ; l'un portait son livre de prières, l'autre sa tabatière d'or. Les fiancés étaient agenouillés dans le chœur avec le bailli. Il y avait des hallebardiers en grand uniforme de chaque côté de l'autel. Dans les bas-côtés de la chapelle se pressaient les gens de service, les gardes-chasses et les fauconniers. Je me trouvais au milieu d'eux, mais un peu à l'écart, parce que mon tablier de cuir n'était pas précisément à sa place à côté de ces beaux habit galonnés. Je m'étais donc posté dans un coin, et j'observais tout. Les visages n'exprimaient pas la joie ; bien au contraire. L'assistance avait une contenance morne et consternée ; on se regardait avec tristesse, on frissonnait comme si l'on eût eu froid sur les dalles humides. Mademoiselle Stengel était fort agitée ; elle tournait fréquemment la tête, comme si elle se fut attendu à voir paraître quelqu'un qui n'arrivait pas. Monsieur Pinck seul était radieux ; il souriait à tout le monde et se redressait d'un air fier et triomphant. La cérémonie commença au milieu d'un profond silence ; et nul n'osait ni souffler ni bouger, comme si l'on eût eu le pressentiment qu'elle ne s'achèverait pas tranquillement. La voix sourde du prêtre éveillait de faibles échos sous les arcades profondes de la chapelle. La lueur vacillante des cierges, se mêlant à la lumière qui se glissait à travers les vitraux poudreux, formait un jour faux, rempli de teintes lugubres. Tout à coup, au moment où le prêtre prononçait les paroles consacrées, une ombre surgit derrière l'autel et se dirigea à pas lents vers les mariés. Une longue draperie qui l'enveloppait s'écarta vivement et laissa voir les traits de Daniel Richter...

— Daniel Richter, le défunt capel-meister, le pendu de Gœttingue, demandèrent les assistans avec épouvante.

— Je vous disais bien, moi, que Dieu ferait un miracle pour empêcher ce mariage ! s'écria Samuel Toffner.

Le docteur Crécelius ne prononça pas une parole, mais il ne put retenir un geste d'impatience et de dépit.

— Oui, Daniel Richter, reprit le forgeron partageant lui-même l'épouvante qu'il inspirait aux autres ; oui, le capel-meister des ménétriers ; je l'ai parfaitement reconnu, et tous ceux qui étaient présens ont pu le reconnaître ainsi que moi... Il était vêtu comme le jour de son arrestation ; il portait encore sur la tête cette couronne de fleurs qu'il avait, suivant l'usage, en allant au supplice, quoiqu'elle fût flétrie et en partie desséchée... Une sombre expression d'indignation et de désespoir animait ses traits livides ; ses yeux dardaient des flammes semblables à celles d'une mine quand elle éclate. Aussitôt les hommes se cachèrent le visage ; une terreur panique s'empara des femmes, et elles s'enfuirent en poussant des cris perçans...

— Et Daniel... le spectre, que fit-il ? demanda le docteur.

— A sa vue, Pinck et la jeune fille s'étaient levés comme un ressort... Pinck, les yeux égarés, les cheveux hérissés, semblait frappé de la foudre. Frantzia, au contraire, étendit la main vers l'apparition, et elle dit avec un accent déchirant : « Daniel, Daniel... pardonne-moi ; je t'avais appelé et tu n'étais pas venu ! » L'ombre poussa une espèce de gémissement ; puis elle renversa les deux cierges allumés que, selon l'usage, les mariés tenaient à la main. Après les avoir éteints, elle s'avança vers le côté opposé de l'église et disparut. Frantzia tomba sans connaissance dans les bras de son père. Le prêtre, prosterné au pied de l'autel, prononçait à haute voix les prières usitées pour exorciser les revenans...—Quoiqu'il fût grand jour, les hôtes du Brocken-Werthaus se sentaient glacés jusqu'à la moelle des os en écoutant ce récit. — Il y eut dans la chapelle un moment de désordre effroyable, continua le bergman; la plupart des assistans s'étaient sauvés jusqu'aux extrémités du château ; les autres allaient et venaient comme des fous. Au milieu de ce tumulte, monseigneur, qui n'avait rien vu, et dont l'esprit appesanti par l'âge saisit difficilement le sens des choses, s'agitait avec impatience et demandait de quoi il s'agissait. Mais on ne songeait pas à lui répondre ; les deux laquais chargés de veiller sur lui avaient été les premiers à prendre la fuite. Le voyant s'égosiller inutilement, je m'approchai et je lui dis avec respect : « Monseigneur, c'est l'ombre d'un homme mort qui vient d'apparaître pour interrompre la cérémonie. Vous n'ignorez pas sans doute que mademoiselle Stengel était fiancée à... » Je ne pensais pas que personne autre que le comte eût pu entendre ces paroles au milieu du bruit. Cependant, monsieur Pinck accourut et me repoussa brusquement. « Imprudent, murmura-t-il, voulez-vous donc effrayer ce vieillard et hâter sa mort avec de pareilles billevesées ! Ce n'est rien, monseigneur, continua-t-il tout haut ; un mauvais plaisant, sans égard pour votre présence et pour la sainteté du lieu, est cause de ce malheureux scandale. — Un mauvais plaisant ! répéta le comte en fronçant le sourcil, qui ose se permettre de plaisanter dans la chapelle du château de Stolberg ?... Monsieur de Stengel, je vous ordonne d'arrêter cet insolent. — Monseigneur, dit le bailli avec tristesse en levant les yeux au ciel, il est, je crois, au-dessus de votre pouvoir et du mien. » Pinck lui fit signe de se taire et annonça que le perturbateur avait disparu. « Qu'on le cherche donc, dit monsieur de Stolberg, et qu'on le jette dans un cachot jusqu'à ce que nous ayons le loisir de le juger. » Les gardes et les domestiques se mirent en devoir d'obéir ; mais leurs perquisitions n'eurent aucun résultat. Le spectre de Daniel Richter s'était évanoui sans laisser aucune trace.

— Mais enfin, demanda Crécelius, la cérémonie interrompue n'a pas été reprise, n'est-ce pas, Mathias ?

— C'était inutile, monsieur ; au moment où l'apparition s'est montrée, toutes les formalités étaient remplies... le mariage était consommé.

— Parbleu ! voilà un revenant bien malavisé ! dit le savant sèchement.

Il n'accorda plus qu'une attention imparfaite à la fin du récit de Mathias.

Pinck, à la suite de cet inconcevable événement, n'avait pas tardé à reprendre son assurance ordinaire, et il avait essayé de persuader aux gens du château qu'il s'agissait d'un mauvais tour que certains amis de Daniel avaient voulu lui jouer pour troubler son bonheur.

Il s'en montrait fort irrité, et il faisait partager sa colère à monseigneur.

Quelques-uns avait paru ajouter foi à ces explications ; d'autres hochaient la tête en silence.

Le favori, pour faire diversion, annonça que l'on allait retourner au Brocken, que la nuit se passerait en fêtes ; et on avait envoyé Mathias en avant porter les ordres nécessaires.

Ces détails avaient bouleversé les plus fortes intelligences du Brocken-Werthaus.

En toute autre circonstance, on se fût défié de l'exactitude de ce récit, car Mathias passait pour être le plus superstitieux bergman de tout le Harz ; mais à l'égard d'un fait qui avait eu un si grand nombre de témoins, le doute était impossible, et chacun cherchait à l'expliquer à sa manière.

Suivant l'un, c'était le wildman du Harz qui avait pris la forme de Daniel et qui était apparu dans la chapelle du château ; Mathias lui-même n'était pas éloigné d'adopter cette opinion, quoique, selon lui, la présence d'un esprit de ténèbres dans un lieu consacré fût tout à fait inconcevable.

Samuel Toffner, au contraire, assurait que c'était bien l'âme de Daniel qui était venue reprocher son parjure à son ancienne fiancée.

Il s'efforçait de prouver par des citations tirées de la Bible la probabilité d'une pareille assertion.

Quand Crécelius vit la discussion s'échauffer, il invita du geste Mathias à le suivre, et tous les deux montèrent à la chambre occupée par le docteur.

— Vous n'avez pas tout dit, brave homme ? reprit Crécelius en s'asseyant et en fixant sur le forgeron son regard sévère.

— En effet, monsieur, répliqua Mathias avec embarras, mais je n'aime pas à dénigrer publiquement monsieur Pinck, mon bienfaiteur... Et d'ailleurs ce que j'ai à vous apprendre ne regarde que vous !

— Moi ?

— Vous-même. Je ne sais quels secrets il peut y avoir entre vous et Frantzia Stengel, mais voici ce qui m'est arrivé. Ce matin, au lever du jour, j'ai quitté la petite chambre où Fritz m'avait logé dans les combles du château, et je suis allé respirer le frais dans le beau jardin de Stolberg. Au moment où je passais sous la fenêtre d'une petite tour qui forme l'angle du bâtiment, cette fenêtre s'est ouverte, et on m'a appelé à voix basse. J'ai levé la tête ; c'était la fille du bailli. « Bon Mathias, m'a-t-elle dit, voulez-vous me rendre un grand service ? — De tout mon cœur, mademoiselle, ai-je répondu ; je serais indigne de porter mon tablier de cuir si j'oubliais que vous nous avez guéris ma femme et moi, de plus d'une maladie. — Eh bien ! partez sur-le-champ, et rendez-vous aussi vite que possible au Brocken-Werthaus ; vous demanderez un étranger arrivé il y a deux jours, et qu'on appelle le docteur Crécelius. Vous lui direz que le mariage est pour ce matin, et vous lui remettrez ce billet. » Elle laissa tomber à mes pieds un petit papier plié à la hâte et cacheté avec de la mie de pain. Je le ramassai. « Vite, vite, mon bon Mathias, reprit-elle d'une voix étouffée, c'est ma dernière espérance, et il n'y a pas une minute à perdre. — C'est fait, » ai-je répondu. Et je me suis mis en devoir de gagner la porte du jardin ; la bonne jeune fille m'a adressé un signe de remerciement, puis la fenêtre s'est refermée. Mais au moment où j'allais descendre dans la cour, un homme, qui était en embuscade derrière une statue et qui avait tout entendu, s'est élancé vers moi : « Donne-moi ce papier, m'a dit monsieur Pinck avec un accent singulier ; tu ne saurais t'acquitter de ta commission. Les portes du château sont fermées, et elles ne s'ouvriront pas sans mes ordres exprès. Laisse-moi ce chiffon ; je vais l'envoyer au Brocken par un domestique à cheval. Comme j'hésitais, il m'arracha la lettre que je tenais encore à la main, et il s'éloigna rapidement. Je connus alors la faute que je venais de faire ; j'eus bien la pensée de courir après Pinck et de lui reprendre la lettre de force ; mais, comme je vous l'ai dit, je lui ai certaines obligations, et il me répugnait d'user de violence avec lui. D'un autre côté, je désirais vivement ne pas trahir la confiance de la bonne petite demoiselle Frantzia ; pour tout concilier, je résolus de venir vous conter de suite ce qui s'était passé. Mais quand j'arrivai à la porte du château, je la trouvai fermée, et on refusa de me l'ouvrir. Elle s'est rouverte seulement après la cérémonie du mariage ; et jusqu'à ce moment les habitans du château ont été comme prisonniers.

Mathias se tut.

— Est-ce tout ? demanda le docteur, après un moment de silence.

— Oui, monsieur... et si ma sottise avait pu causer quelque dommage à cette chère demoiselle Frantzia, je ne me la pardonnerais pas de ma vie.

— N'ayez pas de regrets, brave homme, répondit Crécelius en se levant, cette lettre serait arrivée trop tard, et je n'avais aucun moyen immédiat de m'opposer à ce qui est arrivé... La fatalité s'en mêle, ajouta-t-il en se promenant avec agitation ; la ruse et la violence ont également réussi contre cette malheureuse enfant... Tout la trahit ; les vivans et les morts ont échoué pour la sauver... Cet étourdi, cet imprudent qui veut agir seul et me condamne à l'impuissance !... Puis le colonel, qui ne donne pas de ses nouvelles ! En vérité, c'est de la fatalité !... — Il s'aperçut que Mathias l'écoutait : — Retirez-vous, bonhomme, dit-il rudement, et n'essayez pas de surprendre des secrets dont le fardeau serait trop lourd pour vous... Merci de vos renseignemens ; maintenant, laissez-moi seul.

Le forgeron salua fort bas et se disposa à se retirer.

— Dites à mon élève Longus, ce grand jeune homme noir, de se tenir prêt à monter à cheval, reprit le docteur en s'asseyant devant une table pour écrire.

Mathias, sans se rendre compte de l'ascendant qu'exerçait cet homme singulier sur tout ce qui l'approchait, promit d'obéir et sortit.

Je tenterai encore de la sauver, reprit le docteur en traçant rapidement sur le papier des caractères bizarres, et si je ne réussis pas, du moins je la vengerai... Une jeune fille à qui je dois déjà la connaissance de dix-sept plantes entièrement nouvelles... de quoi illustrer le nom de dix-sept botanistes ordinaires !

Comme on le voit, les préoccupations du savant balançaient toujours celles du chef de secte.

Au moment où il achevait d'écrire, des acclamations se firent entendre au dehors.

La population du voisinage saluait le retour des mariés à la maison du Comte.

— Race frivole et oublieuse, murmura Crécelius avec un sourire amer ; elle chanterait et danserait à la noce de Satan lui-même, s'il payait la bière et les violons !

XI

L'ASSIGNATION.

En dépit de l'observation du docteur qui a clos le chapitre précédent, les essais tentés pour exciter la joie publique sur le petit plateau de l'Heinrichsohe avaient complétement échoué.

Les montagnards étaient accourus avec leurs familles à l'annonce de la fête, mais ils paraissaient plus avides de détails sur les événemens du matin que des divertissemens auxquels on les conviait.

L'orchestre, installé sur des tonneaux vides, était languissant ; le vieux Samuel Toffner, toujours fidèle à son culte du souvenir, avait disparu sans qu'on sût ce qu'il était devenu.

Des groupes s'étaient formés sur l'herbe, à l'ombre de quelques arbres chétifs disséminés autour des habitations.

Les bergmans, dans leurs plus beaux uniformes, le tablier de cuir ramené en arrière, le ceinturon brillant de ses deux marteaux en sautoir, discouraient gravement en fumant leurs pipes de terre.

Les femmes, avec leurs corsets bien serrés, leurs jupons courts et leurs longues tresses blondes, écoutaient, bouche béante, une vieille matrone qui racontait de lugubres légendes analogues à la circonstance.

Il n'y avait pas jusqu'aux petits enfans des Franconiens, les plus beaux enfans, dit-on, de toute l'Allemagne, qui ne fissent trêve à leur gaieté ordinaire et ne se pressassent silencieusement contre leurs mères attentives.

La maison du Comte n'avait pas un aspect moins sombre. Depuis le retour des mariés et de la famille Stengel, elle était restée constamment fermée. Que se passait-il derrière ses noires murailles ? Elle gardait obstinément son secret.

Une fois la gouvernante Sara avait paru sur le balcon pour quelque devoir de ménage ; plus d'un curieux et d'une commère étaient accourus et avaient adressé des questions à la bonne femme, assez disposée à répondre en temps ordinaire.

Mais elle avait levé les yeux et les mains au ciel, et elle était rentrée précipitamment dans la maison.

La journée se passa ainsi ; le soir arriva, un soir tiède et pur comme on en voit rarement dans ce climat du nord et à cette élévation.

La cime du Brocken se dessinait vivement en cône noir sur les nuages rougis par le soleil couchant.

Une ombre épaisse se répandait déjà dans les vallées, et les récits paraissaient s'assombrir comme elles, à mesure que la nuit devenait plus proche.

— S'amuse qui voudra ! disait le cousin Mathias au milieu d'un cercle composé des gros bonnets du pays, pour moi je n'aurais pas le courage de me réjouir, après avoir vu ce que j'ai vu ce matin... En vérité, il n'arrive rien à ces Stengel comme aux autres créatures du bon Dieu ; chez eux tout est mystère et sorcellerie. Ce n'est pas que je veuille en dire du mal, le ciel m'en préserve ! Mais il y a d'abord l'histoire de ce vieux Carl Blum, leur hôte, qui n'a jamais été bien claire ; puis, sans parler de l'aventure d'aujourd'hui, j'ai vu, il y a quelques mois, des choses qui confondent la raison...

— Et qu'avez-vous vu, cousin Mathias ?

— Ne vous souvenez-vous plus de la nuit où l'on arrêta ce pauvre Daniel Richter, Dieu veuille l'avoir dans son saint paradis ! Ne vous ai-je pas raconté comment, étant seul avec monsieur Pinck dans la salle basse, une femme qui avait sur le front une étoile de feu passa près de nous sans faire de bruit ; comment la porte que j'avais fermée moi-même avec une grosse clef et deux énormes verrous...

— Oui, oui, vous nous avez conté cela cent fois, cousin Mathias, dit Michel ; mais sauf l'étoile de feu sur le front, la chose n'est pas difficile à expliquer. A la dernière audience du bailli, j'ai examiné cette porte avec attention, et je crois avoir découvert par quel mécanisme elle s'est ouverte d'une manière si bizarre.

— Il n'est pas nécessaire de tant se creuser la cervelle, dit une vieille femme à la tête branlante ; elle a été ouverte sans aucun doute au moyen de la racine magique à laquelle ni serrure ni verrou ne peuvent résister... Au simple contact de cette racine, la porte la plus solide tourne sur ses gonds, fût-elle retenue par cent barres de fer grosses comme le bras.

— Parbleu ! cousine Schwartz, dit un des bergmans d'un ton jovial, vous devriez bien nous apprendre où et comment on trouve cette merveilleuse racine ? Elle pourrait être d'une grande utilité à plus d'un honnête garçon.

— Vous demandez beaucoup, reprit la vieille d'un air majestueux, et peu de personnes aujourd'hui seraient en état de vous répondre ; mais je dirai ce que je sais à des voisins et à des amis... On ignore absolument en quel pays croît la racine magique, et quelle plante la fournit ; mais voici comment on se la procure. Au commencement du printemps, on cherche dans la forêt un nid de pic noir ; le pic noir est un grand oiseau au bec robuste, qui perce le tronc des arbres pour y établir sa demeure. Le nid trouvé, on profite du moment où l'oiseau est absent pour boucher, au moyen d'un bondon solide, le trou d'arbre où sont les petits ; puis on va se mettre en embuscade à quelque distance. Le pic, de retour, essaye de briser à coups de bec l'obstacle qui l'empêche de rentrer chez lui ; mais, ne pouvant y parvenir, il part comme une flèche et disparaît au loin. On doit s'être procuré à l'avance un manteau écarlate, que l'on tient caché sous ses vêtemens. Bientôt le pic reparaît tenant à son bec la racine magique ; à peine en a-t-il touché le bondon qu'il saute en l'air avec bruit. C'est le moment critique : il faut s'empresser d'étaler le manteau rouge au pied de l'arbre en poussant de grands cris. L'oiseau, effrayé, croit voir du feu, dont il a horreur, laisse tomber la racine, et l'on s'en empare aisément. Mais si l'on n'a pas été assez attentif, si l'on n'a pas profité du moment favorable pour déployer le manteau, le pic noir s'envole et va reporter la racine où il l'a prise, et où probablement peu de personnes auraient le courage d'aller la chercher... Vous le voyez donc, bonnes gens, rien n'est aisé comme de se procurer la racine magique, et l'on peut faire des merveilles à peu de frais.

— Voilà un beau secret, mère Schwartz, dit Michel en haussant les épaules; mais, avec votre permission, il n'était pas besoin de sorcellerie pour ouvrir la porte dont il s'agit; tout le secret consiste dans une espèce de mécanisme fort simple. Le pène et les verrous entrent dans une même rainure, fermée avec une bande de fer mobile; un ressort fait tourner cette bande de fer...

— Un ressort, une bande de fer! qui pourrait s'y reconnaître? interrompit la vieille avec dépit; j'en appelle à nos bons voisins; n'est-il pas plus simple de supposer que la fille du bailli, qui connaît toutes les herbes du Brocken, aura trouvé la racine magique, et s'en sera servi pour sortir de la maison malgré vous? Allez, allez, vos combinaisons de morceaux de bois et de morceaux de fer n'auront jamais la vertu de certaines pierres ou de certaines plantes dont je pourrais vous conter des merveilles.

— Il ne faut pourtant pas dire de mal de la mécanique, mère Schwartz, dit Michel piqué; je l'ai un peu étudiée, comme c'est mon état, et, je vous l'assure, on peut faire par son moyen des choses bien capables d'étonner une bonne femme telle que vous... Je ne parle pas des machines destinées à pomper l'eau dans la mine du Ramelsberg et celles qui montent le minerai dans l'Andreasberg; le premier venu peut voir cela en allant se promener de ce côté avec la permission de notre berghauptman; mais on trouve de par le monde des prodiges de mécanique tout à fait incompréhensibles, n'y eût-il que l'horloge de Strasbourg, qui ne va plus, et la jambe de monsieur de Votembrick, qui va toujours.

— L'horloge de Strasbourg? j'en ai entendu parler, dit un des mineurs; mais quant à la jambe de monsieur de Votembrick...

— Elle est l'ouvrage du même ouvrier. Le baron de Votembrick, ayant été blessé à la guerre, dut supporter l'amputation d'une jambe. Cette perte le désola, car il était bel homme et grand marcheur: il fallait renoncer à courir après les belles et après la gloire. Un de ses amis, le voyant désespéré, l'assura que le grand mécanicien de Strasbourg lui ferait aisément une jambe postiche, au moyen de laquelle il pourrait marcher et même courir comme avec sa jambe naturelle; si parfaitement imitée d'ailleurs que, sous les vêtemens, on ne la distinguerait pas de l'autre. Monsieur le baron tout joyeux va trouver le mécanicien, explique ce qu'il désire; le mécanicien, après avoir un moment réfléchi, déclare la chose faisable. On convient du prix; on prend un jour pour la livraison de l'ouvrage. Ce jour venu, monsieur de Votembrick arrive avec deux béquilles chez l'ouvrier; la jambe est prête, on l'essaye, elle fonctionne à merveille. Monsieur de Votembrick marche droit et d'un pas ferme, comme un suisse de cathédrale; il est ravi, enchanté. Mais le moment de payer arrive; monsieur le baron est avare; il veut rabattre quelque chose du prix convenu. Le mécanicien se défend d'abord poliment; il énumère ses peines, ses dépenses. Monsieur de Votembrick, en possession de la jambe, s'échauffe, l'accable d'injures, et finit par le menacer de le faire chasser de la ville s'il ne consent à accepter la moitié du prix convenu. Le mécanicien indigné réclame sa jambe, préférant perdre la valeur de son chef-d'œuvre que de la laisser à un homme si injuste et si méchant. Mais le baron furieux refuse de la rendre, et se prépare à sortir en jurant qu'il ne payera rien du tout. « Allez donc au diable! » dit l'ouvrier.

« En même temps, il touche au ressort secret de la jambe artificielle.

« Monsieur de Votembrick, irrité de s'entendre traiter ainsi par un pauvre artisan, lève le bras pour le frapper: mais une force irrésistible l'entraîne au dehors, et le coup ne frappe que l'air. Il veut revenir sur ses pas, la jambe mécanique s'y refuse et piétine en avant avec une rapidité toujours croissante. Elle descend l'escalier, elle sort de la maison en entraînant toujours monsieur de Votembrick; elle traverse les rues, les places, les carrefours de la ville. Ceux qui connaissent monsieur de Votembrick le saluent et s'avancent pour lui parler; mais le baron passe devant eux comme l'éclair; il est si essoufflé qu'il ne peut prononcer une parole; il trouve à peine la force d'agiter la main en signe de détresse. Un de ses amis, soupçonnant quelque chose d'extraordinaire dans cette course effrénée, fait un détour et va l'attendre à une porte de la ville. Au moment où monsieur de Votembrick va sortir, il se jette sur lui et l'étreint de ses deux bras pour le retenir; mais la satanée jambe, continuant son mouvement précipité, les enlève un moment tous les deux, puis bouscule l'ami, saute par-dessus et emporte son malheureux propriétaire dans la campagne, où ils disparaissent bientôt. Depuis ce temps, il n'y a pas eu moyen d'arrêter monsieur de Votembrick. Il est mort depuis plus de cent ans, et ce n'est plus qu'un squelette hideux; cependant il court encore le monde; sa jambe enragée l'entraîne nuit et jour par monts et par vaux, à travers villes et déserts. Elle ne s'arrêtera, selon toute probabilité, qu'au jugement dernier. Sans doute le bon Dieu a voulu prouver ainsi aux riches qu'il ne faut jamais refuser à l'ouvrier le salaire légitime de son travail, et c'est là une sage leçon pour les maîtres au cœur dur... Eh bien! mère Schwartz, douterez-vous maintenant que la mécanique puisse faire des merveilles? Vous ne connaissiez pas cette histoire, j'imagine?

— Et pourquoi ne l'aurais-je pas sue? dit la vieille, mécontente qu'un autre eût ainsi empiété sur sa spécialité; prétendriez-vous me l'avoir apprise? Cousin Michel, j'avais entendu parler de monsieur de Votembrick bien avant votre naissance. Ma grand'mère, étant encore jeune fille, avait rencontré une fois votre baron dans la vallée d'Ilsenthak Pour preuve, elle m'a conté bien souvent que les os de son crâne étaient alors blancs comme la neige, qu'il portait un habit vert en lambeaux, des culottes jaunes et des bas rouges...

Un grand éclat de rire interrompt l'énumération des belles choses vues par la grand'mère Schwartz.

Pinck, grâce à l'obscurité, s'était glissé jusqu'au groupe formé autour de la vieille, et avait entendu une partie de ce récit.

— Honte à vous! méchans voisins, dit-il avec ironie; est-ce le moment de prêter l'oreille à de stupides sornettes, quand vous devriez chanter et danser en l'honneur de ma charmante mariée? C'est bon! je dirai à monseigneur comment vous savez vous réjouir à la noce d'une personne qu'il aime.

On s'était levé précipitamment: les assistans paraissaient contraints et déconcertés, comme des écoliers pris en flagrant délit de désobéissance.

— Hum! hum! monsieur, dit enfin Mathias d'une voix sombre, il est peut-être pas bien prudent de se réjouir le jour même où l'on a vu les morts sortir du tombeau et apparaître aux vivans...

— Quoi! cette sottise n'est-elle pas encore oubliée? demanda Pinck avec une légèreté peut-être affectée; je parie, Mathias, que c'est vous qui montez la tête à vos camarades? Je vous connais de longue date pour un trembleur de premier ordre, vous, homme sensé et brigadier des bergmans! Mais, sachez-le bien, le personnage sacrilège qui a osé ce matin se montrer dans la chapelle de Stolberg était aposté par mes ennemis pour effrayer ma chère Frantzia; j'en ai maintenant la preuve. Quelques-uns, il est vrai, ont cru retrouver en lui une certaine ressemblance avec ce malheureux Daniel Richter, à qui, malgré tous mes efforts, je ne pus autrefois sauver la vie; mais évidemment celui-ci était de plus petite taille, plus maigre et plus brun que Daniel... Du reste on est déjà sur les traces de cet insolent, et monseigneur entend qu'il soit sévèrement puni.

Cette manière nouvelle d'envisager l'événement récent excita une profonde surprise.

— Serait-il possible, monsieur, demanda Michel, que les choses se fussent passées ainsi ?

— Eh! qui en doute, sinon des fous superstitieux comme vous l'êtes tous ? Encore une fois, c'est un méchant tour que des gens mal intentionnés ont voulu me jouer, de connivence sans doute avec certains domestiques du château... On a déjà des soupçons, et votre vieil ivrogne puritain de Samuel Toffner ne s'est pas probablement senti sans reproche, car il n'a pas jugé à propos de m'attendre ici, comme c'est son devoir, avec les autres ménétriers. Nous le retrouverons, et il faudra qu'il parle, ou sinon... Mais ce n'est pas de cela qu'il s'agit pour le moment... Voyons, coquins, de la joie ! Que l'on rie, que l'on chante, ou je ferai mon rapport à l'intendant, et les récalcitrants auront de bonnes taxes à payer à la Noël prochaine... Holà ! vieille Reuben, manquez-vous de branches de sapin pour faire des torches ? Et vous, fainéans de musiciens, ne vous êtes-vous pas assez humecté les lèvres avec la bière de monseigneur ? Allons ! à vos places ! et qu'on vous entende ! il ne manque pas là de jeunes jambes disposées à se mettre en mouvement...

Ces paroles, quoique impérieuses dans la forme, n'en étaient pas moins prononcées d'un ton de bonne humeur.

Aussi tout le monde, moitié crainte, moitié persuasion, s'empressa-t-il d'obéir.

Des flambeaux de résine s'allumèrent; l'orchestre se mit à préluder.

Les coteries se rompirent et des couples prirent place pour la danse.

— A la bonne heure, donc ! reprit Pinck avec satisfaction ; voilà qui commence à ressembler à une noce... Et vous, ami Mathias, continua-t-il familièrement en s'adressant au forgeron, qui s'était adossé à un arbre, craignez-vous encore de mécontenter les démons et les esprits du Harz en prenant part à la fête ?

— Je ne suis plus de l'âge où l'on danse, mais de celui où l'on boit, répliqua Mathias en montrant un grand gobelet de genièvre caché dans une touffe d'herbe ; d'ailleurs, monsieur Pinck, comment voulez-vous qu'on se divertisse de bon cœur à une noce où les mariés se tiennent confinés dans leur maison sans donner l'exemple de la gaieté ?

— Eh bien ! ne suis-je pas là, moi ? Voyons, qui prendrai-je pour ouvrir le bal ? N'avez-vous pas ici quelque fraîche cousine ou quelque nièce accorte que je puisse choisir pour partenaire ?

— Dans une fête comme les autres, le marié devrait ouvrir le bal avec la mariée !

— Vous avez, parbleu ! raison... Je vais chercher Frantzia.

— Et vous croyez qu'elle voudra, qu'elle consentira...

— Et pourquoi refuserait-elle de se rendre aux ordres de son mari ? Elle est, depuis plusieurs heures, enfermée dans sa chambre, à cause de la fatigue et des émotions de ce matin ; mais elle doit être délassée maintenant, et je vais la chercher... Elle viendra, il faudra bien qu'elle vienne ! — Mathias secoua la tête. — Un mot encore, reprit Pinck à voix basse au moment de s'éloigner, auriez-vous aperçu, mon cher Mathias, cet étranger, ce docteur Crécelius qui demeure ici, au Brocken-Werthaus ?

— Je... je ne m'en souviens plus. Tant de choses se sont passées dans le courant de cette journée...

— C'est-à-dire que vous l'avez vu. Mais, du moins, Mathias, vous n'avez pas eu la sottise de lui parler de la lettre dont Frantzia vous avait chargé ce matin pour lui, lettre que la négligence d'un domestique a empêché de remettre jusqu'ici à son adresse ?

— Ma foi ! monsieur, je vous avouerai... je n'avais aucune raison de me taire ; et puisque les domestiques du château remplissent si mal les commissions dont on les charge...

— Imbécile !... Mais alors vous avez dû apprendre quelque chose sur la nature des rapports de Frantzia avec cet étranger, qu'elle n'avait jamais vu avant la journée d'hier ? Sa lettre était assez énigmatique ; elle se bornait à implorer du secours...

— Vous l'avez donc lue ? demanda Mathias avec un mépris qu'il ne put dissimuler entièrement.

Pinck le regarda distraitement, mais sans répondre à cette question.

— Au fait, qu'importe maintenant ? murmura-t-il d'un air insouciant ; je n'ai plus à craindre personne.

— En êtes-vous bien sûr ? murmura près de lui une voix sinistre.

Pinck tressaillit.

Quoiqu'on fût à vingt pas seulement de l'orchestre rustique, la lumière des torches de sapins n'arrivait pas jusqu'aux bouquets de genêts et de fougères qui l'environnaient.

— Qui est là ! qui a parlé ? demanda-t-il avec une émotion involontaire.

— Je ne vois rien, monsieur, répliqua le forgeron tout tremblant ; que le ciel ait pitié de nous !

— Mais là... là, à dix pas, ne voyez-vous pas un homme qui se traîne sur le ventre dans les hautes herbes ? De par tous les diables ! je saurai qui se permet de m'espionner ainsi.... Mathias, venez, barrez-lui le passage ; à nous deux, nous le prendrons aisément...

Il s'élança vers l'endroit où il avait cru apercevoir un individu rampant dans les broussailles, et Mathias le suivit avec répugnance.

Mais quand ils arrivèrent, tout avait disparu ; seulement un objet blanc tranchait dans l'obscurité sur la verdure.

Pinck y porta la main ; c'était un parchemin ouvert, scellé d'un large sceau de cire rouge, et fixé en terre au moyen d'un poignard.

— Que signifie ceci ? demanda le secrétaire avec un mélange de surprise et de colère ? Quel est ce nouveau moyen de faire parvenir les missives à leur adresse ?... Mathias, apportez-moi une torche ; surtout pas un mot à ces nigauds là-bas entendez-vous bien ? pas un mot, sur votre vie !

Mathias obéit ; au milieu des agitations de la fête, il parvint à s'emparer d'une torche sans attirer l'attention.

Quant il fut de retour, Pinck jeta un regard avide sur le parchemin tombé entre ses mains d'une façon si extraordinaire.

L'écriture était encadrée de signes symboliques.

Le sceau représentait un œil ouvert dans un triangle environné de rayons.

La signature, en caractères étrangers, était complètement illisible pour quiconque ignorait les mystères de la chancellerie inconnue d'où émanait cette pièce singulière.

Elle était ainsi conçue :

A Wilhelm Pinck, soi-disant secrétaire du comte de Stolberg.

« Au nom de Dieu trois fois saint et du temple sacré de
» Sion qui sera réédifié et qui durera pendant des siècles
» de siècles,
» Tu te rendras seul cette nuit, à minuit, au sommet du
» Brocken, à la source de la fontaine appelée Hexen-
» Brunnen. Tu seras introduit dans l'enceinte du mall, et
» jugé selon tes œuvres.
» Faute par toi de comparaître, tu serais néanmoins mis
» dans la balance, et si tu étais trouvé trop léger, ton
» châtiment s'accroîtrait de septante fois sept fois.
» Veille donc et prépare-toi, car le vase de tes iniquités
» est plein jusqu'au bord, et c'est à peine si le repentir
» et la soumission pourraient adoucir la terrible punition
» qui t'est réservée. »

Pinck relut deux fois cette menaçante assignation.

— Parbleu ! dit-il enfin avec une gaieté affectée, voilà une plaisante invitation pour un homme qui vient de se marier ! La belle nuit de noce que j'aurais là... Mais, ajouta-t-il d'un ton plus sérieux, je commence à m'expliquer la sotte aventure de ce matin ; je commence à entrevoir d'où partent les intrigues dont je suis enlacé... Comment ai-je attiré sur moi les aiguillons de ces méchantes guêpes qui ont établi leur nid dans le voisinage ? Je l'ignore, mais je leur prouverai que je ne les crains pas.

Il prononçait ces mots assez haut pour être entendu à quelque distance.

Mathias lui poussa le bras.

— Par pitié pour vous-même, monsieur, ne parlez pas ainsi... Si ce papier est ce que je suppose, autant vaudrait irriter un loup affamé qu'offenser les invisibles !

— De semblables frayeurs sont bonnes pour un simple bergman tel que vous, répliqua Pinck d'un ton de plus en plus élevé ; mais on regardera à deux fois avant de s'attaquer à moi,... Nous sommes ici sur les terres du comte de Stolberg, et nulle autre autorité, fût-ce celle du diable, n'a le droit de s'y montrer. Qu'on y réfléchisse bien : s'en prendre à moi, c'est s'en prendre à monseigneur, dont je représente le pouvoir inviolable et sacré.

— Dans quelques heures, le comte de Stolberg t'aura renié et ton règne sera fini ! dit la voix qui semblait maintenant partir d'un rocher en face de Pinck et de Mathias.

— C'est ce que nous verrons ! reprit Pinck avec arrogance ; mais en voilà assez... Je ne m'abaisserai même pas à courir après le misérable agent de cette ridicule société, pour le châtier comme il le mérite ; il peut s'éloigner en toute sûreté. Seulement il contera à ses chefs quel cas je fais de leurs ordres.

En même temps il déchira le parchemin en plusieurs morceaux, que le vent du soir éparpilla sur la lande.

Un rugissement de colère sembla partir du rocher ; mais Pinck s'éloigna sans tourner la tête.

— Monsieur le secrétaire, dit Mathias qui le suivait en tremblant, on ne vous aime guère dans le pays, et on a peut-être ses raisons pour cela, mais vous m'avez rendu service, et je serais fâché qu'il vous arrivât malheur.... Je vous conseille donc de partir à l'instant et de vous en aller bien loin, sans confier à personne le lieu de votre retraite. Profitez de la nuit pour mettre le plus de distance possible entre vous et ceux que vous venez d'outrager.

Pinck poussa un grand éclat de rire.

— Je vais chercher la mariée pour ouvrir le bal avec elle, répondit-il ; merci de votre avis, brave homme, mais je compte employer cette nuit beaucoup plus agréablement qu'à courir le Brocken... Quant à ma sûreté, n'y songez pas, j'y veillerai moi-même.

Et il rentra dans la maison du bailli.

XI

LE BAL.

Pendant que ceci se passait au dehors, le bailli et ses enfans étaient enfermés dans la salle basse de la maison du Comte.

Le vieil Hermann, vêtu de son plus bel habit noir, le chef couvert de sa plus ample perruque, bouleversait machinalement les papiers dont sa table de travail était chargée.

Rodolphe, chez lequel aucune addition de toilette n'annonçait la solennité d'un jour de noce, se promenait à grand pas.

Quant à Frantzia, assise dans un vieux fauteuil, affaissée sous ses fleurs et sa parure de mariée, la tête penchée sur sa poitrine, l'œil hagard, les bras pendans, elle demeurait immobile comme une statue du Désespoir.

Depuis son retour dans la maison paternelle, elle n'avait pas changé d'attitude ; elle ne répondait pas aux questions qu'on lui adressait ; seulement elle murmurait de temps en temps, avec la persistance monotone d'une idée fixe ;

— Je suis mariée ! je suis mariée.

Enfin Rodolphe s'arrêta devant elle, et saisissant une des mains de la jeune fille, il la porta à ses lèvres.

— Ma sœur, je t'en supplie, reviens à toi, dit-il avec chaleur, ton désespoir nous brise l'âme... Parle-nous, de grâce, parle-nous, ne fût-ce que pour nous maudire de t'avoir poussée à ce sacrifice !

Frantzia ne parut pas d'abord avoir entendu ces paroles. Elle reprit du même ton lent et déchirant ;

— Je suis mariée !

Rodolphe lâcha la main qu'il tenait ; elle retomba inanimée.

— Que faire ? dit-il en s'avançant vers son père à qui cette scène semblait navrer le cœur, ne pouvons-nous tirer cette malheureuse enfant de l'état où nous la voyons ? Mon père, ne tenterons-nous rien pour atténuer cette immense et terrible douleur dont nous sommes cause ?

— Ne t'accuse pas, Rodolphe, dit le bailli en sanglotant, moi, moi seul je suis le coupable. N'as-tu pas été jusqu'à exciter ma colère pour essayer de sauver ta pauvre sœur ? Mais j'étais fasciné, ébloui ; les obsessions de Pinck, les prières de mon vieux maître m'avaient fait oublier ma prudence ordinaire, ma tendresse pour ma fille unique.... Je croyais voir une volonté libre et intelligente où il n'y avait que faiblesse imbécille, inspiration étrangère. Oh ! pourquoi ai-je cédé ? Pourquoi n'ai-je pas consenti à rester en disgrâce et à abandonner ce pays comme un mendiant ? Du moins mes enfans m'eussent consolé dans ma chute, et les morts ne seraient pas sortis de la tombe pour ajouter leurs reproches à ceux de ma conscience !

— Qui pourrait vous adresser un reproche, mon bon, mon excellent père ? Les vivans ne l'oseraient pas, et quant aux morts... croyez-vous vraiment à la réalité de cette étrange apparition de ce matin.

— Il est difficile de nier ce que les yeux ont vu, ce que les oreilles ont entendu.

— Et moi, mon père, sur ce point, et sur ce point seulement, je partage l'avis de monsieur Pinck. Nous avons été dupes d'une ressemblance frappante, d'une comédie bien jouée dont le but m'échappe. Mais j'ai des raisons de penser que ce personnage n'était pas....

— C'était Daniel ! c'était bien lui ! s'écria Frantzia d'un air égaré en se redressant ; oh ! je l'ai reconnu, moi, car ses traits sont toujours présens à ma mémoire..., Il venait jusqu'aux pieds des autels me reprocher mon parjure ; mais il venait trop tard. Je suis mariée... mariée... mariée !

Sa tête se pencha de nouveau sur sa poitrine, et elle retomba dans son morne accablement.

— Mon père, dit Rodolphe d'une voix sourde en serrant avec force la main du vieillard, il n'y a pas d'illusions à se faire : si ma sœur est forcée de vivre avec un homme qu'elle méprise et qu'elle hait, elle mourra ou elle deviendra folle. Au prix même de ma vie, je la sauverai de ce double malheur !

— Mais par quel moyen, Rodolphe ?

— Qu'importe, pourvu que je réussisse !

— Malheureux ! je te devine... Et tu oses me laisser entrevoir cette horrible pensée ? tu oses... Oh ! je renonce à ce projet, mon bon, mon brave enfant ! Si l'adversité est rentrée dans ma maison, n'y fais pas du moins entrer le crime.

— Quel parti prendre alors ?... Mon père, vous connaissez toutes les ressources des lois et de la chicane ; ne sauriez-vous trouver un moyen de faire annuler cet odieux mariage ? La surprise, la captation, l'abus d'autorité de la part d'un vieillard, qui, nous le savons maintenant, est à peu près privé de raison, ne seraient-ils pas des motifs suffisans ?...

— Oui, sans doute, mon fils, mais nous serions obligés de porter atteinte à la considération qui est due au seigneur de Stolberg, en révélant publiquement l'état d'abaissement où il est tombé.... D'ailleurs, nous n'obtiendrions rien, si Pinck lui-même s'opposait à cette rupture; or, il ne consentirait pour rien au monde à perdre le fruit de ses sacrifices.

— Mais on peut le menacer, lui arracher des concessions... Il est lâche, et peut-être...

En ce moment, Pinck entra d'un air calme, comme si dans sa courte absence il ne lui fût rien arrivé d'extraordinaire. Le silence que le père et le fils gardèrent tout à coup à son arrivée appela un nuage sur son front bilieux.

— Je le vois, dit-il avec un accent d'amertume, je n'ai pas encore conquis mes droits de cité dans ma nouvelle famille. On se cache de moi, on me traite en étranger ; soit donc, je trouverai des compensations à cette injurieuse défiance.

— Quoi ? monsieur, demanda Rodolphe indigné, osez-vous bien, en présence de mon père...

— Ne l'irrite pas, mon garçon, dit le bailli doucement; il vaut mieux s'adresser à son honneur, à sa conscience, à son bon cœur, et, j'en suis sûr, ce langage sera entendu... Oui, mon cher Pinck, continua-t-il, quand vous êtes entré nous parlions de vous, et j'assurais Rodolphe qu'on n'implorerait pas vainement votre générosité...

— Générosité sans doute ne veut pas dire sottise, répliqua le secrétaire en souriant. Eh bien ! parlez, Stengel; qu'attendez-vous de moi ?

Et il se jeta sur un siége d'un air dégagé.

— Vous voyez, reprit le bailli en baissant la voix et en désignant Frantzia, vous voyez dans quel atonie profonde est tombée ma chère fille ? Cet état, s'il se prolongeait, deviendrait dangereux.... Les anxiétés de ces derniers jours, l'événement inexplicable de ce matin, ont abattu ses forces ; les soins, le repos, les ménagemens les plus délicats auront peine à la rétablir. Si vous l'aimez vraiment, Pinck, ayez pitié d'elle et de nous; consentez à vous éloigner d'elle pendant un mois, ou du moins pendant quelques jours... Dans cet intervalle, son esprit, qui est ferme et vigoureux, reprendra son ressort ordinaire ; elle s'habituera peu à peu à sa nouvelle condition, elle se résignera à ses devoirs. Certainement elle vous saura gré plus tard de votre condescendance ; elle finira par vous estimer, par vous aimer.

— Oui-dà ! et je pense aussi, bailli, que vous me conseilleriez de retourner à Stolberg ce soir même ?

— Pourquoi non ? si la chose était possible, et en sauvant les convenances...

Pinck se mit à rire.

— Sur ma parole ! s'écria-t-il en se levant, on s'est donné le mot pour m'arranger une jolie nuit de noces ! Les uns veulent me juger sur le Brocken, les autres m'envoyer à plusieurs lieues d'ici, à pied, et par des chemins affreux. Au diable les propositions saugrenues !.. Je ne vois, ajouta-t-il d'un ton léger, rien d'extraordinaire dans l'état de notre belle Frantzia. Toutes les jeunes filles sont ainsi le jour de leur mariage ; mais cela passe vite, bailli, cela passe vite, et demain il n'y paraîtra plus !

Il s'avança vers mademoiselle Stengel, et déposa un baiser sur son front pâle.

Frantzia reçut cette caresse comme une morte, sans faire un mouvement pour l'éviter, sans même agiter la paupière. Rodolphe, à l'écart, grinçait les dents.

— J'attendais mieux de vous, Wilhelm Pinck, reprit le bailli d'un air de touchant reproche ; si vous avez, dans le passé, commis quelques fautes, j'espérais que vous profiteriez de cette occasion de les effacer tout à fait... Pinck, mon ami, mon fils, ne repoussez pas ma prière !

Pinck souriait toujours d'un sourire forcé.

— Voyons, beau-père, répliqua-t-il, soyez raisonnable, et finissons cette scène ridicule. Comment ! après avoir supporté tant de chagrins, renversé tant d'obstacles afin

de devenir l'époux de votre fille, vous voulez que, le jour même de mon mariage, je me sépare d'elle brusquement, pour obéir à des craintes insensées, à des caprices d'enfant ? En vérité, j'aimerais encore mieux passer à vos yeux, aux miens, aux yeux de tout le pays, pour un méchant homme que pour un niais. — Le bailli découragé se laissa tomber en gémissant dans son large fauteuil. — Laissons ce sujet, reprit Pinck en quittant enfin le ton de l'ironie, j'ai à vous entretenir d'une affaire importante... Malgré les recommandations expresses de monseigneur, vous vous êtes relâché depuis quelque temps de votre vigilance ordinaire à l'égard de ces associations secrètes qui se réunissent parfois dans le voisinage...

— J'ai fait ce que j'ai pu, balbutia le bailli avec distraction.

— Quoi qu'il en soit, elles recommencent à s'agiter, et aujourd'hui même elles ont poussé l'insolence jusqu'à s'attaquer à moi.

— A vous ? répéta Stengel surpris.

Rodolphe eut peine à retenir une exclamation de joie.

— A moi, reprit Pinck, et vous sentez que je ne suis pas disposé à attendre l'effet de leurs menaces... La milice d'Osterode a-t-elle pris les armes aujourd'hui, comme elle en avait reçu l'ordre ?

— Oui, monsieur.

— Vous n'avez pas oublié sans doute que monseigneur a mis cette force armée à ma disposition, afin d'assurer comme je l'entendais la sécurité publique.

— Je le sais.

— Ecrivez donc un ordre au commandant de cette milice de se rendre immédiatement au Brocken avec ses hommes. A minuit, ils devront être arrivés au sommet de la montagne, dans le plus grand silence, près de l'Hexen-Brunnen. Ils trouveront dans cet endroit beaucoup de gens assemblés ; ils les cerneront, et les conduiront aussitôt dans les prisons du château.

Le bailli avait pris la plume et tracé quelques mots ; mais ces dernières paroles le firent réfléchir.

— Qui doivent-ils arrêter ? demanda-t-il.

— N'avez-vous pas compris ? Ils s'empareront de tous ces jongleurs hypocrites qui doivent tenir leur sabbat là-haut cette nuit.

— Prenez garde, Pinck ! ceux à qui vous déclarez la guerre se trouveront peut-être trop forts pour nous... J'ai perdu mes peines autrefois à vouloir m'emparer de leurs personnes ou les empêcher de s'assembler.

— Oui, autrefois ; mais depuis quelque temps vous les ménagez fort, et cette engeance maudite s'est multipliée sur le territoire de Stolberg. Du reste, ce n'est pas moi qui leur ai déclaré la guerre le premier ; mais puisqu'ils la veulent, ils l'auront bonne... Ecrivez. — Sans autre objection, Stengel rédigea l'ordre, le signa, et y apposa le cachet du bailliage. — Il suffit, dit Pinck avec satisfaction, maintenant nous verrons si ces fanfarons oseront encore se placer sur mon chemin. Bailli, ayez soin d'envoyer sur-le-champ ce papier à Osterode, par un des domestiques à cheval qui m'ont accompagné ici, et recommandez-lui de faire diligence. — Le justicier promit que ces ordres seraient ponctuellement exécutés. — Et maintenant, mes amis, à demain les affaires sérieuses, reprit gaîment le secrétaire : n'oublions pas que nous sommes aujourd'hui jour de mariage, c'est-à-dire jour de fête et de plaisir. Les braves gens réunis au Brocken-Werthaus commencent à s'étonner de n'avoir vu encore aucun de nous au milieu d'eux ; nous ne pouvons nous dispenser plus longtemps de nous montrer dans l'assemblée.

— Quoi ! monsieur, demanda Rodolphe, vous voulez que ma sœur...

— La vue de cette petite fête, dont elle sera la reine, la distraira, dissipera les idées folles qu'elle a pu concevoir ou qu'on lui a inspirées ; l'air, le mouvement, la musique lui feront du bien..... N'est-il pas vrai, mon ange, continua-t-il en s'approchant de Frantzia, que vous n'avez aucune répugnance à m'accompagner au Brocken-Werthaus?

La jeune fille fit un moment attendre sa réponse.

— Je suis mariée! soupira-t-elle enfin.

Pinck se mordit les lèvres.

— Oui, vous êtes mariée, reprit-il, et cette nouvelle condition vous impose certains devoirs..... Vous ne pouvez, par exemple, vous soustraire à l'obligation de remercier tous ceux de nos voisins qui ont bien voulu prendre part à *notre* bonheur. Ne pas paraître à cette assemblée serait faire supposer que ce mariage a pu vous laisser un regret, n'est-il pas vrai?

— Oui, monsieur, répliqua machinalement la pauvre enfant.

— Vous êtes donc prête?

— Oui, monsieur.

— Et vous désirez que votre père et votre frère vous accompagnent?

— Oui, monsieur.

— Vous le voyez, dit Pinck avec un accent de triomphe en se tournant vers le bailli et Rodolphe, elle consent à tout... Elle est douce, bonne, sensée, quand elle est livrée à elle-même.

Ce contentement de Pinck était de l'hypocrisie; moins que personne, il n'était dupe d'une docilité due seulement à l'excès du désespoir.

— Rodolphe, dit le bailli à l'oreille de son fils, il faut savoir nous soumettre comme elle à la nécessité..... Mon garçon, ajouta-t-il tout haut en désignant les vêtemens en désordre du jeune homme, ne voulez-vous pas vous préparer à paraître en public décemment?

— Je suis bien, très bien, grommela Rodolphe en chiffonnant d'un revers de main son jabot et ses manchettes.

— Partons donc! s'écria gaiement le marié; mais un moment... Il est bon de prendre quelques précautions pour être prêt à tout. Vous avez des armes ici?

Il alla prendre des pistolets accrochés à la muraille au-dessous d'un violon enveloppé d'un crêpe noir, et il les mit dans la poche de sa veste, après s'être assuré qu'ils étaient chargés.

— Les pistolets de ce pauvre Daniel! pensa Rodolphe.

— Et maintenant, allons danser.

Pinck saisit la main moite et glacée de Frantzia, qui se leva et se laissa conduire avec docilité.

Une profonde obscurité régnait autour de la maison; mais à quelque distance on apercevait des lumières éparses, autour desquelles passaient et repassaient les montagnards comme des ombres.

Quelques sons de musique arrivaient par momens, faibles et indistincts, semblables aux bouffées de la brise nocturne. Pendant que Pinck entraînait rapidement sa pauvre jeune épouse, le bailli retint Rodolphe un peu en arrière.

— Eh bien! mon garçon, dit-il en affectant un air d'indifférence, je vais être obligé d'accomplir ma promesse, et d'expédier à la milice d'Osterode l'ordre de se mettre en marche sur-le-champ.

Rodolphe, enfoncé dans ses méditations, ne répondit pas.

— Le capitaine qui commande cette milice est un ancien soldat de Laudon, continua le vieillard, et s'il arrive à temps les initiés auront quelque peine à se tirer de ses mains.

— Que nous importe, mon père? répliqua enfin Rodolphe avec distraction.

— Ah! je croyais que tu pouvais connaître quelqu'un d'entre eux..... Ta sœur et toi vous avez dû recevoir des confidences de Blum, qui était secrètement affilié à cette mystérieuse société...

— Quoi! vous saviez cela, mon père? demanda le jeune homme étonné.

— Oui, répliqua le bailli avec un léger sourire, et je m'aperçus dès le premier jour des changemens bizarres que Blum, de concert avec Frantzia, avait fait faire à la porte de notre maison, afin de sortir la nuit rapidement et sans bruit, quand il allait rejoindre ses confrères... Je ne pouvais autoriser ouvertement ses rapports, mais je les tolérais pour ne pas affliger notre pauvre vieil ami... Je ne suis animé personnellement d'aucun sentiment hostile contre les membres de ces sociétés secrètes ; je me borne à faire exécuter de mon mieux les ordonnances qui les concernent, et ce n'est pas ma faute si mon pouvoir est insuffisant pour les expulser du territoire de ma juridiction. Mais, je le répète, je ne suis pas vraiment l'ennemi de ces associations, dans le sein desquelles se trouvent, je le sais, bon nombre d'hommes probes et distingués.

— Et vous seriez fâché qu'il arrivât malheur à quelqu'un d'entre eux? demanda Rodolphe qui cherchait à deviner la pensée de son père.

— Si l'un d'eux tombait entre mes mains, répliqua le vieillard d'un ton rigide, je ferais mon devoir et j'appliquerais la loi dans toute sa rigueur... Cependant, n'as-tu pas entendu Pinck dire ce soir que les invisibles, comme on les appelle, lui demandaient compte de sa conduite?

— En effet, mon père, et un moment je m'en suis réjoui... Mais il n'y a aucune confiance à avoir dans ces hommes ténébreux. Je connais déjà leur impuissance.

— Eh bien! moi je suis fondé à penser différemment; et, sans aucun doute, celui qui les mettrait sur leurs gardes, en leur donnant avis de ce qui se passe, éprouverait bientôt pour lui ou pour ses proches les effets de leur reconnaissance.

— Quoi! mon père, vous voudriez...

— Je ne veux rien, je suis magistrat, et il ne m'appartient pas de contremander tout bas ce que j'ai ordonné tout haut.

Ils firent quelques pas en silence.

— Je n'espère rien de ceux dont vous parlez, mon père, reprit Rodolphe, cependant j'essayerai encore ce moyen... J'irai sur le Brocken...

— Je désire ne rien savoir de tes projets, interrompit le bailli, puisque tu interprètes si mal mes paroles. Toutefois, tu ne peux te dispenser de te montrer un instant là-bas, au Brocken-Werthaus, puis tu iras où tu jugeras convenable.

Mais Rodolphe ne fut pas dupe de cette indifférence affectée.

L'insinuation du vieillard était trop claire pour qu'il pût s'y tromper.

— Je vous comprends, dit-il après quelques instans de réflexion; ce n'est pas le danger de ces fanatiques qui vous touche le plus, mais vous cherchez un moyen de m'éloigner; vous craignez ma présence dans la maison au moment où cet infâme intrigant en ramènera ma sœur... Oh! vous avez raison, mon père, si ma chère Frantzia m'adressait une parole, un geste d'encouragement, je tuerais cet homme abominable comme un chien hargneux ou un loup enragé.

Le vieux bailli serra son fils contre sa poitrine, et, après s'être tenus un moment étroitement embrassés, ils se rapprochèrent de l'endroit où avait lieu la fête.

Les mariés se promenaient lentement au milieu des groupes.

Pinck affectait beaucoup de gaieté, donnant une poignée de main aux vieillards, souriant aux jeunes filles, adressant à tous des paroles obligeantes.

En revanche, Frantzia n'indiquait par aucun signe extérieur qu'elle sût où elle était et ce qui se passait autour d'elle.

Elle répondait seulement par un mouvement de tête aux compliments dont on l'accablait.

Le bailli, afin d'échapper aux observations, s'empressa de chercher l'homme à qui il devait confier le message pour Osterode; après s'être acquitté de ce soin, il alla causer dans un coin avec un vieux bergman du Rammelsberg.

Quand à Rodolphe, il ne se montra qu'un moment dans

la foule ; il échangea quelques poignées de main silencieuses avec des jeunes gens de son âge, et il s'esquiva.

Les mariés vinrent enfin s'asseoir sur des siéges rustiques, en face de l'orchestre, et les danses commencèrent d'une façon régulière.

Mais vainement Pinck pressa-t-il sa nouvelle épouse d'y prendre part ; trois fois elle fit un effort pour se lever, et trois fois elle retomba ; ses jambes fléchissaient sous elle, une force invisible semblait la tenir en place.

Pinck, sans s'inquiéter de cette faiblesse, l'attribua aux fatigues de la journée, et alla prendre la main d'une jolie *yungfrau*, qui accepta cet honneur en rougissant.

Après elle, il invita d'autres danseuses à qui leurs grâces personnelles ou le rang de leur famille donnaient droit à cette distinction.

Peu à peu la gaieté et l'entrain du marié se communiquèrent à l'assemblée ; on s'échauffa insensiblement dans les tournoiemens furieux de la valse germanique, et, vers la fin de la soirée, l'assistance avait la physionomie joyeuse qui convient à une fête et à une noce.

Cependant Frantzia n'avait pas bougé de son siége ; raide et droite, les bras serrés contre le corps, elle regardait toutes choses sans rien voir.

Un incarnat fiévreux, semblable à celui des poitrinaires, colorait les pommettes de ses joues, un sourire convulsif était comme stéréotypé sur ses lèvres.

Dans l'intervalle des danses, Pinck venait lui adresser à haute voix des paroles affectueuses auxquelles elle répondait par monosyllabes.

Le bailli lui-même ne fut pas plus heureux auprès de sa fille ; à peine put-il lui arracher quelques mots intelligibles.

Toujours la même apathie idiote ; on eût dit d'une somnambule dont l'esprit erre au loin tandis que le corps reste en place.

La nuit s'avançait, et déjà quelques familles, habitant des villages éloignés, venaient de se retirer.

Néanmoins les danses continuaient sur la pelouse, quand une certaine inquiétude se manifesta dans la foule : une lumière se montrait au sommet du Brocken, large, éclatante et d'un rouge de sang.

— Cousin Mathias, disait la mère Schwartz à voix basse, que pensez-vous de cette flamme, en cet endroit et à pareille heure ?

— Rien de bon, répliqua le forgeron tout pensif ; mais ne vous semble-t-il pas comme à moi que ce feu doit être allumé, si toutefois c'est un feu terrestre, bien près de l'Hexen-Brunnen.

— Qui sait où il peut être, cousin ? s'il est ici où là, à portée de la main ou à cent lieues de nous, c'est ce que des yeux mortels ne peuvent décider... Mais, à mon avis, voilà un triste présage pour ceux qui se marient !

— Oui ! oui ! cette fois, cousine Schwartz, vous avez frappé plus juste que vous ne pensez... Cette lueur en effet est de sinistre augure pour l'un d'eux.

— Paix, oiseau de malheur ! dit un vieux bûcheron, qui, son verre à la main, sirotait lentement ; n'avez-vous pas honte de faire tant de bruit pour une chose aussi simple ? Ce sera tout bonnement quelque pauvre homme qui aura allumé du feu là-haut pour se chauffer ; ensuite peut-être n'est-ce là qu'un de ces feux follets si fréquens sur les tourbières.

— Non, ce n'est pas un feu follet, reprit un autre, car il ne resterait pas ainsi immobile, si nous étions à la nuit du premier mai, je saurais bien à quoi m'en tenir.

— C'est peut-être le wildman du Harz ? objecta Michel ; il se montra ainsi près d'un brasier ardent à Martin Waldeck, le charbonnier, quand il lui laissa emporter des tisons d'or.

— A ce prix, du diable si je n'aurais pas la tentation de pousser jusqu'au haut du Brocken ! dit un jeune forgeron d'un air narquois ; je n'ai toujours trouvé dans ma charbonnière que des tisons de bois vert.

Quelques éclats de rire accueillirent cette plaisanterie ; mais la plupart des assistans, offensés qu'on osât railler sur un pareil sujet, imposèrent silence aux rieurs.

Cependant cette circonstance, si frivole en apparence, de l'apparition d'une lumière sur le Brocken, avait mis toute l'assemblée en émoi.

Les danseurs eux-mêmes accoururent pour être témoins d'un fait aussi extraordinaire.

Pinck vint comme les autres ; mais, loin de partager la terreur commune, il se mit à rire de ce qui en était la cause.

— Allez ! mes amis, disait il d'un ton moqueur, il n'y a pas là de quoi tant s'étonner ; c'est un feu de joie pour célébrer mon heureux mariage.

— Un feu de joie ! répéta la mère Schwartz en hochant la tête ; jamais feu semblable n'a annoncé la joie.

— Bah ! vous croyez ?... Ensuite c'est peut-être une galanterie de notre voisin le Wildmann, qui ne trouve pas nos torches assez claires pour que nous puissions danser !... Eh bien ! continuez à ouvrir de grands yeux jusqu'à demain matin, si ce divertissement est de votre goût. Pour moi, je vais rentrer avec ma jolie mariée... Bonsoir, braves gens... Hommes ou diables, je défie ceux qui sont en haut sur le Brocken de troubler mon bonheur !

Et Pinck tendit son poing fermé du côté de la montagne.

— Voilà une parole funeste, murmura la vieille femme, et dont la punition pourra être prochaine.

Comme elle achevait ces mots, un cri perçant partit du côté où Frantzia était assise près de son père.

La jeune fille, debout, les trait bouleversés, le cou tendu, regardait fixement un individu adossé à un arbre, à vingt pas d'elle.

D'abord on eut peine à s'expliquer l'espèce d'horreur qu'elle éprouvait ; mais cette horreur fut partagée par tous les invités quand le reflet d'un torche, tombant sur le visage de l'inconnu, éclaira les traits pâles, les yeux ardens, les cheveux noirs de Daniel Richter.

Aussitôt la débandade se mit parmi les spectateurs, et ils s'enfuirent dans diverses directions en poussant des cris d'effroi.

Quelques vieilles femmes grommelaient des exorcismes ; les musiciens sautaient en bas de leur orchestre, les buveurs abandonnaient leurs verres.

Au milieu de ce désordre, Pinck, troublé, éperdu, ne pouvait se dégager assez vite pour courir à Frantzia. Celle-ci, en proie à une exaltation voisine de la folie, s'écriait d'une voix éclatante :

— Tu vas réclamer ta fiancée, Daniel ? prends-moi donc, je suis tienne... Ne m'abandonne pas cette fois ! protége-moi... Si ta présence m'annonce une mort prochaine, oh ! que le mien, que je meure de suite, afin d'être pour toujours réunie à toi !

Le spectre immobile la regardait d'un air doux et triste, mais ne répondait pas.

En ce moment, Pinck sortit du milieu des fuyards et s'élança vers Daniel Richter, ou du moins celui qui avait pris sa forme corporelle.

— Encore ! disait-il avec un mélange de colère et d'étonnement, on ose de nouveau se jouer de moi... ! Misérable imposteur, tu payeras pour toi et pour tes complices !

Il tira un pistolet de sa poche, ajusta rapidement et fit feu.

Le bruit de l'explosion retentit au milieu du silence de la nuit, répercuté par l'écho des rochers.

Tout disparut dans la fumée du coup ; quand cette fumée se dissipa, l'être mystérieux ne se montrait plus à la même place.

— Mon céleste fiancé est au-dessus de ton pouvoir ! lui dit Frantzia avec force.

— Qu'avez-vous fait, Pinck ? dit le bailli tremblant, si celui qui se trouvait là tout à l'heure était un composé de chair et d'os, comme le commun des hommes, vous l'auriez tué ou blessé dangereusement.

— Quel est ce pouvoir infernal ? s'écria Pinck avec rage, en jetant son arme contre la terre ; à une si courte distance, j'aurais percé d'une balle toute créature mortelle... Mais qui donc se glisse là-bas, près de cette bruyère? C'est lui, c'est encore lui !... A nous deux !

Et il saisit son second pistolet.

— Prenez garde, Pinck, reprit Stengel en cherchant à le retenir, songez...

— Il faut que cela finisse ; je veux connaître le coquin insolent qui me persécute depuis ce matin... Il payera cher ses momeries... Nous allons voir si mon arme trahira encore une fois mon œil et ma main !

— Pinck, pour votre propre sûreté soyez prudent, restez près de nous... Vous ignorez quels ennemis peuvent vous épier à quelques pas d'ici.

Pour toute réponse, le jeune homme s'arracha par un geste brusque des mains du bailli, et s'élança à la poursuite de l'homme qu'il avait entrevu.

Bientôt tous les deux disparurent dans l'obscurité.

La nuit entière s'écoula, et Pinck ne revint pas.

XIII

LE MALL.

Rodolphe, en quittant l'assemblée du Brocken-Werthaus, avait pris en toute hâte le sentier qui devait le conduire le plus directement au sommet de la montagne.

Il arriva sur le plateau un peu avant le milieu de la nuit.

Au premier aspect, tout paraissait désert dans la petite plaine couverte de myrtilles et d'arbres nains qui couronne le Brocken.

Une brume légère voltigeait çà et là, suivant les caprices de la brise nocturne ; mais ces vapeurs étaient trop peu denses pour cacher le ciel parsemé de mille étoiles. La lune se levait pure et radieuse à l'horizon, comme un croissant d'argent.

Aucun bruit ne se faisait entendre, excepté le frémissement des bruyères sèches à chaque souffle d'air.

Mais quand Rodolphe fut resté en observation pendant quelques instans, il reconnut combien l'apparence était trompeuse.

Par intervalles, des ombres noires, surgissant des inégalités du terrain, allaient et venaient comme pour se communiquer des ordres.

Telle forme immobile, qu'on eût pris de loin pour un tronc mutilé de sapin ou une touffe de fougères, s'agitait tout à coup et devenait une créature humaine.

De temps en temps un éclat de voix, un cliquetis d'armes, l'éclair éblouissant d'une épée nue décelaient, malgré l'obscurité, les hommes et leurs passions funestes.

Le jeune Stengel hésita d'abord sur la direction qu'il devait prendre ; mais le feu qui brilla tout à coup près des pierres druidiques lui indiqua le lieu du rassemblement.

Il marcha donc de côté, sans songer au danger qui résulterait pour lui s'il était découvert et soupçonné d'avoir voulu surprendre les secrets de l'association.

Au bout de quelques minutes, deux hommes, le visage voilé, l'épée à la main, se dressèrent devant lui comme s'ils fussent sortis de terre.

— Frère, où vas-tu? demanda d'une voix sourde et profonde un des deux initiés.

— Je viens rendre à votre ordre un service important, répondit brusquement Rodolphe ; laissez-moi passer.

— C'est un Philistin ! reprit celui qui avait parlé le premier ; c'est un Edomite impur qui s'est glissé parmi les enfans de Dieu... Audacieux jeune homme, retourne bien vite d'où tu viens ; fuis sans regarder derrière toi, car cette nuit la vue du Brocken sera plus terrible pour les pêcheurs que ne fut la vue du Sinaï, entouré de foudres et d'éclairs, pour les gentils et les impies.

— Eh ! mais je connais cette voix, dit Rodolphe sans s'émouvoir beaucoup de ces emphatiques menaces ; vous êtes Drescher de Rubeland.

— Et toi tu es Rodolphe Stengel, le fils hardi et impertinent du bailli du Brocken.

— Puisque nous nous connaissons, maître Drescher, vous allez me conduire sur-le-champ au docteur Crécelius.

— Je ne sais de qui tu parles, jeune homme, répondit Drescher avec aigreur ; si le docteur Crécelius se trouve oui ou non parmi ceux qui travaillent à la réédification du temple, il n'appartient ni à toi ni à moi de pénétrer son secret. Sous ce voile mystique, nous n'avons d'autre nom que celui de notre grade, nous ne connaissons d'autre hiérarchie que celle de notre milice trois fois sainte.

— Le nom du docteur Crécelius est pourtant un nom honorable qu'on peut avouer partout, grommela l'autre affilié, grand fantôme noir qui n'avait encore rien dit ; et il y a peu de titres aussi beaux que celui de doyen de la faculté de médecine de Gœttingue.

Drescher jeta sur lui un regard de colère.

— Frère, répliqua-t-il avec sévérité, tu es bien nouveau venu parmi nous pour rendre ainsi témoignage et élever la voix devant les anciens de la tribu. J'ai reçu des ordres, et ils seront respectés ; nul être vivant, s'il n'est initié, n'approchera du feu du conseil, excepté pourtant l'homme que l'on doit juger.

— Vous allez donc juger quelqu'un ? demanda Rodolphe vivement ; dites, brave Drescher, n'est-ce pas de Pinck, du secrétaire du comte, qu'il s'agit ?

— Les rochers de Hirschœner répondraient plutôt que moi à une pareille question, répliqua Drescher d'un ton rigide ; mais crois-moi, Rodolphe Stengel, ne tente pas de franchir cette barrière... Le sol qui est derrière nous est saint, et nul pied profane ne peut le fouler.

— Eh bien, donc ! fou obstiné, reprit Rodolphe avec colère, je me retire... Mais avant une heure le sol que vous déclarez saint sera foulé par les pieds profanes de deux cents soldats de la milice d'Osterode, et ces deux cents soldats sont commandés par le capitaine Diesbach, un vétéran du feld-maréchal Laudon, qui ne craint ni Dieu ni diable, et qui conduira les initiés en prison comme de simples coquins... Arrangez-vous ensemble ; adieu !

Il allait rebrousser chemin, mais Drescher et surtout son compagnon le retinrent.

— Un moment donc, un moment, monsieur Rodolphe, dit celui-ci d'une voix tremblante ; le frère Drescher est libre de ne pas tenir compte de vos avertissemens ; quant à moi, je suis tout disposé à vous croire.

— Les armes charnelles ne prévaudront pas contre l'esprit, dit Drescher à son tour non sans quelque émotion ; cependant, jeune homme, si j'ai refusé de vous introduire dans l'enceinte du mall, je peux consentir, comme autrefois, à porter un message de votre part à nos chefs vénérés... Expliquez-vous ; quel est le danger dont nous sommes menacés ?

— Je préférerais en instruire moi-même le docteur Crécelius.

— Oh ! pour cela non, mille fois non, quand le jour de l'abomination de la désolation serait venu !

Alors Rodolphe lui apprit en peu de mots l'arrivée prochaine de la milice, et l'ordre qu'elle avait reçu d'arrêter tous ceux qui se trouveraient sur le Brocken cette nuit.

— Il suffit, reprit Drescher, je vais transmettre vos avis aux anciens du peuple et aux lévites du temple ; attendez-moi ici... Frère initié, veillez sur lui et ne souffrez pas qu'il s'éloigne, jusqu'à mon retour.

En même temps il s'avança vers le centre du plateau, où brûlait le feu du conseil ; et la rapidité de sa marche trahissait la conscience d'un danger réel.

Le fils du bailli était resté seul avec l'autre affilié, qui, debout et son arme à la main, semblait en proie à de grandes inquiétudes.

— Suis-je donc prisonnier? demanda Rodolphe après une pause.

— Non, non, monsieur, répliqua son compagnon avec empressement; seulement je vous conseille d'attendre Drescher..... Ce vieux a une manière de parler qui vous donne le frisson; moi-même je ne peux me trouver en sa présence sans éprouver le désir d'être bien loin... Cependant c'est un saint homme, et il m'est expressément recommandé de lui obéir en tout... Mais croyez-vous que la milice doive sitôt venir nous attaquer?

Rodolphe répondit que, vu la difficulté des chemins, les soldats ne pouvaient arriver avant une heure au moins.

— Eh ce cas-là, dit l'inconnu un peu rassuré, asseyons-nous et buvons un coup d'eau-de-vie, pour combattre l'air malsain de la nuit.

Il tira de dessous sa robe noire une gourde qu'il présenta à Rodolphe; mais celui-ci la refusa du geste.

L'affilié reprit, après s'être convenablement humecté le gosier :

— Vous avez eu tort de ne pas accepter, monsieur Stengel; c'est d'excellente eau-de-vie de France, la meilleure que le docteur Crécelius ait dans son cellier. Mais, dites-moi, si les miliciens d'Osterode arrivaient à l'improviste, ne pourrais-je compter sur vous, qui connaissez si bien ces damnées montagnes, pour me ramener au Brocken-Werthaus?

— Quoi! ne resteriez-vous pas afin de porter secours à vos amis?

— A dire vrai, monsieur, je ne suis initié qu'à demi, j'occupe dans l'association le grade le plus inférieur, et aujourd'hui que je prends la première fois part aux travaux. Franchement, ce métier-là n'est guère de mon goût, et si ce n'avait été pour obéir aux ordres de mon maître le docteur...

— Ainsi donc, demanda Rodolphe en reculant avec un dégoût involontaire, vous êtes cet étudiant en médecine qu'on appelle Longus?

— Ce n'est pas moi qui vous ai appris mon nom! Cela m'est défendu... mais vous l'avez deviné : je ne me renie pas moi-même..... Oui, je suis Longus, et de plus votre ami dévoué, à cause de votre bonne petite sœur.

— Ma sœur! Qu'y a-t-il de commun entre elle et vous?

— N'est-ce pas elle qui m'a tiré, il y a deux jours, d'une de vos affreuses tourbières, où j'allais m'enfoncer jusqu'aux oreilles? N'est-ce pas elle qui a apaisé la colère de mon maître avec toutes sortes de jolies paroles? Elle m'a sauvé d'une rude correction, je vous le jure, sans compter qu'elle est gentille à croquer.

Cette admiration comique n'appela aucun sourire sur les lèvres de Rodolphe.

— Je doute qu'elle vous eût rendu ce service, dit-il à voix basse, si elle eût reconnu en vous l'homme qui causait, il y a trois mois, avec le bourreau, au pied du gibet de Gœttingue.

Longus parut frappé de surprise.

— Attendez donc! reprit-il enfin; vous étiez sans doute cet étudiant qui éprouvait à chaque instant des spasmes convulsifs, et me criblait les jambes d'ecchymoses et de contusions? Vous aviez un beau compagnon que je fis passer devant moi afin qu'il pût mieux voir le supplice... Je me souviens encore que quand il rabattit son capuchon, deux belles tresses blondes roulèrent sur ses épaules, et ce n'est pas l'habitude des *camarades* de Gœttingue de se coiffer de cette manière. Je n'ai pu examiner sa figure; mais, de par l'âme d'Aristote! il serait bizarre que vous et votre sœur eussiez été mes voisins dans un pareil endroit.

— C'était nous, en effet... Nous étions venus rendre un dernier devoir à un malheureux ami, et nous fûmes forcés d'entendre vos affreuses observations médicales...

— Ah! je sais... les expériences sur la quatrième paire et sur les fonctions du pancréas, n'est-ce pas? Ma foi c'était un beau sujet d'études que ce Daniel Richter! Mais l'homme propose et Dieu dispose... Heureusement la science n'y perdit rien... Jamais yeux humains n'ont vu et ne verront ce que j'ai vu cette nuit-là!

— Qu'était-ce donc? demanda Rodolphe.

— Un miracle, répliqua Longus avec enthousiasme, un miracle aussi étonnant qu'aucun de ceux rapportés par l'Ecriture, un de ces miracles qui élèvent la science presque au niveau de Dieu! Aussi, monsieur Rodolphe, vous connaissez le docteur Crécelius, et votre aimable sœur a vu comment il traite son pauvre disciple, eh bien! il peut me battre, me jeter dans les tourbières, m'habiller de cette vilaine robe noire, et me faire subir toutes sortes d'épreuves abominables; il peut m'exposer à me rompre le cou sur des rochers pour recueillir des plantes, ou à être arrêté par des soldats en flagrant délit d'association illicite, je le suivrai partout, comme un chien fidèle, je l'aimerai, je le servirai, pourvu qu'il me laisse quelquefois ramasser les bribes de sa science prodigieuse.

Le fils du bailli lui saisit la main.

— Par pitié, monsieur, dit-il avec chaleur, expliquez-vous... A quel événement faites-vous allusion? Vos paroles m'ont donné un soupçon étrange... Parlez; quel miracle accomplit le docteur Crécelius dans cette nuit funeste?

— Je voudrais pouvoir répondre à vos questions, mais on a exigé de moi les sermens les plus solennels, et puis... le docteur Crécelius l'a défendu... Or, vous savez, pour nous autres étudians, le *dixit magister* ou *autos éfè* sont sans réplique.

Rodolphe allait renouveler ses instances, quand ils entendirent marcher sur les bruyères sèches, et Drescher reparut tout à coup.

Longus s'éloigna brusquement de Rodolphe; heureusement le sombre fanatique, préoccupé par ses pensées, ne remarqua pas l'espèce d'intimité qui s'était établie entre les deux jeunes gens.

— Rodolphe Stengel, dit-il d'un ton moins rude qu'à l'ordinaire, votre message a été pris en bonne part, et vous serez récompensé de votre zèle pour nos intérêts. Restez avec nous jusqu'à la fin du conseil; nous avons l'ordre de vous traiter comme un hôte aimé de notre sainte association.

— Quoi! le conseil ne va-t-il pas se dissoudre sur-le-champ? Attendez-vous ici l'arrivée de la milice et du capitaine Diesbach?

— Les élus de la tribu de Juda ne voient pas avec les yeux de Rodolphe Stengel, répondit Drescher. Votre tâche est finie, jeune homme; laissez Dieu maintenant défendre sa cause.

Rodolphe eût bien voulu retourner à la maison du Comte; mais sans aucun doute l'invitation qu'il venait de recevoir émanait de Crécelius, et les paroles énigmatiques de Longus lui avaient donné le plus vif désir d'avoir une explication avec le savant docteur.

D'ailleurs, il comptait profiter de la première occasion pour reprendre sa conversation avec Longus, dont la simplicité lui laissait espérer des aveux plus complets.

Il se résigna donc à attendre; mais il ne tarda pas à reconnaître combien ses plans, au sujet du nouvel initié, avaient peu de chances de succès.

L'étudiant, intimidé par la présence de Drescher, n'osait ni ouvrir la bouche, ni faire le moindre geste.

Vainement Rodolphe lui adressa-t-il la parole à voix basse; il n'obtint aucune réponse, et bientôt les événemens qui s'accomplirent autour de lui captivèrent exclusivement son attention.

Les initiés avaient fait leurs dispositions, afin d'éviter toute indiscrétion et toute surprise.

Des sentinelles, choisies parmi les affiliés de rang inférieur, formaient un vaste cordon autour de l'enceinte où avait lieu le conseil.

Rodolphe se trouvait sur la limite extrême de cette enceinte avec ses deux gardiens; de ce poste éloigné, il pouvait voir, mais non entendre ce qui se passait sur le bord de l'Hexen-Brunnen.

Le feu, alimenté par des copeaux enduits de résine (ce qui lui donnait cette teinte rouge dont les badauds du Brocken-Werthaus étaient si fort effrayés), brûlait devant la pierre druidique appelée *la Chaire aux sorciers.*

Autour d'une gigantesque épée plantée dans le sol par la pointe, se tenaient debout les chefs de l'association, revêtus de leurs costumes noirs et de leurs ornemens symboliques.

Un homme de haute taille, à la contenance noble, au geste dominateur, semblait les présider; mais cet homme évidemment n'était pas le docteur Crécelius.

On eût dit plutôt d'un gentilhomme, d'un militaire, sous cette robe lugubre qui donnait pourtant à tous les initiés un aspect uniforme.

Autant les inférieurs chargés d'écarter les profanes étaient silencieux et calmes, à demi cachés par les enfoncemens du terrain ou par des touffes d'arbustes, autant les membres du conseil se montraient tumultueux et agités.

Le président surtout donnait fréquemment des signes d'indignation et de colère.

On le vit plusieurs fois étendre son poing fermé dans la direction de l'Heinrichsohe d'un air de menace.

Mais, quoique les initiés dussent avoir connaissance du danger dont ils étaient menacés, Rodolphe ne put remarquer en eux aucun indice de crainte. Le sujet de cette chaleureuse discussion semblait complètement étranger aux événemens prochains.

Enfin des sentinelles donnèrent l'alarme à voix basse sur toute la ligne, et plusieurs messagers furent envoyés pour faire leur rapport aux membres du conseil.

Les détachemens de la milice avaient été aperçus dans diverses directions, marchant rapidement vers le sommet du Brocken.

Cette nouvelle ne parut pas produire une fort grande sensation dans l'assemblée, seulement quelques ordres furent donnés brièvement et transmis avec une célérité extraordinaire.

Tout à coup on vit briller, à la clarté de la lune, des baïonnettes et des plaques de schakos.

On entendit le bruit cadencé des pas d'une troupe régulière.

Aussitôt Drescher ordonna à son compagnon et à Rodolphe de se jeter ventre à terre et de rester immobiles.

Ils obéirent.

Cependant le jeune Stengel ne put résister à sa curiosité, et, se soulevant sur le coude avec précaution, il regarda autour de lui.

Toutes les autres sentinelles avaient reçu la même consigne, et il était impossible de distinguer, à quelques pas de distance, ces corps couchés dans l'herbe, au milieu des teintes sombres de la nuit. Mais la disparition des membres du conseil était plus extraordinaire encore; soit qu'ils se fussent cachés dans quelque excavation du rocher, soit qu'ils eussent imité la manœuvre de leurs gardiens, jamais ils n'avaient aussi bien mérité ce titre d'*invisibles* qu'on leur donnait quelquefois.

Maintenant le plateau semblait redevenu complètement désert.

Le feu brûlait toujours, et l'épée nue fixée dans le sol était encore à la même place; mais tout le reste avait disparu avec la rapidité d'un décor d'Opéra.

Un seul homme se tenait debout et immobile à la lueur rougeâtre de la flamme.

Il ne portait pas la robe noire des initiés,

Et Rodolphe ne se souvenait pas de l'avoir vu auparavant.

Son attitude calme et fière annonçait une parfaite sécurité.

Les miliciens, en arrivant sur le plateau, éprouvèrent quelque hésitation.

Sans doute ce silence, cette solitude, ce feu mystérieux que nulle main ne semblait alimenter, éveillèrent dans l'imagination des jeunes gens qui composaient cette troupe des idées superstitieuses.

Ils n'osaient avancer, quand la voix rauque et dure de leur chef se mit à les gourmander avec force jurons et plaisanteries.

Cette rude exhortation parut leur rendre un peu d'ardeur; se serrant les uns contre les autres, ils coururent vers le feu qui semblait être leur point de ralliement.

Alors le personnage qui était seul au milieu de l'enceinte s'avança d'un pas ferme au-devant d'eux.

A sa vue, des cris de colère furent poussés; le capitaine de la milice se précipita sur lui pour l'arrêter.

Mais sitôt que l'inconnu eut prononcé une parole, la scène changea.

Les soldats abaissèrent leurs armes avec empressement, et leur chef, obéissant à un geste de cet homme, le suivit à quelques pas de la troupe, pour recevoir ses ordres.

Après un court colloque, l'inconnu éleva la voix et commanda une manœuvre d'un ton ferme et exercé.

Les miliciens firent volte-face, et, suivant respectueusement l'étranger, leur capitaine en tête, ils se mirent à descendre la montagne.

Au bout d'un instant il n'en restait pas un au sommet du Brocken.

Aussitôt que la pointe du dernier fusil se fut enfoncée dans les taillis qui couvrent les versans de la montagne, la solitude se repeupla rapidement à un mystérieux signal.

Les affiliés se relevèrent et gagnèrent leurs postes; les membres du conseil reprirent leurs places autour du feu, comme si rien n'eût interrompu leurs délibérations.

Ces événemens étaient fort explicables sans doute, mais l'effet général avait un caractère merveilleux et surnaturel qui devait frapper vivement une jeune imagination.

Rodolphe réfléchissait à ce qui venait de se passer en sa présence, quand Drescher lui dit d'un ton d'emphase:

— Eh bien! homme de peu de foi, nierez-vous encore la puissance des élus du saint temple? Heureux celui qui croit sans avoir vu!

— Il y a là, je l'avoue, des choses que je ne comprends pas... Néanmoins, malgré tout son pouvoir, votre association n'a pu forcer le criminel qu'elle avait assigné pour cette nuit à comparaître devant son tribunal?

— Qu'importe! Présent ou éloigné, il n'échappera pas à sa sentence.

— Et vous ne voulez pas me dire si cet accusé est bien Wilhelm Pinck, le secrétaire du comte?

— Attendez celui qu'on nomme selon la chair le docteur Crécelius.

Force fut à Rodolphe de prendre patience jusqu'à la fin du conseil, qui se termina seulement aux premières lueurs de l'aurore.

Pendant ce long espace de temps, ni Drescher ni Longus ne lui adressèrent une fois la parole, et le fils du bailli, désespérant d'obtenir aucun renseignement important, ne daigna plus les interroger.

Une certaine agitation dans l'assemblée annonça enfin qu'elle allait se séparer.

Drescher, laissant la garde du poste à Longus, entraîna Rodolphe derrière un rocher et l'invita à se tenir immobile.

Alors un grand cri se prolongea sur toute la vaste surface du plateau.

Drescher ôta sa robe noire, l'enveloppa et la plaça sous son bras.

Puis il sembla à Rodolphe entendre des bruits de pas dans diverses directions: il crut entrevoir un grand nombre de personnes se glissant à travers la brume du matin.

A partir de ce moment, la surveillance de Drescher se relâcha; Rodolphe eut la liberté de se retourner, sans toutefois pouvoir s'éloigner encore.

Les alentours de l'Hexen-Brunnen étaient redevenus déserts; le feu du conseil était éteint; une légère fumée s'élevant du milieu des pierres druidiques indiquait seule la place où il avait été.

Pendant que le jeune Stengel observait distraitement ces détails, une main se posa sur son épaule.

Il se retourna en tressaillant.

Drescher n'était plus là.

A sa place, Rodolphe trouva le docteur Crécelius.

Le savant avait déjà repris son costume habituel; il était calme et grave, la canne sous le bras, et il tenait à la main quelques fleurs sauvages, comme s'il venait de faire une de ses promenades botaniques ordinaires.

La transformation était subite et complète; aussi Rodolphe ne pouvait-il croire que cet homme d'aspect si pacifique fût réellement un des chefs de ces êtres sombres qu'il avait vus tenir leur conciliabule, une heure auparavant, dans ce lieu redouté.

Le docteur remarqua sa surprise et sourit.

— Allons, jeune homme, dit-il d'un ton familier en lui prenant le bras, j'éprouverai si le frère est aussi bon guide que la sœur... Descendons ensemble aux habitations, et, chemin faisant, nous causerons comme des amis.

Rodolphe s'inclina en silence, et ils suivirent le sentier du Brocken-Werthaus.

— Monsieur Stengel, reprit le docteur après avoir fait quelques pas, vos intentions ont été bonnes cette nuit; et quoique le danger dont vous nous avez donné avis ne fût pas sérieux, comme vous avez pu le voir, notre association est trop grande, trop généreuse, pour ne pas rendre au centuple le bien qu'elle reçoit... Aussi sa reconnaissance va-t-elle tomber en bienfaisante rosée sur vous et sur votre famille!

— Merci pour ma famille et pour moi, monsieur le docteur, répondit Rodolphe avec émotion; mais, hélas! il faut plus que des promesses vagues et des paroles consolantes pour nous tirer de l'abîme où nous sommes!

— Aussi vous apportai-je cette fois plus que de simples consolations et de vaines promesses... Jusqu'ici, Rodolphe Stengel, je n'avais vu en vous qu'un jeune homme bouillant, étourdi, incapable de garder un secret, toujours prêt à compromettre les intérêts les plus chers dans un élan de fougue inconsidérée; et vous avez tout fait, vous l'avouerez, pour m'entretenir dans cette opinion. Plus d'une fois votre langue hardie s'est exercée sur des choses et des personnes dignes de tout votre respect; et, de la part d'un autre, une semblable témérité ne fût pas restée impunie... Mais je sais maintenant que, sous ce caractère impétueux et léger, il y a une âme honnête, franche, un esprit ferme, qui deviendra remarquable quand il aura subi l'influence de l'âge et de l'expérience. Aussi me suis-je décidé à me confier entièrement à vous, c'est-à-dire avec les seules réserves que m'imposent certains devoirs sacrés. — Rodolphe répondit modestement qu'il avait sans doute bien des torts, mais qu'il s'empresserait de les reconnaître quand ils lui seraient suffisamment démontrés. — C'est sagement parler, jeune homme, et je n'attendais pas moins du fils de l'honnête Hermann Stengel, du frère de la charmante Frantzia... Eh bien, donc! je ne vous cacherai pas plus longtemps que l'assemblée réunie cette nuit sur le Brocken s'est occupée de tenir d'anciennes promesses.

— Je n'ignorais pas... c'est-à-dire je soupçonnais qu'il s'agissait de juger Pinck à votre tribunal.

— Il ne s'est pas présenté; il devinait sans doute quelles terribles accusations allaient fondre sur lui, et il a mieux aimé employer la force contre nous que de chercher à nous désarmer par des explications loyales. Du reste, nous avions contre lui des preuves accablantes, et son imprudente agression a comblé la mesure... Pinck, votre soi-disant beau-frère est un misérable digne des plus cruels châtimens.

— Je sais, monsieur le docteur, je le sais depuis longtemps; mais comment le renverser, soutenu qu'il est par la faveur d'un maître tout-puissant?

— Le bras qui doit le frapper est déjà levé sur lui... Mais vous ignorez certainement, Rodolphe, combien cet homme est coupable. Non content d'avoir abusé de son crédit sur un vieillard tombé en enfance, il a osé faire un faux, tromper la conscience de votre sœur...

— Quoi! cette lettre écrite par Daniel Richter au moment d'aller au supplice...

— Cette lettre, calquée avec un art infernal sur une autre dont le sens était tout différent, est l'œuvre de Pinck et d'un aventurier italien expert dans ce genre de crimes. Cet homme se trouve en ce moment dans les prisons de Hanovre; nous avons obtenu de lui les aveux les plus précis et les preuves à l'appui.

— Oh! s'il en est ainsi, ce misérable Pinck mourra! dit Rodolphe avec une imprécation terrible.

— Ne vous occupez pas de la vengeance; elle est en mains sûres... Le coupable sera puni et réduit à l'impuissance.

— Mais comment soustraire la pauvre Frantzia à son autorité?

— Ce mariage, entaché de précipitation et de violence, est irrégulier... On s'occupe déjà d'en obtenir l'annulation du consistoire religieux, et ceux qui poursuivent cette annulation ont la certitude de ne pas éprouver de refus.

— Serait-il possible? Mais alors tous nos malheurs pourraient se réparer?

— Oui, oui, rien n'est perdu... confiance, monsieur Rodolphe, confiance!

— Que le ciel vous récompense! s'écria le jeune Stengel avec effusion. Ah! pourquoi autrefois n'avez-vous pas montré le même zèle, la même ardeur pour sauver mon malheureux ami Daniel Richter?

— Jeune homme, répliqua le docteur d'un ton de reproche, vous êtes ingrat, même dans l'expression de votre reconnaissance... Êtes-vous bien sûr qu'à propos de cette lugubre affaire, vos protecteurs n'aient pas montré plus de sagacité, d'énergie et d'autorité dans celle qui va mettre fin aux odieuses machinations d'un intrigant?

— Que voulez-vous me faire entendre, docteur? demanda Rodolphe en s'arrêtant; de grâce, expliquez-vous clairement... Quelques mots échappés à votre élève Longus m'ont déjà troublé ma raison.

— Longus! répéta le savant en fronçant le sourcil; qu'a pu vous apprendre ce drôle?... Je veux le savoir, monsieur.

— Rien, rien, docteur; hélas! mon ardente imagination a sans doute été trop vite et trop loin!

— A la bonne heure, reprit Crécélius d'un ton radouci; ce Longus n'est et ne doit être dans mes mains qu'un instrument docile; s'il se tournait une fois contre moi, je le rejetterais au loin et je le briserais... Mais avez-vous réfléchi, Rodolphe Stengel, continua-t-il, qu'une grande association, avec le secours de la science, pouvait accomplir des choses réputées impossibles au commun des hommes? — Rodolphe écoutait, bouche béante. Le docteur ajouta lentement, en pesant chacune de ses paroles : — Je ne vous cacherai pas plus longtemps la vérité... Votre ami Daniel Richter est encore vivant.

Le fils du bailli resta un moment pâle et interdit.

Puis, saisissant le bras de Crécélius, il le serra de ses mains crispées, comme dans un étau.

— Ne vous jouez pas de moi, monsieur, dit-il d'une voix sourde, ne me prenez pas pour sujet de quelque expérience, de quelque injurieuse raillerie, ou, de par le ciel...

— Et vous, lâchez mon bras, jeune fou, repartit le docteur en se dégageant d'un effort vigoureux; lâchez mon bras, enfant incorrigible, toujours prêt à retomber dans votre péché d'orgueil et de colère!

— Pardonnez-moi, monsieur; ayez pitié de moi, mon ami, mon bienfaiteur, dit Rodolphe en fondant en larmes;

27

en effet, je suis fou, ma tête se perd... N'ai-je pas cru entendre que Daniel Richter était encore vivant ?

— Je l'ai dit et je le répète, mon garçon, reprit le docteur vraiment touché de l'émotion du pauvre jeune homme ; il n'y a dans mes paroles ni doute, ni ambiguïté... Daniel existe, il est dans ce pays ; vous l'avez vu vous-même hier dans la chapelle du château du Stolberg.

— Grand Dieu ! ce n'était donc ni un spectre, ni un individu aposté pour jouer une sotte comédie ?

— C'était votre ami en chair et en os.

— Je vous crois, je veux vous croire ; et cependant, continua Rodolphe en frissonnant à ce souvenir, mes yeux ne me trompèrent pas dans cette soirée terrible où je me trouvai avec ma malheureuse sœur au pied de l'échafaud, sur la place de Gœttingue... Je vois encore cette foule tumultueuse, ce cortége marchant lentement à la lueur des torches, au son des cloches funèbres ; je vois encore le front pâle mais serein de Daniel, son sourire céleste et son geste affectueux quand il nous aperçut ; j'entends toujours son adieu suprême quand l'exécuteur posa la main sur lui... Tout cela a existé, tout cela n'est pas un rêve.

— C'est en effet une réalité, mon jeune ami : l'inexorable justice humaine devait être satisfaite, elle le fut... Mais, son œuvre achevée, quand elle eut donné solennellement au peuple l'exemple qu'il réclamait, des amis qui veillaient sans l'ombre s'emparèrent de sa victime et la sauvèrent. Je n'entrerai pas dans le détail des moyens employés pour atteindre ce résultat ; ils réussirent par l'effet de la volonté divine ; mais jusqu'à la dernière minute je doutai du succès. L'or, les promesses, les menaces avaient été prodigués. Bien des hommes concoururent à cette difficile entreprise, les uns sciemment, les autres, comme Longus, sans connaître les secrets ressorts qui les faisaient mouvoir. Mais il vous suffira de savoir que peu d'instants après l'exécution publique, le supplicié, transporté avec précaution dans mon laboratoire, y reprenait ses sens par mes soins empressés.

Rodolphe ne pouvait parler, mais il se jeta aux genoux du docteur et les baisa.

— Enthousiaste, exagéré dans sa reconnaissance comme dans ses préjugés ! dit le savant avec un sourire en le relevant ; mais ne me remerciez pas ; j'ai trouvé une récompense suffisante, car j'ai résolu un problème de la plus haute importance médicale.

— Ne rabaissez pas vous-même la valeur d'un grand acte de dévouement et d'un trait de génie, monsieur le docteur : vous méritez le respect et l'admiration des hommes... Mais comment Daniel, revenu à la vie, a-t-il oublié si complétement des amis que sa perte avait jetés dans un mortel désespoir ?

— Il eût été imprudent de révéler trop tôt un pareil secret... D'ailleurs, on ne passe pas impunément une demi-heure semblable à celle que Daniel passa sur l'échafaud de Gœttingue. Pendant plus de deux mois, il fut gravement malade dans ma maison, et j'eus besoin de toutes les ressources de mon art pour le sauver. Enfin j'y parvins, et, avec le secours de divers membres de l'association, nous le cachâmes dans des retraites sûres. Notre tâche était finie ; nous avions fait droit aux recommandations de Carl Blum. Cependant nous ne nous en tînmes pas là. Nous avions pris toute sa famille d'adoption sous notre protection, et cette protection ne restait pas oisive. Des agens secrets nous informaient de ce qui se passait d'important chez vous ; d'un autre côté, des espions intelligens observaient les démarches de Pinck. Nous apprîmes ainsi toutes ses intrigues pour obliger votre sœur à lui accorder sa main, et de quel succès elles avaient été couronnées. A cette nouvelle, le pauvre Daniel devint fou. Il me pressa de lui accorder la permission de partir sur-le-champ pour le Brocken. Il voulait se montrer à Frantzia, lui reprocher l'oubli de ses sermens, provoquer Pinck et le tuer ; enfin commettre les plus dangereuses imprudences. Le laisser livré à lui-même, c'était le perdre. Je l'accompagnai ici ; en même temps je me mis en devoir de contreminer les plans de notre adversaire. Il me restait bien peu de temps ; un grand personnage dont le crédit pouvait lever toutes les difficultés n'arrivait pas, quoiqu'on l'attendît de jour en jour. Daniel, emporté par son ressentiment, a voulu agir seul, et s'est soustrait à mon autorité dans le moment où il était le plus nécessaire que je l'eusse sous la main. Enfin la dévorante activité de Pinck a prévenu nos mesures. Vous savez comment, moitié par force, moitié par ruse, il a conclu ce mariage, pour lequel la fiancée elle-même éprouvait une si vive répugnance...

— Mais Daniel, mon cher Daniel, où est-il ? Pourquoi se cache-t-il de moi ?

— Vous le reverrez bientôt. Sa position exige une extrême réserve dans un pays où il est connu de tout le monde. Songez-y, il a été effacé du nombre des vivans et déclaré infâme ; il est proscrit, sans nom, réduit à se cacher dans les lieux les plus inaccessibles. Heureusement ses amis veillent sur lui, et plus son sort est misérable aujourd'hui, plus sa fortune sera brillante dans un avenir prochain.

— Que Dieu vous entende et vous exauce ! dit Rodolphe en levant les yeux au ciel.

Pendant cette conversation, on était arrivé en vue du Brocken-Werthaus et de la maison du Comte.

Autour de l'auberge, des fusils rangés en faisceaux reflétaient au loin les rayons du soleil levant.

Les miliciens, cantonnés sur la place même où avait eu lieu le bal la nuit précédente, se régalaient des provisions que la mère Reuben, l'hôtesse du Brocken-Werthaus, avait sauvées des prodigalités de la noce.

Un peu plus loin, devant l'habitation du bailli, un magnifique cheval avec une housse de velours, galonné d'or piaffait avec impatience sous la main du domestique en livrée qui le gardait.

Mais une circonstance frappa particulièrement Rodolphe ; des sentinelles, la baïonnette au bout du fusil, semblaient faire bonne garde autour de la maison.

— Qu'est ceci ? demanda-t-il avec inquiétude ; la liberté de mon père serait-elle menacée ? D'où viennent ces précautions extraordinaires ?

— Vous voyez déjà l'exécution de mes promesses ; ces signes de puissance n'ont rien d'effrayant pour vous... Rodolphe, vous allez connaître le plus noble et le plus généreux de vos protecteurs.

En même temps ils s'avancèrent vers la maison du Comte.

Quand ils voulurent franchir le perron, une des sentinelles croisa le fusil pour les empêcher d'avancer ; mais à peine le docteur eut-il prononcé quelques mots, que le milicien s'écarta respectueusement et laissa libre passage.

XIV

LE PROTECTEUR.

A la suite de l'événement qui avait terminé si brusquement la fête champêtre du Brocken-Werthaus, Frantzia avait été ramenée presque mourante à la maison du Comte. Pendant plusieurs heures, elle avait été incessamment en proie à des terreurs étranges, tressaillant au moindre bruit. Le silence et l'isolement l'épouvantaient, et le bailli n'avait pu la quitter d'un seul instant.

Vers le matin, cependant, cette exaltation s'apaisa un peu ; la jeune fille, la tête appuyée sur l'épaule de son père, s'assoupit d'un sommeil léger, entrecoupé de rêves sinistres.

Les spasmes devinrent moins fréquens ; sauf son haleine

oppressée et les paroles indistinctes qui s'échappaient par intervalles de ses lèvres, elle jouissait d'un calme relatif bien précieux après de si pénibles épreuves.

Au moment où les premières lueurs du jour parurent, un grand bruit se fit autour de la maison, et réveilla Frantzia en sursaut.

Elle ouvrit les yeux, prêta l'oreille, puis, se précipitant de nouveau dans les bras de son père avec une frayeur d'enfant, elle murmura d'une voix étouffée :

— C'est lui !... c'est lui !... sauvez-moi !

De qui parlait-elle? du fiancé mort ou de l'époux vivant? Le bailli n'eut pas le temps de lui adresser de question ; la porte s'ouvrit, et quelqu'un entra d'un air assuré.

C'était un homme dans la force de l'âge, aux traits nobles et fiers, portant l'uniforme militaire avec les insignes d'un grade supérieur.

Il jeta sur un meuble son manteau et son chapeau galonné.

— Salut, bailli; bonjour, mon vieil Hermann, dit-il d'un ton d'affectueuse familiarité ; ma visite vous surprend, mais elle ne vous cause aucun chagrin, je l'espère.

Stengel resta d'abord interdit ; puis, se dégageant des étreintes de sa fille, il courut à l'étranger et saisit sa main, qu'il baisa avec respect.

— Le colonel baron de Wernigerode, le neveu et l'héritier du comte de Stolberg ! s'écria-t-il. Ah ! monseigneur, c'est le ciel qui vous envoie en ce moment.

— Vous avez raison, Stengel, répliqua le colonel d'un ton grave ; le ciel m'envoie pour réparer les injustices, punir les intrigues qui ont eu lieu ici en mon absence !... Le ciel m'envoie pour porter secours à ceux que j'aime et que j'estime comme vous, mon vieil ami.

— Quoi! monseigneur, vous savez...

— Je sais quels désordres et quels maux a causés l'affaiblissement des facultés du comte de Stolberg ; je sais surtout, continua le baron avec une indignation à peine contenue, comment un misérable intrigant a tranché du seigneur sur les domaines de ma famille, a compromis le nom et l'autorité de mon vénérable oncle !... Ah ! Hermann Stengel, aviez-vous donc oublié que j'étais encore de ce monde ? Voyant ce qui se passait, votre devoir n'était-il pas de m'avertir sans retard ?

— Colonel Wernigerode, répliqua le justicier timidement, depuis deux jours seulement j'ai la certitude du malheureux état où se trouve mon vieux maître... D'ailleurs, votre silence quand je vous écrivis, il y a quelques mois, pour implorer votre pitié en faveur du pauvre Richter...

— Que dites-vous, monsieur Stengel ? vous m'avez écrit, à moi ?

— Oui, monseigneur, et déjà alors je vous faisais entrevoir la nécessité de votre présence à Stolberg... Monsieur Pinck lui-même se chargea de vous envoyer la lettre.

— Voilà où était le mal. Je m'explique maintenant comment cette lettre ne m'est pas parvenue. Avez-vous pu, mon bon Stengel, vous fier à un pareil drôle ?... Enfin je suis venu, quoique bien tard, et tout peut se réparer encore.

— Le croyez-vous, monseigneur? demanda le vieillard tristement.

— J'en suis sûr. Courage, bailli... Courage aussi, ma charmante fille, continua-t-il en s'approchant de Frantzia et en la baisant au front ; la couleur reviendra sur ces joues pâles, ces beaux yeux ne seront plus rougis par les larmes... Je n'ai pas oublié le temps où, toute enfant encore, vous veniez au château avec votre père m'offrir, le jour de ma fête, vos jolis ouvrages de broderie. Dès cette époque, je promis de veiller sur votre sort, et je regrette qu'on se soit souvenu si tard de mes promesses; on vous eût épargné peut-être de grands chagrins.

La jeune fille baissa la tête.

— Je n'accuse personne de mes maux, répondit-elle d'une voix étouffée ; Dieu veuille seulement me donner la force de les supporter ou m'enlever de ce monde !

— Dieu vous rendra le bonheur et la paix de l'âme, ce qui vaut mieux, dit le colonel avec bonté; mais, monsieur le bailli, continua-t-il en se tournant vers le magistrat, il est temps de commencer notre œuvre de justice et de réparation; Pinck est-il ici ?

— Non, monseigneur.

— Quoi donc! se serait-il échappé?... Mais prenez garde, monsieur Stengel, ajouta le colonel d'un air de défiance, d'écouter les conseils d'une générosité exagérée en tentant de soustraire ce coquin à ma colère. Il est de la plus haute importance pour vous et pour votre fille que Pinck soit mis à l'instant hors d'état de nuire ; s'il s'enfuit, les plans de vos amis peuvent manquer, et votre tranquillité sera à jamais troublée. Du reste mes précautions sont prises; la maison est entourée de soldats, et nul ne peut sortir d'ici sans être arrêté.

Stengel affirma de nouveau que Pinck n'était pas à la maison du Comte, et il raconta comment son gendre avait disparu la nuit précédente.

— Ah! ah! je sais de quel spectre vous voulez parler, répliqua le colonel en souriant ; mais cela ne m'explique pas ce que ce maudit intrigant peut être devenu... Eh bien ! le capitaine Diesbach et moi nous allons nous mettre à ses trousses; nous battrons le pays dans tous les sens, et le drôle sera fin s'il ne tombe pas entre nos mains. Je suis piqué au jeu, et il en cuira à votre bien aimé-gendre d'avoir osé outrager le colonel de Wernigerode... A revoir donc, bailli; espérance... ma jolie Frantzia... Dans la journée vous aurez sûrement de mes nouvelles.

Il se disposait à partir quand Rodolphe et Crécelius entrèrent.

Après avoir salué amicalement monsieur de Wernigerode, le docteur lui présenta le jeune Stengel.

Celui-ci, au nom de l'étranger, avait manifesté un vif étonnement mêlé de joie.

— Je commence à comprendre quelques uns des mystères de cette nuit, dit-il en baisant respectueusement la main du colonel; je sais maintenant à quelle autorité ont obéi les milices d'Osterode... Nous n'avons plus rien à craindre.

— Parlez à votre sœur, lui glissa le docteur à l'oreille.

Rodolphe obéit et s'avança vers Frantzia, qui était retombée dans sa morne rêverie.

Crécelius et le colonel se mirent à causer bas d'un autre côté; mais ils furent bientôt interrompus par les cris perçans que poussa la jeune fille.

— Mon père, disait-elle avec égarement, ce pauvre Rodolphe! Si vous saviez... sa tête s'est dérangée ou plutôt c'est moi qui... Ce ne serait pas étonnant, j'ai tant souffert! De grâce, empêchez-le de dire des... mensonges... des folies!...

Et elle vint se jeter dans les bras du vieillard.

— De quoi s'agit-il donc, mon fils? demanda le justicier.

— Je n'aurai pas employé assez de précautions, murmura Rodolphe en se frappant le front ; et cependant, ma bonne Frantzia, je n'ai rien dit qui ne soit entièrement vrai....

— Encore ! l'entendez-vous? mon père, il ose soutenir... il prétend... Faites-le donc taire ! il me tuera.

Mais Rodolphe sentit que, le coup étant porté, le mieux était de brusquer l'explication.

— Je l'ai dit et je l'affirme de nouveau, reprit-il d'un ton assuré, Daniel Richter est vivant... Il a été sauvé miraculeusement par le dévouement et la science du docteur Crécelius ici présent.

— Cela est-il vrai, monsieur? demanda le bailli suffoqué.

— Cela est vrai.

— Et s'il est besoin d'un témoignage de plus, reprit le colonel Wernigerode, j'ajouterai le mien à celui de tant de personnes honorables... Mais je pensais que vous aviez déjà vu Daniel au château pendant la cérémonie du mariage, bailli ; et si vos yeux ont pu le méconnaître, ceux de mademoiselle Stengel n'ont certainement pas dû s'y tromper!

— Oh! je l'ai vu... c'était bien lui! murmura Frantzia; je l'ai vu deux fois en un jour, le matin à la chapelle et le soir au bal... C'était bien lui! Il ne cessera de me poursuivre que quand je serai réunie à lui dans l'éternité.

— Ne fatiguons pas trop ses facultés déjà ébranlées par tant de secousses, dit le docteur à voix basse ; dans quelques instans elle sera plus calme et elle nous comprendra mieux.

Frantzia, en effet, la tête appuyée sur ses deux mains, semblait en proie à un étrange et terrible travail de pensée.

Les assistans s'éloignèrent de quelques pas pour lui permettre de se recueillir.

— Ainsi donc, docteur, reprit le colonel en continuant la conversation interrompue, vous pensez, comme moi qu'il n'y a pas une minute à perdre pour s'emparer de la personne de Pinck? Le capitaine Diesbach est un fin limier, et je compte plus sur lui que sur moi-même pour cette besogne... D'ailleurs je vais requérir tous les vassaux de la baronnie de courir sus à ce misérable, et promettre une forte récompense à qui nous le livrera.

— Ces mesures sont sages, mais je doute qu'elles amènent un résultat conforme à nos désirs.

— Pourquoi cela, docteur?

— L'absence prolongée de Pinck doit tenir à une cause que nous ne connaissons pas, mais fort grave certainement.

— Pensez-vous que l'on ait pu lui apprendre mon arrivée?

— Non; ce secret a été bien gardé, j'en réponds.

— Il faut donc que l'assignation de notre redoutable tribunal lui ait donné l'alarme et lui ait fait prendre la fuite?

— Ne craignez rien de pareil... Pinck, fier du pouvoir qu'il avait usurpé et de l'appui de son oncle, a témoigné hautement son mépris de notre autorité.

— Attendez donc! ne m'avez-vous pas dit que Daniel Richter s'était rendu hier au soir, afin de l'effrayer et de l'éloigner d'ici ?...

— Oui, et voilà ce qui m'épouvante, répondit Crécelius bas; depuis ce moment ni l'un ni l'autre n'a reparu. J'ai envoyé à la grotte où s'est réfugié notre protégé ; le messager n'est pas encore de retour. Je commence à concevoir des craintes fâcheuses.

Comme il parlait encore, une grande rumeur s'éleva au dehors.

On entendait plusieurs personnes discutant avec chaleur, et l'une d'elles s'écria distinctement :

— Portons-le chez le bailli ; cette affaire le regarde. Vous ne nous empêcherez pas de voir le bailli, monsieur l'officier ; il ne s'agit pas d'une bagatelle, et il pourrait vous en coûter cher si vous entraviez la marche de la justice.

Le chef des miliciens répondit en jurant ; mais aussitôt un piétinement lourd ébranla l'escalier extérieur, et la porte de la salle s'ouvrant brusquement laissa voir deux bergmans qui portaient un objet long et pesant enveloppé dans un manteau.

Derrière eux venaient les soldats et le capitaine Diesbach, qui, son épée à la main, protestait bruyamment contre la violation de la consigne.

Les bergmans, qui n'étaient autres que Michel et Mathias, déposèrent leur fardeau sur le plancher.

Ils voulurent parler, mais les vociférations des soldats et de leur officier chef les empêchaient de les entendre.

— Paix, capitaine, silence, messieurs! dit le colonel Wernigerode d'un ton d'autorité ; que signifie cette scène déplacée dans la maison du bailli du Brocken? Que venez-vous faire ici?

— Avec votre permission, monseigneur, dit Hermann en s'avançant, il s'agit, si je ne me trompe, d'une affaire concernant les devoirs de ma charge... Veuillez ordonner aux soldats de se retirer, afin que j'interroge ces gens en liberté.

Sur un mot du colonel, les miliciens sortirent.

— Eh bien! Mathias, qu'y a-t-il? reprit le bailli; vous paraissez bouleversé... Que m'apportez-vous là dans ce manteau ?

— Le corps d'un homme assassiné, répliqua Mathias ; mais de grâce, ajouta-t-il plus bas en désignant Frantzia, éloignez la jeune dame... Ce n'est pas un spectacle fait pour ses yeux.

— Un homme assassiné! répéta le docteur; où l'avez-vous trouvé?

— En bas du Rosstrapp. Michel et moi nous nous rendions à nos travaux, quand nous l'avons rencontré au pied d'un rocher... Il était affreusement mutilé, et semblait mort depuis longtemps, car il était froid.

— Mais qui est-il ? qui est-il ? demanda le bailli avec émotion.

— Vous allez le voir... Seulement, au nom de Dieu ! éloignez la jeune dame.

Stengel fit signe à Rodolphe d'emmener sa sœur ; mais elle résista.

— Laissez-moi dit-elle résolûment ; au milieu de tant d'horribles épreuves, ai-je manqué un seul instant de courage et d'énergie? Laissez-moi... Mon âme a supporté tout ce qu'elle pouvait supporter de souffrances et de tortures... Rien ne la brisera plus maintenant, puisqu'elle a résisté jusqu'ici.

Cependant le docteur Crécelius, emporté par l'ardeur de la science, écartait les plis du manteau.

— Tout espoir n'est peut-être pas perdu, disait-il ; s'il reste seulement un souffle de vie, nous tenterons de sauver ce malheureux.

Le corps apparut tout à coup aux regards, le visage défiguré, les vêtemens souillés de boue et de sang ; cependant il était impossible de le méconnaître.

— C'est Pinck, murmura le bailli.

— C'est Pinck, murmurèrent les assistans.

Le docteur Crécelius s'empressa de chercher le pouls ; mais il eut à peine touché le cadavre qu'il se releva.

— Cet homme est mort, en effet, depuis plusieurs heures, dit-il.

Il y eut un moment de funèbre silence.

— Qui l'a tué ? demanda Frantzia d'une voix vibrante.

Personne ne répondit.

— Quel que soit le meurtrier, reprit le justicier d'un air sombre et grave, je ferai mon devoir ; je serai sans pitié pour l'assassin, fût-il mon propre fils... Mathias, Michel, restez ici et préparez-vous à répondre à mes questions... Docteur Crécelius, je vous requiers, en votre qualité de médecin, de m'assister dans l'enquête que je vais commencer. Rodolphe, vous tiendrez la plume.

— Ne vous pressez pas tant, bailli, dit le baron Wernigerode ; je ne peux croire que cette mort soit le résultat d'un crime, et sans doute le docteur Crécelius est de mon avis.

— Je crains le contraire, colonel, répliqua le docteur à voix basse.

— Mais qui l'a tué ? qui l'a tué ? répétait toujours Frantzia avec stupeur ; est-ce le spectre ou une créature de ce monde?

— Ce n'est pas un spectre, ma fille, dit le bailli ; il n'y a rien de surnaturel, nous en avons maintenant la preuve, dans les étranges et lugubres événemens qui se déroulent autour de nous... Enfin Dieu sait la vérité, et il la laissera bientôt se manifester... Retire-toi, tu es déjà restée trop longtemps ici.

Et il voulut l'entraîner vers l'escalier qui conduisait à l'étage supérieur de la maison ; mais la jeune fille, avant de sortir, vint s'agenouiller devant le corps sur lequel on avait rejeté le pan du manteau.

— Pinck, dit-elle avec douceur, vous avez eu de grands

orts envers moi, mais vous en avez été cruellement puni... Que Dieu vous pardonne vos fautes comme je vous les pardonne !

Puis elle se leva et suivit son père.

Le colonel se rapprocha précipitamment de Crécelius.

— Eh bien ! docteur, demanda-t-il très bas, vous croyez donc que votre protégé...

— C'est lui, colonel... ce ne peut être que lui.

— Mais comment cela s'est-il fait?

— Que sais-je? Sa haine contre Pinck lui avait tourné la tête; seul avec lui, irrité peut-être par quelque imprudente provocation, il se sera vengé... Du reste, nous allons suivre avec attention les investigations du bailli, et nous agirons suivant les circonstances.

En ce moment le vieux Stengel rentrait dans la salle, et l'enquête commença aussitôt.

Elle se prolongea pendant le reste de la journée.

Sur le soir, le colonel Wernigerode se montra aux montagnards réunis au Brocken-Werthaus par la curiosité, et il annonça brièvement que, tout bien examiné, la mort de Pinck devait être attribuée à un simple accident.

Peut-être certains raisonneurs eussent-ils été disposés à s'enquérir des détails et des circonstances accessoires de l'événement ; mais comment oser révoquer en doute la parole du colonel Wernigerode, le futur seigneur de Stolberg?

Il resta donc avéré, parmi les habitans du Brocken, que Pinck était tombé du haut du Rosstrapp en errant la nuit dans les ténèbres, et que sa fin tragique ne pouvait être imputée à personne.

D'ailleurs le favori du comte était généralement détesté, et son sort n'inspirait aucune pitié, même à ceux qui l'avaient flatté quand il était puissant.

XV

LA GORGE DU ROSSTRAPP.

Le matin du quatrième jour après la mort de Pinck, le vieux bailli du Brocken dut partir à cheval pour le château de Stolberg.

Le colonel Wernigerode, devenu à peu près maître de la seigneurie, vu l'état de faiblesse physique et morale de son oncle, l'avait fait mander pour quelques renseignemens importans, et Stengel s'était rendu à cette invitation amicale, qui pouvait équivaloir à un ordre.

A peine le digne magistrat, monté sur sa petite jument mecklembourgeoise, et escorté d'un paysan du voisinage qui lui servait de massier, eut-il disparu dans les sinuosités sans nombre de la route, que Rodolphe et Frantzia sortirent à leur tour de la maison du Comte, et prirent furtivement un des sentiers conduisant à la base du Brocken.

La jeune fille, dont les vêtemens de deuil faisaient ressortir encore la pâleur, paraissait épuisée par ses chagrins récens.

Sa démarche était languissante ; elle s'appuyait fortement sur le bras de son frère.

Cependant une sorte d'impatience fébrile perçait dans ses mouvemens et suppléait à la vigueur qui lui manquait.

Rodolphe, de son côté, semblait craindre d'être observé; il jetait fréquemment autour de lui des regards inquiets, comme si, dans cette campagne solitaire, quelqu'un eût pu surprendre le secret de sa mystérieuse promenade avec sa sœur.

C'était un de ces jours sombres et humides si communs dans le nord de l'Allemagne et surtout dans la chaîne du Harz.

Le ciel bas et nuageux restreignait l'horizon.

Des vapeurs légères, s'élevant de toutes les parties du paysage, s'absorbaient incessamment dans ces nuages épais pour se résoudre en pluie quelques heures plus tard.

Excepté le bruit lointain des sonnettes des vaches et les cris aigus des pics noirs dans les grands arbres, le plus morne silence régnait sur la montagne.

Aucun pâtre, aucun bûcheron ne se montrait, aussi loin que la vue pouvait s'étendre.

Ce calme absolu parut rassurer Rodolphe ; il adressa quelques mots d'encouragement à Frantzia, dont l'agitation intérieure était visible.

— Mon frère, dit-elle avec un reste d'égarement, ne me trompe pas... Est-ce bien Daniel Richter, *mon* Daniel, que je vais revoir vivant? Les explications que tu m'as données depuis trois jours sur ce prodige sont incessamment présentes à ma pensée ; et cependant, au moment d'avoir la preuve de tes paroles, je crains d'être la dupe d'une vision, d'un rêve ; je doute encore !

— Tu en croiras du moins le témoignage de tes yeux et de tes oreilles, bonne petite sœur? répliqua Rodolphe en souriant; tu vas trouver notre malheureux ami bien triste et bien découragé, mais un mot de ta bouche lui rendra la force et l'espérance.

— Il doit m'accuser... me maudire !

— Non, ma sœur; il sait à quelles irrésistibles suggestions, à quelles machinations infâmes tu as cédée, et il te plaint autant qu'il t'aime.

— Pauvre Daniel ! le sort lui doit de grandes compensations pour tout ce qu'il a souffert!... et pourtant, mon frère, te l'avouerai-je? En allant à cette entrevue, j'éprouve comme un remords... il me semble que je fais mal.

— Et pourquoi cela, Frantzia?

— Ces jours derniers, notre père m'a priée instamment et à plusieurs reprises de ne pas consentir à voir Daniel ni ouvertement ni en secret, de résister à toute sollicitation à cet égard... Ce matin encore, avant son départ, il a renouvelé ses recommandations.

La position fausse et périlleuse de Richter est sans doute la cause de cette défense. Notre père, dans sa prudence exagérée, aura craint, soit pour lui, soit pour nous, des engagemens compromettans...

— Tu as peut-être raison, Rodolphe ; il me semble néanmoins que notre excellent père, en me faisant ses recommandations, prenait un ton sévère et péremptoire qui ne lui est pas ordinaire avec ses enfans.

— C'est possible, mais n'as-tu pas aussi des devoirs sacrés à remplir envers un infortuné qui a tant souffert pour toi? Déshonoré, proscrit, sans asile, sans autres ressources que l'appui de quelques amis, il va quitter ce soir la retraite misérable où il se cache : il va aller en pays étrangers essayer de conquérir un autre nom, une autre place dans le monde... Au début de cette existence nouvelle, il a voulu te voir encore une fois; pouvais-tu lui refuser cette faveur suprême? N'eût-ce pas été une insigne cruauté que de le priver, pour des considérations vulgaires, de cette dernière consolation?

— Oui, mon frère, oui, Rodolphe, répliqua la jeune fille avec chaleur, en pressant le pas; il ne m'est pas permis d'hésiter. A mon retour, j'apprendrai tout à notre père, et je suis sûre d'obtenir son pardon... Mais je ne pouvais me dispenser de me rendre à la prière de Daniel, de ce pauvre martyr échappé à la rage de ses bourreaux... Oui, je le reverrai. Oh! si tu savais comme mon cœur bat à cette pensée de revoir mon bien-aimé Daniel !

Pendant cette conversation, les deux jeunes gens avaient tourné la base orientale du Brocken et étaient arrivés au pied d'une montagne à peine inférieure au Brocken lui-même par l'élévation.

Celle-ci avait la forme d'un fer à cheval ; ses rochers à pic, stériles et ravagés, présentaient un aspect hideux.

Une immense déchirure la partageait en deux, et, au fond de cette crevasse, dont les parois perpendiculaires avaient plus de cinq cents pieds de hauteur, mugissait une rivière dont les flots turbulens entraînaient sans cesse des blocs de pierre et des amas de gravier.

Le bruit de la cascade, répercuté par l'écho, grondait sourdement comme le tonnerre.

Ce lieu, bien connu des voyageurs, est le Rosstrapp.

Le frère et la sœur entrèrent sans hésiter dans ce défilé, où régnait en tout temps une humidité glaciale.

Jamais les rayons du soleil n'y pénétraient.

Les murailles de rochers semblaient près de se joindre par la cime, et ne laissaient apercevoir qu'une bande étroite du ciel.

Suivant une légende locale, un puissant seigneur du voisinage poursuivait un jour, au sommet de la montagne, un chevalier et sa demoiselle, qui l'avaient offensé.

Serrés de près, les amans arrivèrent au bord du gouffre : revenir en arrière était impossible ; aussi, n'écoutant que leur désespoir, ils s'embrassèrent, firent le signe de la croix et s'élancèrent... Tous les deux franchirent l'abîme et furent sauvés.

L'endroit où sauta l'amant s'appella Rosstrapp, d'où la montagne a pris son nom ; l'endroit où sauta la demoiselle s'appela *Yung-Spraud*, ou Saut de la fille.

Frantzia se pressait contre son frère en frissonnant, et n'osait regarder autour d'elle.

— Rodolphe, murmura-t-elle, n'est-ce pas ici que l'on a retrouvé le corps de...

— Ne pense pas à cela, ma sœur... C'est ici en effet, que la vengeance de Dieu a atteint un grand coupable !

— Rodolphe, n'y avait-il donc pas d'autre chemin ?

— Non, ma sœur, la grotte où se cache Daniel est là-bas derrière cette roche noire.

— Allons donc, et que le ciel prenne en pitié ceux qui ne sont plus !

Ils continuèrent d'avancer ; mais quand ils furent au tiers environ de cette gorge ténébreuse, ils s'arrêtèrent brusquement.

Ils entrevoyaient imparfaitement dans l'ombre un homme qui paraissait se livrer à quelque minutieux examen.

Debout et immobile au pied du rocher, tantôt il semblait vouloir en mesurer du regard l'effrayante élévation, tantôt il scrutait le sol même d'un air de méditation, comme s'il eût cherché la solution d'un problème difficile.

La présence inattendue de ce personnage dans un semblable lieu, et la singularité de ses allures, effrayèrent d'abord Frantzia ; elle voulut revenir en arrière.

Rodolphe la retint doucement.

— C'est le docteur Crécelius, murmura-t-il.

C'était lui en effet, et la jeune fille honteuse de sa frayeur, suivit son frère en balbutiant quelques mots sur l'étrangeté de cette rencontre.

Telle était la préoccupation du savant, que les deux jeunes gens purent s'approcher très près de lui sans attirer son attention.

Son chapeau sous le bras, sa perruque au bout de sa canne, afin de n'être pas gêné par ce poids inutile, il observait avec soin tous les accidens du terrain environnant.

Une pierre qui glissa sous les pieds de Rodolphe et alla rouler dans les eaux écumantes du ruisseau trahit leur présence.

Crécelius releva la tête et les regarda d'un air effaré.

— Vous ici, malheureux enfans ? dit-il durement ; que venez-vous faire dans ce lieu maudit ? Que voulez-vous ?

Il fallut tout le souvenir des services rendus tout récemment à sa famille par le doyen de la Faculté de Gœttingue, pour décider Rodolphe à répondre avec mesure :

— Notre présence ici n'est pas plus extraordinaire que la vôtre, docteur.

— Peut-être, répliqua Crécelius en rajustant sa perruque ; pourquoi ne serais-je pas venu dans ce vilain endroit récolter des plantes et des minéraux comme ailleurs.

Et il adressait au jeune homme des signes mystérieux.

— En ce cas, le Rosstrapp n'est guère favorable à de pareilles recherches, répliqua étourdiment Rodolphe ; il n'y a pas autour de nous le moindre brin d'herbe, et cette roche grise ne paraît pas...

Les derniers mots expirèrent sur ses lèvres ; il venait enfin de comprendre les clignemens d'yeux et les signes du docteur.

A ses pieds, sur un rocher nu, on apercevait une large tache noirâtre ; on eût dit d'une mare de sang, encore liquide grâce à l'humidité du défilé.

Rodolphe pâlit ; mais en même temps qu'il remarquait ces vestiges sinistres, Frantzia les remarquait de même.

Elle se couvrit les yeux de la main.

— Le docteur a raison, mon frère, murmura-t-elle ; notre place n'est pas ici.

Ils gagnèrent en silence une autre partie de la gorge.

— Docteur, demanda enfin la jeune fille d'une voix étouffée, quelle cause vous a ramené sur le théâtre de ce terrible événement ? Vos investigations ne sont-elles pas terminées ? Auriez-vous encore à vous rendre compte de quelque circonstance inexplicable dans cette tragique affaire ?

— Ce n'est rien, mon enfant ; je voulais seulement éclaircir un point de médecine légale d'un certain intérêt pour la science... Quant à vous, je ne crois pas me tromper en supposant... C'est certainement Daniel Richter que vous venez visiter au Rosstrapp ?

— En effet, docteur, et vous, l'ami, le protecteur, le sauveur de Daniel, vous ne pouvez blâmer cette démarche, je l'espère ?

— Sans doute, sans doute... Cependant Frantzia, vous feriez mieux peut-être de ne pas aller plus loin !

— Pourquoi cela, monsieur ? demanda mademoiselle Stengel avec étonnement.

— Je croyais que le bailli vous avait priée...

— Mon père ne pouvait savoir combien Daniel a besoin de consolations, interrompit Rodolphe ; s'il avait connu comme moi l'excès de son désespoir, il ne se fût pas opposé à cette entrevue...

— N'interprétez pas les opinions de votre père, que vous ne connaissez pas, reprit le docteur avec sévérité ; voyons, mes chers enfans continua-t-il d'un ton plus doux, suivez mes conseils, et retournez à la maison du Comte, sans chercher à voir Daniel.

— Mais, encore une fois, pourquoi ? demanda Frantzia.

— Je crains... je pense... enfin, vous ferez bien de ne pas aller plus avant. — Cette insistance d'un homme qui avait montré pour Daniel un intérêt si réel et si constant frappa de surprise le frère et la sœur. Frantzia le pressa de questions, mais inutilement. — Il m'est impossible de vous donner d'explication, répliqua le docteur ; seulement, je vous le répète, cette démarche pourra vous coûter de cruels regrets !

— Vos services passés vous ont acquis toute ma confiance, docteur, dit Frantzia avec angoisses ; cependant je ne sais si je dois, sur des allégations non justifiées, me rendre coupable d'une noire ingratitude envers un ami malheureux.

— Non, non, tu ne le dois pas, ma sœur ! s'écria Rodolphe chaleureusement ; ce dernier coup lui serait mortel... Écoute avant tout les inspirations de ton cœur ; elles ne peuvent te tromper !

— Je les écouterai, Rodolphe,... Docteur Crécelius, pardonnez-moi de ne pas me rendre pour cette fois à vos avis, mais l'humanité même me le défend.

Le savant secoua la tête, et, posant la main sur l'épaule du jeune Stengel, il dit avec tristesse ;

— Pauvre garçon ! votre sort sera-t-il donc toujours de desservir ceux qui vous sont chers par l'excès même de votre affection et de votre zèle ? Eh bien ! soit ; je vous accompagnerai, mes enfans, et si je n'ai pu empêcher cette entrevue, elle aura lieu du moins en ma présence... Vous n'accuseriez que vous si j'étais forcé de changer en amertume les consolations que vous en attendez.

En même temps il se mit en marche et précéda les jeunes gens, troublés malgré eux de la solennité de ces paroles.

On côtoya le torrent, dont l'écume rejaillissait jusqu'aux pieds des voyageurs.

Au bout de quelques instans de marche difficile sur un sol rocailleux, Crécelius prit un sentier à peine visible et qui semblait pratiqué seulement par les chèvres sauvages.

Ce sentier contournait les rocs amoncelés dans la partie inférieure de la muraille granitique.

De temps en temps il fallait s'aider de quelques arbustes rabougris, où de quelques marches grossièrement tracées à la pioche, pour suivre ce périlleux chemin.

Une pareille ascension était particulièrement pénible au docteur, et il eut plusieurs fois besoin du secours de ses jeunes compagnons, habitués dès leur enfance aux excursions dans les montagnes.

On parvint ainsi à une grosse roche qui surplombait et formait une espèce de terrasse.

Là le sentier cessait tout à coup ; au-dessus on n'apercevait plus qu'un pic de plusieurs centaines de pieds.

Des buis, des ronces et des coudriers, nourris par l'humidité incessante du défilé, s'élevaient en bouquets d'un vert sombre dans les fissures du granit.

Un peu de fumée, s'échappant à travers le feuillage, trahissait l'existence d'une habitation humaine dans ce triste lieu.

Au moment où le docteur atteignait la plate-forme, il aperçut un homme assis sur un fragment de rocher.

Les coudes posés sur ses genoux et la tête dans ses mains, il semblait plongé dans une morne rêverie.

A la vue des survenans, il tressaillit et se leva en sursaut : c'était le vieux Samuel Toffner, l'ancien compagnon et le fidèle ami de Daniel.

— Bonjour, cousin Samuel, lui dit le docteur d'un ton amical ; vous faites toujours bonne garde. C'est bien. Mais pourquoi nous regardez-vous avec ces yeux effarés ? Ne vous attendiez-vous pas à notre visite ?

— Si, si, monsieur, répliqua Toffner évidemment troublé ; que ceux qui se présentent ici avec un cœur pur et sans arrière-pensée soient les bienvenus, comme le prophète Élie chez la veuve de Sarepta... Nous préparerons pour eux la petite mesure de farine et la coupe de vin.

— Que signifie cette réserve, Samuel ? On croirait que ma présence ici vous inquiète ?

— Et pourquoi m'inquiéterait-elle, moi ? demanda le bergman avec une vivacité extrême.

En ce moment le feuillage s'écarta à quelques pas, et une figure pâle parut sortir de l'intérieur du rocher.

— Samuel, disait-on, à qui parlez-vous ainsi ? N'aurez-vous pas pitié de mon impatience ?

— Daniel ! dit Frantzia d'une voix faible.

— C'est elle, mon Dieu ! c'est bien elle !

Un homme s'élança impétueusement, et la jeune fille, par un sentiment plus fort que toutes les convenances, se laissa tomber dans ses bras.

Ce premier mouvement fut si pathétique, si entraînant, qu'aucun des assistans ne put se défendre d'une émotion profonde.

Le docteur Crécelius lui-même détourna la tête pour cacher une larme qui venait déconcerter la gravité de son maintien.

Enfin Frantzia se dégagea avec une sorte de confusion, et les deux jeunes gens se regardèrent en silence.

Ils parurent effrayés l'un et l'autre de se trouver si différens de ce qu'ils étaient avant leurs longues infortunes.

— Vous aussi, vous avez été cruellement éprouvée, pauvre Frantzia, dit Daniel avec tristesse ; et moi, échappé par miracle à une mort infamante, moi qui ne compte plus légalement au nombre des vivans, je n'ai pas été peut-être le plus à plaindre de deux !

— Vous avez raison, Daniel, répondit la jeune fille ; mais vous ne pouvez avoir oublié notre dernière entrevue... Je vous promis alors que vous seriez toujours présent à ma pensée ; j'ai tenu parole. Votre souvenir m'a soutenu dans bien des épreuves, quoiqu'il n'ait pu me préserver de malheurs plus puissans que moi.

Le proscrit leva les yeux au ciel en soupirant.

— Entrons dans la grotte, mes enfans, dit le docteur Crécelius revenu de son attendrissement ; quelque pâtre ou quelque bûcheron pourrait remarquer Daniel... Puisque cette entrevue était inévitable, n'aggravons pas du moins par une imprudence les fâcheuses conséquences qu'elle aura peut-être !

Richter, écartant les branchages qui cachaient l'entrée d'une grotte invisible d'en bas, grâce à la saillie du rocher, introduisit les visiteurs dans sa misérable demeure.

C'était une excavation de peu d'étendue dont la nature semblait avoir fait tous les frais.

Nulle part on n'apercevait le travail de l'homme sur ses parois abruptes.

Dans le fond, une ouverture circulaire laissait voir un point lumineux du ciel ; par là aussi s'échappait la fumée d'un petit feu de tourbe que l'habitant de ce réduit entretenait pour se défendre contre l'humidité.

Un peu de paille et des feuilles sèches servaient de lit ; une valise et des provisions, déposées dans un enfoncement, témoignaient seules de quelque souci pour les besoins physiques du proscrit.

— Voilà où j'ai trouvé un asile contre les persécutions de mes semblables, dit Daniel. Eh bien ! toute lugubre que soit cette retraite, Frantzia, elle serait en ce moment pleine de charmes pour moi, si à la joie de vous revoir ne se mêlait la crainte de vous perdre bientôt sans retour.

— Ami, reprit mademoiselle Stengel avec un faible sourire, en s'asseyant sur une pierre, n'avons-nous pas la preuve que Dieu se plaît souvent à déconcerter les prévisions humaines ? Qui nous eût dit, pendant cette nuit terrible où nous nous faisions là-bas, à la maison du Comte, des adieux si tristes et si solennels, que nous nous retrouverions encore sur la terre pour pleurer, et peut-être espérer ensemble ?

— Espérer ! s'écria Daniel avec enthousiasme, oh ! soyez bénie pour cette précieuse parole !... Espérer ! ma pauvre âme déchirée n'aspire qu'à l'espérance.

— Peut-être ne me comprenez-vous pas, balbutia la jeune fille ; tant de choses sont désirables pour vous...

— Que vos lèvres ne se rétractent pas un mot tombé de votre cœur, Frantzia ! si, comme j'ose le croire, tant de secousses n'ont point altéré vos anciennes affections, je peux me relever encore... Une ère nouvelle s'ouvre devant moi ; tout mon douloureux et sombre passé sera mis en oubli ; en quittant dans quelques heures ce trou obscur de rocher, je me transformerai, comme l'insecte des prairies. Avec des protecteurs puissans, je dois inévitablement conquérir un nom, un rang, une fortune supérieurs à ce que j'ai perdu, et si je ne m'abandonne pas moi-même, si cette volonté ferme qui fait le succès ne me manque pas pendant la lutte... Frantzia, cette volonté ferme, je veux la tenir de vous... Dites-moi qu'au terme de la course vous serez la récompense, et je vais me jeter avec ardeur dans la carrière ; à force d'énergie et de constance je réussirai ; je réussirai, j'en suis sûr !

Frantzia gardait le silence.

— Daniel, murmura-t-elle enfin, il ne convient pas en ce moment... je ne peux pas, je ne dois pas répondre. D'ailleurs, il serait imprudent de prendre un engagement dont vous seriez peut-être le premier à vous repentir plus tard...

— Me repentir, Frantzia ? Mais, au nom du ciel ! que ferais-je de la vie sans vous ? Que m'importeraient le sort le plus brillant, les honneurs, les richesses, si vous ne deviez les partager avec moi ? Me repentir ! moi qui, sur les champs de bataille, dans les cachots, sur l'échafaud, ici, partout, je n'ai eu qu'une pensée, vous, Frantzia, toujours vous ! En vérité, cela ressemble à une affreuse ironie !

— Je n'ai pas voulu vous offenser, Daniel, j'ai cherché seulement à prévoir les exigences possibles de l'avenir. Aurais-je pu croire, il y a quelques mois, qu'un jour je donnerais volontairement ma main à un autre que vous ? Et cependant j'ai dû me soumettre au joug de fer de la nécessité. Eh bien ! Daniel, ajouta la jeune fille en baissant les yeux, si vraiment j'ai sur votre cœur cette puissante influence, si vous attendez seulement pour réussir que je vous crie : « Courage ! » partez sans regrets... je vous promets...

Le docteur Crécelius, qui allait et venait dans la grotte, se plaça entre eux.

— Ce n'était pas pour faire des projets inexécutables que devait avoir lieu cette entrevue, interrompit-il d'un ton sévère; vous aviez seulement à vous dire adieu ; pourquoi l'avez-vous oublié ?

Telle était l'autorité de sa voix et de son geste, que les jeunes gens restèrent stupéfaits.

— Docteur Crécelius, s'écria Rodolphe avec indignation, est-il bien généreux de défendre ainsi toute espérance à deux fiancés dont l'affection mutuelle a été éprouvée par tant de traverses ? N'est-ce pas outrepasser vos droits de bienfaiteur que de tyranniser ainsi des sentiments respectables ?

Cette intervention de Rodolphe parut rappeler Daniel à lui-même.

— Docteur Crécelius, dit-il avec dignité, je vous dois la vie et plus encore peut-être... Néanmoins, en acceptant vos bienfaits, je n'ai pas prétendu renier ma liberté d'action et les sentiments de mon cœur ; la vie eût été trop chère à ce prix. J'ignore quelles peuvent être à mon égard les intentions de mes protecteurs, et en particulier celles du doyen de l'Université de Gœttingue, du président d'une association puissante ; mais, je vous le déclare, je ne souffrirai pas...

— Vos protecteurs n'ont qu'un but, monsieur Daniel Richter, répliqua le docteur avec véhémence; celui d'achever l'œuvre de votre salut, comme ils l'ont promis. Le doyen de la Faculté de Gœttingue et le chef des initiés n'ont rien non plus à voir dans tout ceci ; mais il y a un honnête homme dont la conscience se révolte quand vous osez parler de mariage à Frantzia Stengel, et cet homme c'est moi... Enfans, comprenez bien mes paroles ; un abîme infranchissable vous sépare...

Un profond silence régna dans la grotte.

— Docteur Crécelius, reprit enfin Daniel, j'ai le droit de connaître au moins cet obstacle si terrible. Je vous somme de m'expliquer...

— L'ignorez-vous réellement, Daniel Richter ? demanda le savant en fixant sur lui un regard de feu.

— J'en prends le ciel et la terre à témoins !

— Et moi, monsieur, reprit Frantzia, je joins mes sollicitations à celles de mon frère et de mon ami pour vous supplier de nous apprendre, sans détours, les motifs de votre étrange conduite. Déjà, tout à l'heure, vous avez jeté dans mon esprit un trouble funeste... Il y aurait cruauté à prolonger davantage nos poignantes incertitudes.

— Je voudrais pouvoir vous épargner tous ! murmura le docteur dont les traits semblèrent s'adoucir ; eh bien ! mon enfant, continua-t-il, si je vous disais que jamais votre père ne consentirait à votre union avec ce jeune homme, ne serait-ce pas une raison pour vous de ne rien promettre légèrement ?

— Je dois obéissance à mon père ; cependant...

— L'honnête et prudent bailli du Brocken ne peut avoir la pensée d'engager absolument un avenir inconnu ! s'écria Daniel ; cela ne serait ni juste ni sage... Il ne se refusera pas aux vœux de son enfant quand les temps seront meilleurs pour moi.

— Est-ce là aussi votre opinion, Frantzia ?

La jeune fille fit un signe de tête.

— Alors je vois, reprit Crécelius, que je ne puis me taire davantage... Vous allez savoir pourquoi ce mariage est impossible, pourquoi le bailli s'y opposera tant qu'il lui restera un souffle de vie...

Il s'arrêta : les cœurs battaient avec violence.

— Pinck n'est pas mort par accident, continua-t-il en pesant chacune de ses paroles ; il est mort assassiné.

Un cri étouffé partit de l'autre extrémité de la grotte, mais il ne fut pas remarqué au milieu du trouble général causé par cette révélation.

— Cela n'est pas possible, dit une voix.

— Je n'ai aucun doute, repartit Crécelius avec fermeté ; nous avons trouvé dans le cadavre la lame brisée d'un couteau, et cette preuve est décisive.

— Eh bien ! demanda Frantzia haletante, qui soupçonne-t-on de ce crime horrible ?

— Ne le devinez-vous pas ? Réfléchissez bien..... Quelle est la dernière personne avec laquelle Pinck a été vu ? Avec qui a-t-il quitté le bal champêtre du Brocken-Werthaus ? Qui avait à venger sur lui de mortelles injures ?

Frantzia retira précipitamment sa main, dont Richter s'était emparé, et recula avec horreur.

— Lui ! lui ! mon Dieu ! murmura-t-elle.

Daniel, d'abord atterré par cette grave accusation, releva la tête.

— Vous me croyez coupable, Frantzia ? dit-il avec énergie ; vous savez pourtant quelles excuses je pourrais invoquer si je m'étais vengé d'un scélérat, cause première de tous mes malheurs... Mais je suis innocent de ce meurtre, je le jure par tout ce qu'il y a de plus sacré !

— Daniel, reprit le docteur Crécelius froidement, ne cherchez pas à donner le change par des dénégations et des sermens que les apparences contredisent ; avouez-le plutôt, vous avez agi dans le cas de légitime défense, quoique même dans ce cas le cadavre sanglant de Pinck doive former une barrière infranchissable entre vous et.... la veuve de Pinck !

— Je n'avouerai même pas cela, monsieur, car ce serait contraire à la vérité. Souvenez-vous de nos conventions la veille de l'événement. Je vous fis savoir par Toffner que je chercherais à effrayer Pinck et à l'éloigner le plus possible de Frantzia ; vous approuvâtes ce projet en me recommandant expressément de ne pas user de violence. Je le promis, et défiant de ma haine contre mon déloyal adversaire, j'allai sans armes me montrer à lui par deux fois différentes... La seconde fois, le soir du bal, il fit feu sur moi de ses pistolets, et c'est miracle comment j'échappai à ses coups.

— En rôdant dans la maison du Comte, interrompit Crécelius, j'avais trouvé les pistolets, et à tout hasard j'en avais retiré les balles.

— Cette précaution me sauva sans doute. Pinck furieux me poursuivit avec un acharnement incroyable ; à chaque instant il m'adressait des provocations, des menaces. Je fus fortement tenté de me retourner et d'engager avec lui une lutte corps à corps ; mais je résistai à la tentation. Je m'occupai uniquement d'égarer mon ennemi dans les détours de ces montagnes qui me sont familières. Je me cachais et je me montrais à lui tour à tour ; il dut se croire en effet le jouet d'un spectre ou d'un de ces lutins qui, dit-on, fréquentent la chaîne du Harz. Je lui échappais toujours au moment où il paraissait sûr de m'atteindre. « Nous arrivâmes ainsi au sommet du Rosstrapp, cette montagne qui s'élève au-dessus de nos têtes. Convaincu alors que Pinck ne pourrait regagner la maison du Comte avant le jour, et que le succès des mesures prises par mes protecteurs était désormais assuré, je disparus tout à coup à ses yeux et je le laissai se répandre en imprécations impuissantes. Je cherchai un sentier pour revenir à cette grotte, où mon fidèle compagnon Toffner devait m'attendre. Au moment où je descendais le rocher avec précaution, j'entendis à quelque distance un cri terrible. Je m'arrêtai pour écouter, mais tout était redevenu silencieux, et je continuai ma marche. Le lendemain seulement, j'appris de

Toffner que des bergmans avaient trouvé le corps de mon adversaire dans le défilé.

Ce récit avait un caractère de vérité auquel il semblait impossible de se méprendre ; cependant Crécelius gardait son attitude froide et réservée.

— Monsieur le docteur, reprit Frantzia en le regardant avec anxiété, vous l'entendez ? Daniel affirme qu'il est innocent.

— Malheureusement, ma chère fille, je suis obligé d'être d'un avis différent.

— Docteur, docteur, nul autre ne pourrait-il avoir accompli ce crime ?

— Rien dans les faits ne vient à l'appui de cette supposition. Votre père et moi nous l'avons discutée plus d'une fois, et il nous a toujours paru que Daniel seul était coupable.

— Et pourtant mon père a sans doute encore des incertitudes sur ce point, objecta Rodolphe ; car, je le connais bien, il est inexorable dans une question de meurtre, et il eût fait arrêter le coupable pour le livrer encore une fois aux rigueurs de la justice.

— Le bailli n'y eût pas manqué peut-être, Rodolphe, s'il eût connu le secret de cette grotte... D'ailleurs, la position désespérée de Richter, les torts de Pinck à son égard, la possibilité, la probabilité même d'une lutte toute fortuite entre eux, la nécessité de la défense, sont des circonstances de nature à justifier une certaine indulgence. Ces raisons, que j'ai fait valoir en temps et lieu, d'autre part les ordres positifs de monsieur le baron de Wernigerode, le seigneur actuel du Brocken, ont décidé le bailli à ne pas sévir comme il le devait. Il s'est contenté de défendre à ses enfans de revoir celui qu'il savait être le meurtrier de son gendre ; mais toute autre personne soupçonnée de ce crime eût été poursuivie avec rigueur, et punie de la mort des assassins.

Un profond soupir se fit entendre encore dans l'obscurité de la grotte.

— Monsieur le docteur, reprit Daniel, vos accusations me confondent... Je ne sais comment me justifier, et cependant, je vous le jure encore une fois, je n'ai pas trempé mes mains dans le sang de cet homme !

— Vous voulez me pousser à bout, répliqua le savant avec colère, et votre passion pour Frantzia vous aveugle sur l'odieux de pareils dénégations... Eh bien ! je vais vous prouver qu'il vous serait plus facile de nier la lumière du soleil que votre crime.

Il saisit, dans un enfoncement du rocher, un couteau dont la lame était brisée, et le présenta à Daniel.

— Ce couteau, sur lequel le hasard tout à l'heure m'a fait jeter les yeux, ne vous appartient-il pas ? demanda-t-il.

— J'avouerai, répondit le proscrit avec étonnement, que je m'en suis servi plusieurs fois.

Alors Crécelius tira de sa poche un objet de petit volume soigneusement enveloppé dans du papier.

— Voilà, dit-il, le fragment de lame que j'ai retiré du cadavre ; il était fortement engagé entre deux vertèbres, et la blessure qu'il a faite eût pu seule causer la mort... Voyez.

Il rapprocha le tronçon de la lame ; les deux morceaux s'adaptaient ensemble parfaitement.

Le mot *Solingen*, gravé sur la partie inférieure, se terminait exactement sur l'autre partie.

Cette démonstration était claire et décisive ; aussi Daniel n'eut-il pas la force de protester de nouveau contre l'accusation qui pesait sur lui.

Au bout d'un moment de silence, Frantzia se tourna vers son frère :

— Partons, partons, Rodolphe, dit-elle d'une voix étouffée.

— Frantzia ! s'écria Richter en s'agenouillant devant elle, ma chère Frantzia, vous quitterez-vous sans me dire adieu, sans m'adresser un mot de consolation ?

La jeune fille recula précipitamment.

— Adieu, Daniel Richter, répliqua-t-elle ; puisse Dieu vous accorder la paix de l'âme !

Et elle voulut sortir.

— Frantzia, m'abandonnerez-vous ainsi à mon désespoir ? Ne me laisserez-vous pas espérer qu'un jour, plus tard, vous pourrez me voir sans horreur ?

— Le sang de l'homme dont j'ai porté le nom s'élève entre nous... Je puis vous pardonner, vous plaindre, mais je ne vous reverrai jamais.

En même temps elle quitta la grotte, et Rodolphe la suivit, après avoir furtivement serré la main de son malheureux ami.

Daniel restait comme foudroyé, l'œil fixe, les bras pendans.

— Pauvre garçon ! lui dit le docteur Crécelius avec un accent de pitié, j'ai été bien cruel envers vous, mais vous m'y avez forcé !

— Je ne vous accuse pas ; vous avez cru remplir un devoir de conscience... Mais que faire de la vie maintenant ?... elle est perdue pour moi !

— Monsieur Richter, reprit le docteur brusquement, j'ai beau faire, en dépit des apparences il me semble qu'il y a dans cette affaire un mystère inconcevable... J'ai conçu des soupçons étranges, et je crains que vous ne sacrifiez votre bonheur à quelque sentiment de vaine générosité... Voyons, réfléchissez ; me suis-je trompé ?

Daniel ne répondit pas.

— Tout peut se réparer encore, continua Crécelius ; prouvez-moi votre innocence, et les liens rompus vont se renouer.. Daniel, je vous le répète, n'avez-vous rien à me dire ?

Le proscrit parut hésiter ; son visage s'anima, ses lèvres s'agitèrent comme si elles eussent été sur le point de laisser échapper un important secret ; mais un regard jeté vers l'entrée de la grotte raffermit son courage.

— Rien, docteur, rien, soupira-t-il.

— Il suffit, monsieur ; tenez-vous prêt à partir.... Dans deux heures, Longus viendra vous chercher avec un cheval.

Crécelius, en sortant, se heurta à Samuel Toffner, accroupi dans l'obscurité de la caverne.

Daniel se traîna péniblement jusqu'à la plate-forme ; il aperçut de loin le frère et la sœur qui s'avançaient à grands pas vers l'extrémité du défilé.

— Frantzia ! Frantzia ! appela-t-il d'un ton déchirant.

L'écho sec du rocher répéta son appel, mais la jeune fille ne se retourna pas, et Rodolphe, entraîné par elle, put seulement agiter la main en signe d'adieu.

XVI

LES VISITEURS.

Deux voyageurs à cheval gravissaient péniblement les régions inférieures du Brocken et se dirigeaient vers l'antique habitation où se sont passés les principaux événemens de cette histoire.

On était au cœur de l'hiver ; ces solitudes si pittoresques dans la belle saison, présentaient maintenant un tableau de désolation.

Une couche épaisse de neige recouvrait la montagne et les plaines environnantes ; le chemin tortueux se faisait reconnaître seulement à ses teintes plus foncées sur ce tapis éblouissant de blancheur.

Bergeries, chalets, rochers, forêts de sapins, tout avait pris un aspect uniforme.

Les torrens et les cascades avaient cessé leur murmure et pendaient sur les versans en longues girandoles de cristal.

Partout le silence et l'immobilité; plus de bêlemens de brebis et de chants d'oiseaux dans le lointain.

Un vent âpre, qui semblait directement venu du pôle, se déchaînait contre cette rude nature, bouleversant avec effort les nuages qui pesaient sur les cimes glacées du Harz.

Les deux cavaliers avaient l'apparence de personnages de distinction, quoiqu'ils ne fussent suivis d'aucun domestique.

Leurs amples manteaux de fourrure cachaient une partie de leurs traits; cependant on jugeait aisément qu'ils étaient d'âges et de caractères différens.

Celui qui marchait le premier, et dont les cheveux longs et légèrement poudrés remplaçaient la perruque alors en usage dans les classes aisées de la société, eût paru tout jeune encore si une expression de mélancolie n'eût donné à sa physionomie une gravité prématurée.

Néanmoins, par momens son œil noir dardait un regard de flamme, signe d'une âme passionnée.

Son compagnon, au contraire... Mais à quoi bon proposer des énigmes au lecteur? Le compagnon dont il s'agit était le docteur Crécelius, avec cette activité infatigable, avec cette physionomie mobile convenant si bien aux diverses positions qu'il occupait, enfin tel que nous l'avons dépeint autrefois, mais avec quatre années de plus.

Quatre années, en effet, s'étaient écoulées depuis la fin tragique de Pinck dans les défilés du Rosstrapp.

Le savant, le nez rouge, la barbe et la moustache couvertes de givre, semblait fort importuné de ce froid rigoureux que, l'autre voyageur n'avait pas l'air de sentir.

Souvent même, quand les pieds des chevaux glissaient sur la neige, il ne pouvait retenir certaines interjections où l'impatience et l'inquiétude avaient une égale part.

— En vérité, monsieur le chambellan, dit-il à son compagnon, à la suite d'un faux pas de sa monture qui avait pensé le désarçonner, nous eussions pu choisir un temps plus favorable pour chevaucher dans ces endiablées montagnes; nous serons fort heureux si nous arrivons à la maison du Comte sans fractures de bras et de jambes... Quant à moi, je l'avoue, je regrette fort cette bonne berline si chaude et si bien suspendue que nous avons quittée à Ilsembourg; elle va continuer sa route pour Stolberg, pendant que nous faisons cette belle équipée de traverser le Brocken à cheval, et monseigneur de Wernigerode, qui nous attend, sera bien surpris de ne trouver dans sa voiture que mon grand fainéant de Longus.

— Je vous le disais, monsieur le doyen, répliqua l'autre voyageur en soupirant, il fallait me laisser entreprendre seul ce triste voyage : je vous eusse rejoints ce soir à Stolberg, et...

— Et je n'aurais pas su ce qui va se passer là-haut, dit le docteur avec ironie en étendant le bras dans la direction de la demeure du bailli; non, non, monsieur le chambellan, ma présence était absolument nécessaire pour empêcher... ce qui doit être défendu. C'est vous, au contraire, qui eussiez dû tout d'abord renoncer à ce voyage périlleux et inutile.

— Inutile?

— Oui, sans doute, qu'y a-t-il de changé depuis votre départ du pays? A la vérité, vous avez conquis une position brillante. Grâce à votre talent prodigieux, et peut-être aussi à certains amis secrets, votre réputation est devenue européenne; ce nom italien que vous avez pris depuis vos malheurs, et qui était, je crois, celui de votre mère, est célèbre parmi ceux des plus grands virtuoses de l'Italie. Tout cela est fort bien ; mais quelles raisons avez-vous de penser que le riche et illustre maestro Gambini sera mieux venu auprès d'une certaine personne que le pauvre Daniel Richter ?

— Aucune, hélas! Mais j'ai voulu la voir encore une fois.

— Un pareil désir vous a déjà coûté bien cher, il y a quelques années, et ce bonhomme de bailli, avec ses impitoyables principes de légalité, pourrait encore vous faire repentir de cette démarche inconsidérée... Je ne serais nullement rassuré à cet égard, si nous ne devions compter au besoin sur l'appui du noble et généreux baron de Werignerode.

— Ce n'est pas l'inflexibilité de monsieur Stengel que je crains le plus, docteur : l'indifférence, la haine de sa fille me seraient mille fois plus terribles. Pendant cette longue absence, où la fortune a tant fait pour moi, Frantzia n'a pas répondu à une seule de mes lettres... Pas un mot, pas un signe de souvenir ! Oh! elle m'a chassée de son cœur comme de sa mémoire !

— Eh bien! mon jeune ami, dit Crécelius avec fermeté, à quoi vous servirait-il qu'il en fût différemment ? Pourquoi nourrir à plaisir un sentiment qui ne sera pas, qui ne pourra jamais être satisfait ? Ah ! Daniel Richter, vous avez eu tort de ne pas suivre, dès les premiers momens, les conseils que je vous ai toujours donnés. Ne regardez plus en arrière ; vous n'y trouverez que honte, malheur et fatalité ; rompez avec ce triste passé, pour jouir du présent si attrayant et si beau. Pourquoi votre âme, s'obstinant dans ses sombres préoccupations d'autrefois, reste-t-elle fermée aux impressions nouvelles où vous pourriez trouver tant de douceur et tant de joie ?... Enfin, vous avez voulu tenter une dernière expérience ; soit. Vous reconnaîtrez bientôt combien votre illusion était grande, et, alors, je l'espère, vous cesserez de vous raidir contre l'inexorable nécessité.

Le chambellan ne répondit pas, et on continua d'avancer en silence.

Bientôt les voyageurs aperçurent, à travers le brouillard, la hauteur du Heinrichsohe au sommet de laquelle était bâtie la maison du Comte.

Le petit édifice se détachait en noir sur ce fond neigeux.

Les alentours étaient mornes et déserts ; pas un montagnard n'errait dans la campagne, livrée aux horreurs d'un hiver rigoureux.

Le compagnon de Crécelius retint la bride de son cheval.

— Comme tout est changé ici ! dit-il en promenant lentement son regard autour de lui ; beau soleil, fraîche verdure, prairies riantes, tout s'est éclipsé, tout s'est flétri, tout est en deuil comme dans mon cœur !

— Vaine et frivole poésie ! Pourquoi s'affliger de ce qui est un effet nécessaire et passager des lois de la nature ? Dans quelques mois, au printemps, le beau soleil dont vous parlez percera de nouveau les nuages, ce linceul de neige s'écartera pour laisser voir la campagne verte et rajeunie. Ces retours existent aussi dans nos affections.

— L'âme humaine ne renaît pas périodiquement comme les fleurs, dit le chambellan avec un sourire amer.

— Non, sans doute ; mais de même que, sur le sol le plus stérile et le plus ingrat, Dieu jette toujours quelque frêle et chétive végétation, de même sur l'âme la plus desséchée il fait germer l'espérance... Voyez-vous cette roche grise qui domine là-bas le Heinrichsohe ? continua le savant ; sauf des glaçons qui la couronnent, elle diffère peu maintenant de ce qu'elle est au cœur de l'été ; c'est toujours la même apparence dure, fruste, inhospitalière. Cependant chaque année, quand je viens herboriser vers le Brocken, je trouve dans les creux de cette roche, où se sont amassés quelques atômes d'humus, une petite plante que je m'empresse de récolter et qui repousse toujours ; c'est la saxifrage *creceliana*, la plus rare et la plus précieuse espèce que j'aie jamais rencontrée, puisque, selon toute probabilité, elle ne croît en nul autre endroit du monde que sur cette pierre inconnue... Elle est la septième de la nomenclature des trente-deux espèces nouvelles découvertes par moi, et sur lesquelles j'ai écrit un mémoire que j'ai adressé à toutes les sociétés savantes de l'Europe ; vous en avez entendu parler sans doute dans les cours étrangères... A la vérité, certains confrères envieux m'ont accusé de montrer trop d'amour-propre en ajoutant *crecelianus* ou *creceliana* au nom générique de chacun de ces végétaux ; mais que voulez-vous ? je n'ai pu trouver d'autre moyen de constater authentiquement mes droits de premier inventeur....

Le savant, oubliant le sujet principal de la conversation, allait peut-être entrer dans les détails de sa controverse avec les botanistes jaloux de sa gloire, quand son compagnon murmura d'une voix étouffée, en arrêtant son cheval :

— Nous sommes arrivés.

Au moment où ils mettaient pied à terre devant la maison du Comte, la vieille Sara, la gouvernante, sortit du rez-de-chaussée qui servait d'étable et d'écurie à l'habitation.

— Eh ! c'est monsieur le docteur Crécelius ! dit-elle en adressant une belle révérence aux étrangers ; quel dommage que monsieur le bailli ne soit pas à la maison !

— Le bailli est absent ? demanda précipitamment Crécelius.

— Oui, monsieur ; Mathias est venu le chercher, il y a deux heures, pour aller voir, à la bande du Hirschœrner, un pauvre bergman qui se meurt...

— Et Rodolphe ?

— Monsieur Rodolphe a accompagné son père, car il paraît qu'il y aura des écritures à faire, et depuis son retour de l'Université c'est un jeune homme rangé, paisible, laborieux... Le pays aura là un bon bailli quand notre maître, que Dieu le conserve ! songera à prendre sa retraite... Mais si vous voulez monter, ces messieurs ne tarderont pas sans doute à rentrer, et, en attendant, mademoiselle vous tiendra compagnie.

— Mademoiselle est donc ici ?

— Vous la trouverez dans le stubé.

— A merveille, dit le docteur ; Sara, voyez si vous n'auriez pas une poignée d'avoine à donner à ces pauvres bêtes, pendant que nous allons saluer votre maîtresse. — Puis, se tournant vers son compagnon : — Il y a une providence pour les amoureux, dit-il à voix basse, tout marche exactement comme nous pouvions le désirer. Montons ; mais pas d'imprudence !

Ils laissèrent les chevaux à la surveillance de Sara, et, gravissant l'escalier, ils entrèrent dans la salle où Frantzia se trouvait en effet.

La jeune fille était seule, assise près du poêle, le dos tourné à la porte ; elle lisait attentivement un papier tout froissé qu'elle tenait à la main.

Au bruit des arrivans, elle s'empressa de le cacher, et elle demanda, avec une certaine altération dans la voix :

— Mon père, Rodolphe, est-ce vous déjà ? Ce pauvre homme serait-il mort ? Seriez-vous arrivés trop tard ?

— Ce n'est ni votre père ni votre frère, répondit Crécelius d'un ton enjoué, ce sont des amis.

Frantzia tressaillit et se leva vivement.

Elle avait alors vingt-deux ans environ, et les charmes de la femme commençaient à remplacer en elle les grâces un peu enfantines de la jeune fille.

Une douce sérénité remplaçait sur son visage l'exaltation passagère qui s'y montrait autrefois à la moindre émotion.

Son costume était simple et austère.

Toute sa personne respirait le calme et la résignation.

Telle qu'elle était pourtant, elle n'avait jamais été aussi belle, aussi poétique, aussi touchante.

En reconnaissant le docteur Crécelius, elle fit quelques pas au-devant de lui avec empressement.

— Vous, monsieur le doyen, s'écria-t-elle, vous ici, dans cette affreuse saison ? C'est une bonne fortune à laquelle j'étais loin de m'attendre.

— Petite ingrate, répliqua le savant en déposant un baiser sur la main qu'on lui tendait, ne puis-je donc venir au Bructerus que pour y récolter des *crecelianus* et des *creceliana* ?... La vérité est que, passant près d'ici avec mon ami, pour aller rendre visite au colonel de Wernigerode, nous nous sommes détournés de notre route afin de saluer les bons ermites de la maison du Comte.

— Et vous êtes les bienvenus dans le pauvre ermitage, répliqua Frantzia d'un air gracieux, prenez donc place au foyer, messieurs, et...

Elle s'interrompit au milieu de sa phrase et pâlit.

Son regard venait de s'arrêter sur l'étranger, qui, le visage à demi caché par son manteau, restait à quelques pas en arrière, dans l'ombre.

— Mademoiselle, dit le savant en prenant le bras de son compagnon, permettez-moi de vous présenter un grand artiste, monsieur Gambini, maître de chapelle et premier chambellan de S. A. le duc de Brunswick... Son nom, qui récemment a retenti dans toute l'Allemagne, est peut-être parvenu jusqu'à vous !

Frantzia essaya de parler ; mais elle ne put que prononcer quelques mots inintelligibles en s'inclinant.

Il se fit un profond silence.

Tout à coup, l'étranger écarta son manteau, et, montrant son visage beau et régulier mais inondé de larmes, il dit avec un accent déchirant :

— Frantzia, ma chère Frantzia, ne savez-vous pas qui je suis ?

Mademoiselle Stengel, par un suprême effort, parvint à surmonter son trouble.

— Pardonnez-moi, monsieur, répliqua-t-elle avec un sourire amer ; ne vient-on pas de m'apprendre que vous étiez maître de chapelle et chambellan du duc de Brunswick ? Votre visite ne peut qu'honorer fort l'humble maison de mon père.

— Oh ! ne me parlez pas de ce ton d'ironie, dit le voyageur en joignant les mains avec un mouvement passionné. Frantzia, vous le savez bien, je ne suis pas un étranger pour vous... Je suis Daniel, votre pauvre Daniel Richter qui vous a tant aimée, qui vous aime encore !...

Il voulut s'approcher de la jeune fille, mais elle recula d'un air d'effroi.

— Monsieur, balbutia-t-elle, les yeux baissés, vous vous trompez sans doute ; celui dont vous parlez est mort depuis longtemps, mort pour moi comme pour le reste du monde... Excusez-moi, monsieur le doyen, ajouta-t-elle en adressant au docteur une révérence, je suis obligée de vous quitter. Sara est à vos ordres... du reste, mon père et mon frère ne sauraient tarder à rentrer maintenant.

Et elle se dirigea d'un pas rapide vers une porte intérieure.

— Ma chère enfant, tant de sévérité n'est pas absolument nécessaire, dit Crécelius en cherchant à la retenir.

— Mademoiselle, s'écria Richter, daignez au moins m'entendre... Laissez-moi vous dire un mot, un seul mot...

Mais Frantzia ouvrit précipitamment la porte, comme si elle sentait sa force prête à trahir son courage, et elle disparut. Daniel se laissa tomber sur un siége en sanglotant.

Le docteur attendit que le premier transport de douleur fût passé.

— Allons ! mon pauvre et malheureux ami, dit-il enfin, j'avais prévu ce résultat ; votre ancienne fiancée refuse de vous recevoir, de vous reconnaître ; il ne nous reste plus rien à faire ici... Partons donc ; on nous attend à Stolberg, et nous aurons peine à arriver avant la nuit.

— Encore un moment, docteur, répliqua Daniel d'une voix étouffée ; laissez-moi pleurer encore dans cette salle où j'ai passé autrefois de si doux momens près d'elle, respirer l'air qu'elle a respiré...

— Monsieur Richter, ceci est de l'enfantillage. Songez que, d'un moment à l'autre, le bailli peut rentrer, et ce diable d'homme a des idées si bizarres sur les devoirs de sa charge...

— Elle m'a renié, elle m'a chassé disait l'artiste sans l'écouter ; ah ! docteur, docteur Crécelius, pourquoi m'avez-vous sauvé de l'échafaud ?

— Rendez donc service à l'humanité pour être récompensé de cette manière! reprit le savant avec impatience ; en effet, monsieur, si j'avais fait ce que vous dites, je me serais épargné les ennuis et les chagrins sans nombre que me cause votre caractère fougueux et indocile !

— Vous avez raison, dit Richter en se levant, je suis faible et ingrat... Je sens mes torts et je me les reproche, mais... si vous saviez comme je l'aime !

Et ses larmes recommencèrent à couler avec abondance. Crécelius détourna la tête sans oser le presser davantage.

Après une pause, Daniel reprit :

— Je vais vous suivre, mon cher bienfaiteur ; mais, avant de quitter cette maison pour toujours, je voudrais tenter une dernière expérience...

— Laquelle ?

— Autrefois, j'avais un moyen de faire partager à Frantzia les plus délicates impressions de mon âme, de parler à son cœur et à sa pensée... Ce moyen, je voudrais essayer s'il a conservé sur elle la même puissance.

— Mais enfin de quoi s'agit-il ?

L'artiste désigna du doigt le violon de Stradivarius qu'il avait légué autrefois à sa fiancée.

Le précieux instrument était encore suspendu à la muraille, enveloppé d'un crêpe de deuil.

— Caprice d'artiste ou d'enfant, car c'est tout un ! dit le savant en souriant avec dédain ; eh bien, donc ! hâtez-vous, car ce rigoriste de justicier peut venir nous surprendre.

Daniel s'empressa de détacher le violon, et, le dégageant de son voile funèbre, il reconnut que l'instrument avait été restauré et muni de cordes neuves.

Une vague expression de joie se montra sur son visage.

— Il est tel que je le reçus des mains de mon père expirant, murmura-t-il ; l'âme et la vie lui sont revenues... mais je ne crois plus aux heureux présages !

Il promena un instant l'archet sur les cordes, puis, s'abandonnant à son inspiration, il se mit à improviser une suave mélodie dont aucune langue humaine ne saurait donner une idée.

Cette improvisation n'avait pourtant pas le caractère impétueux, l'harmonie large et sombre de celle qu'il exécuta pendant la terrible nuit qui précéda sa translation à Gœttingue.

C'était plutôt une touchante élégie, où la résignation se joignait à la douleur, où la prière avait des larmes timides et respectueuses comme dans un cantique à la Vierge.

Plus de menaces, plus d'éclats de haine, plus de malédictions.

Les notes lentes, plaintives, semblables au chant mélancolique du rossignol par une soirée de printemps, exprimaient toutes les nuances de l'affliction la plus profonde, mais avec douceur et humilité.

Si autrefois l'on n'eût pu entendre Daniel sans frémir, il était impossible maintenant de l'écouter sans pleurer.

Un moment l'artiste s'arrêta, vaincu par sa propre émotion.

Le docteur Crécelius subissait aussi le charme irrésistible de cette musique merveilleuse ; un mélange d'étonnement et de colère contre lui-même se peignait sur ses traits.

Son organisation positive cherchait vainement à secouer cette influence inconnue ; il n'osait ouvrir la bouche, de peur de trahir sa faiblesse.

Dans ce court intervalle de silence, on crut entendre un sanglot derrière la porte, et une voix secrète dit à Daniel : Elle est là !

Il reprit sa mélodie ; le caractère en devenait de plus en plus triste et abattu.

Les sons se traînaient languissamment les uns à la suite des autres, comme d'harmonieux soupirs.

Parfois, cependant, éclatait une note sonore, vibrante, d'un effet déchirant.

Au moment où les modulations s'affaiblissant paraissaient devoir s'éteindre, elle les relevait brusquement ; elle revenait sans cesse comme un adieu dans la bouche de deux amans qui vont se séparer pour toujours.

Enfin, cependant, un point d'orgue grave et solennel termina le morceau ; on n'entendit plus que le bruit sourd du vent qui s'abattait sur la maison, et l'artiste, se tournant vers Crécelius, lui dit d'une voix étouffée : « Partons ! »

Mais la porte s'ouvrit lentement ; Frantzia, le visage baigné de larmes, parut sur le seuil.

— Daniel, pauvre Daniel, dit Frantzia avec effort, j'ai été bien dure envers vous... Pardonnez-moi et plaignez-moi... Adieu !

— Frantzia, s'écria Richter en s'élançant vers elle, vous m'avez donc compris ? Vous savez donc...

Mais la jeune fille le cloua à sa place d'un geste imposant.

— N'approchez pas, ne me touchez pas ; avez-vous oublié le défilé de Rosstrapp ?... Qu'êtes-vous venu chercher ici ? Un mot de pitié ? Je n'ai pas eu la force de le retenir sur mes lèvres... C'est assez, trop peut-être !

— Elle a raison, mon ami, elle a raison, dit le docteur avec autorité en prenant le bras de Daniel ; vous avez obtenu plus que vous ne deviez espérer... Maintenant, séparez-vous, il est temps.

Et il voulut l'entraîner dehors ; mais Richter resta immobile.

— Quand l'univers entier se liguerait contre moi, s'écria-t-il, sache-le bien, Frantzia, je t'aimerai toujours... toujours... toujours !...

— Hélas ! et moi, répliqua la jeune fille avec égarement, me crois-tu donc plus forte contre moi-même ? Ta pensée me suivra jusqu'à la mort, en dépit de ma conscience et de mon devoir !

— Imprudens, que faites-vous ? dit Crécelius ; ne pouviez-vous contenir l'aveu de cet amour insensé ?... Maudite soit cette musique qui amollit ainsi les âmes les mieux trempées ! Je crains... Mais qui vient ici ? s'interrompit-il avec effroi en prêtant l'oreille.

— Mon père et Rodolphe, sans doute, dit mademoiselle Stengel.

— Il ne manquait plus que cela ! Daniel, hâtez-vous de vous couvrir de votre manteau, et... prenez garde.

Comme il achevait ces recommandations, le bailli et son fils entrèrent dans la salle, et se mirent à secouer la neige qui s'était attachée à leurs vêtemens.

— Grande nouvelle ! Frantzia, ma sœur chérie, s'écria Rodolphe sans remarquer les étrangers, tu vas être bien surprise et bien heureuse !

— Il est peu de choses, Rodolphe, qui puisse désormais me surprendre ou exciter ma joie.

— Comment, mon fils, dit le justicier avec sévérité, est-ce ainsi que vous annoncez à votre sœur la mort de ce pauvre diable ?... Mais nous avons de la compagnie, je crois, et...

— Bonjour, bailli, dit le docteur en s'avançant précipitamment, de manière à masquer son compagnon ; je craignais déjà d'être obligé de partir sans vous voir, après avoir fait un long détour pour vous visiter.

Le vieil Hermann accueillit avec cordialité le protecteur envers lequel sa famille et lui avaient contracté tant d'obligations.

Mais pendant que Crécelius s'efforçait de captiver exclusivement son attention, Rodolphe avait envisagé avec curiosité l'autre visiteur qui se tenait dans l'ombre :

— C'est lui ! s'écria-t-il tout à coup ; oui, je ne me trompe pas, c'est bien lui !

Et il se jeta au cou de son ancien ami, qui lui rendit silencieusement ses caresses.

A l'exclamation poussée par son fils, le bailli s'était retourné ; il examina à son tour l'étranger, qui ne songeait plus à se cacher.

— Serait-il possible ? demanda-t-il dans une grande agitation, serait-ce en effet Daniel Richter ?

— Non, non, répliqua vivement Crécelius, c'est l'illustre virtuose Gambini, premier chambellan et maître de chapelle de S. A. le grand-duc de Brunswick... Il a des titres qui constatent authentiquement ces diverses qualités...

— Mais l'illustre Gambini et Daniel Richter sont une même personne ! s'écria le jeune Stengel avec transport.

Frantzia courut à lui.

— Rodolphe, Rodolphe, dit-elle tout bas d'un ton de reproche, tu le perds encore une fois !

— Non, ma bonne sœur, ne m'accuse pas d'être retombé dans la faute que j'ai déplorée si longtemps ; mon affection turbulente ne lui sera pas fatale... Et tiens, regarde déjà !

Le vieux bailli avait ouvert ses bras à Daniel, et ils se tenaient étroitement embrassés.

— Mon père... mon père aussi ! murmura Frantzia ; en vérité, je crois rêver.

— A la bonne heure, monsieur le bailli, dit le docteur Crécelius avec satisfaction ; il est bien de se relâcher, quand il le faut, d'une sévérité stoïque... L'humanité ne peut perdre ses droits.

Le magistrat se dégagea enfin doucement des étreintes de Daniel.

— Richter et vous, monsieur le doyen, reprit-il gravement, ne vous y trompez pas ; malgré mon affection secrète et ma vive sympathie pour celui qui fut autrefois le fiancé de ma fille, je n'eusse jamais osé avouer ces sentimens, si je ne venais d'acquérir la certitude qu'il n'a pas commis l'odieux assassinat dont je l'ai cru coupable...

— Quoi donc ? bailli, demanda Crécelius en se redressant d'un air de dignité blessée, prétendriez-vous que je me sois trompé moi, professeur et doyen de la Faculté de médecine de Gœllingue, en attribuant à un acte de violence la mort de Wilhelm Pinck ? Heureusement les procès-verbaux d'autopsie existent, et je prouverai...

— Patience, docteur, interrompit Hermann Stengel en souriant de cette excessive susceptibilité du savant, vous ne vous êtes pas trompé ; vous n'avez pu vous tromper, je le sais. Je veux dire seulement que Pinck a été assassiné par un autre que Daniel...

— Mais qui donc alors ?...

— C'est Samuel Toffner, l'ancien chef de musique des bergmans ! s'écria Rodolphe.

— Samuel Toffner ! répéta Daniel en tressaillant ; qui accuse ainsi mon pauvre vieux camarade ? Ce n'est pas moi. Monsieur le bailli, souvenez-vous que ce n'est pas moi.

Brave et généreux garçon, reprit le justicier avec émotion, en lui serrant la main, vous n'avez plus besoin de vous sacrifier pour l'ami qui vous resta fidèle dans l'infortune... Toffner vient d'expirer, et, au moment de mourir, il a déclaré d'une manière légale et solennelle qu'il était seul coupable du meurtre de Pinck.

— Et voici cette déclaration, ajouta Rodolphe ; elle est signée de nous et de deux témoins que mon père a jugé à propos de faire appeler.

— Dieu du ciel ! s'écria Frantzia avec exaltation, j'avais donc raison de l'aimer !

Le docteur Crécelius semblait avoir peine à comprendre cette étrange révélation.

— Quoi ! Daniel, demanda-t-il, vous avez eu le courage d'assumer sur vous la responsabilité d'un meurtre aux yeux de tant de personnes honorables, aux yeux de Frantzia elle-même ? Vous avez compromis votre bonheur, votre repos pour un pauvre vieux fou qui vous avait donné autrefois quelques marques de dévouement !

— Peut-être, monsieur, vous exagérez-vous ma générosité, répondit l'artiste modestement. D'abord j'ignorais que ce vieillard faible et inoffensif pût être le coupable ; et plus tard, quand les soupçons me sont venus, je n'ai pas eu le courage de les éclaircir... Je frémissais des conséquences terribles qu'une pareille découverte devait avoir, quand je songeais à l'inflexibilité de monsieur le bailli Stengel dans l'exercice de ses fonctions...

— En effet, dit le magistrat, le crime reconnu, rien ne m'eût empêché de faire justice... Le coupable le savait, et c'est ce qui l'a décidé à profiter du silence de Daniel. Depuis l'époque du meurtre, il avait quitté la compagnie des musiciens des bergmans, et il s'était retiré dans un village, à quelque distance de cette maison. Là il vivait seul et misérable, en proie au remords, car il ne pouvait oublier ce qu'avait coûté son salut à monsieur Richter. Enfin, malade et sentant sa mort prochaine, il m'a fait appeler ce matin ; il m'a tout conté dans les plus grands détails. La nuit du meurtre, il se trouvait sur le Rosstrapp, attendant le retour de Daniel ; il rencontra Pinck, et une lutte s'engagea entre eux, à la suite de quelques paroles offensantes prononcées de part et d'autre. Samuel, emporté par sa haine, frappa le secrétaire de son couteau, dont la lame se brisa ; le voyant renversé mais respirant encore, il le précipita dans le gouffre pour mettre sa mort sur le compte d'un accident... Ces faits maintenant ne peuvent plus laisser le moindre doute. Rodolphe et moi nous avons vu le désespoir de ce malheureux, qui se tordait sur son lit de mort en répétant sans cesse : « Ichabod ! Ichabod ! ma gloire est passée ! j'ai tué l'Egyptien et je l'ai caché dans le sable ; mais son sang s'est élevé contre moi ! » Cette scène terrible a eu lieu en présence de plusieurs autres personnes, qui pourraient en témoigner au besoin.

Il y eut un moment de silence.

— Sur mon âme, dit enfin le docteur Crécelius avec émotion, nous avons tous été bien cruels envers ce pauvre Richter !

— Oh ! oui, bien cruels... Mais il est dans la condition humaine de se tromper souvent.

— Moi je n'ai jamais cru Daniel coupable de ce meurtre ! s'écria Rodolphe.

— Et moi, dit Frantzia, quand l'évidence semblait claire comme la lumière du jour, je cherchais encore à m'abuser dans le secret de mon cœur !

— Peut-être, reprit le bailli à demi-voix, trouverons-nous moyen de faire oublier à monsieur le chambellan les chagrins sans nombre que nous lui avons causés... surtout si ma fille veut nous aider.

— Oh ! ma vie entière sera consacrée...

Elle n'acheva pas et cacha son visage dans le sein de son père.

Une bouche brûlante s'appuya sur sa main ; Daniel, à genoux devant elle, délirait de joie, et tous les assistans, même le docteur Crécelius, laissaient librement couler leurs larmes.

CONCLUSION.

Trois mois après, le colonel baron de Wernigerode, comte régnant de Stolberg, donnait dans son château une fête splendide pour célébrer les noces du *chevalier* Gambini (un prince d'Allemagne avait récemment donné ce titre à l'illustre maestro) avec la fille du bailli du Brocken.

La compagnie se composait de barons, de ducs, et même d'altesses du voisinage.

Toute la journée s'était passée en danses, festins et concerts ; le soir, une magnifique illumination fit resplendir la façade du château et les vastes jardins de la résidence. Au milieu de la foule aristocratique, les nouveaux époux, appuyés l'un sur l'autre, recevaient les félicitations et les souhaits de bonheur.

Frantzia était charmante avec ses riches bijoux et ses vêtemens blancs ; le marié, plein de grâce et de dignité dans son bel uniforme de chambellan, avec sa clef d'or au côté et ses décorations sur la poitrine ; tous les deux semblaient saluer avec joie l'ère de bonheur qui commençait pour eux.

Au fond d'un bosquet du jardin, d'où il pouvait voir la fête qui se donnait dans la grand'salle du rez-de-chaussée, Mathias, en uniforme de brigadier des bergmans, disait à son ami le vieux Fritz :

— Cette noce ne ressemble guère à celle que nous vîmes il y a quelques années au Brocken, monsieur Fritz ; la mariée, quoique ce soit la même personne, n'avait pas cet air calme et content.

— Et le marié cette bonté, cette politesse bienveillante pour les grands comme pour les petits !

— C'est vrai, monsieur Fritz ; mais j'ai beau le regarder... par mon tablier de cuir ! ce noble italien, ce seigneur Gambini, malgré ses galons et ses rubans, ressemble merveilleusement à un malheureux jeune homme que j'ai connu autrefois...

— A qui donc, cousin Mathias ?

— A l'ancien ennemi de Pinck, répliqua le forgeron en baissant la voix, à celui qu'on appelle le pendu de Gœttingue.

— Bon ! quelle sottise ! Est-ce que les pendus ressuscitent ?

— Hum ! quelquefois, dit Mathias avec un mélange de bonhomie et de finesse. Vous ne devriez pas avoir oublié ce qui se passa un certain jour dans la chapelle de ce château, au temps de l'ancien seigneur... d'autant moins que je vous ai toujours soupçonné, monsieur Fritz, d'avoir joué un rôle dans cette histoire d'apparitions et de revenans.

— En vérité, Mathias, vous devenez fou, interrompit le vieux domestique d'un ton d'humeur. Où avez-vous pris de pareilles idées ?

— Écoutez donc ; on jase, on jase là-bas, à la mine... Moi, je l'avoue, je soupçonnais d'abord quelque espièglerie de notre Wildmann ; mais on m'en a tant dit, sans compter que j'ai des yeux et un peu de mémoire...

— Au diable vos yeux et votre mémoire, cousin Mathias ! Mais vous avez aussi des oreilles, et retenez bien ceci : Forgez des contes à perte de vue sur le wildmann du Harz et ses espiègleries, libre à vous... Mais en tout ce qui concerne le pendu de Gœttingue, et monsieur le chambellan, et l'apparition de la chapelle, et monseigneur, et moi-même, retenez bien votre langue, car un mot imprudent pourrait vous coûter cher.

— Comme vous dites cela, monsieur Fritz ; qui donc pourrait s'offenser si un pauvre bergman tel que moi exprimait ses conjectures sur toutes sortes de choses ?

— Les invisibles ! répliqua Fritz d'une voix sombre.

Mathias frissonna et resta interdit.

— Bien, bien, balbutia-t-il enfin ; il suffit, monsieur Fritz : je comprends... ou plutôt je ne comprends pas, mais n'importe... ! du moment que les invisibles l'ordonnent, je serai muet comme un poisson.

Le bonhomme tint parole ; malgré son goût pour les récits merveilleux, il ne voulut jamais s'expliquer sur les événemens de cette histoire auxquels il avait pris part.

Pendant cette conversation, Frantzia, appuyée d'un côté sur son frère, de l'autre sur le docteur Crécelius, était sortie de la salle du bal pour respirer un peu le frais, laissant Daniel causer avec le seigneur de Stolberg.

En se promenant dans un magnifique jardin, par une soirée délicieuse, elle disait au docteur d'un ton pénétré :

— Que ne vous dois-je pas, monsieur le doyen ? Cette gloire, cette fortune, ce bonheur immense et inespéré, tout cela est votre ouvrage !

— Vous êtes notre bienfaiteur, ajouta Rodolphe ; nos âmes, nos existences vous appartiennent.

— Prenez garde, jeunes gens, dit le savant en souriant ; peut-être le moment est-il venu de vous faire comprendre que mes services ne sont pas entièrement désintéressés...

— Parlez, parlez... Qu'attendez-vous de nous ?

— Vous, d'abord, Frantzia, vous ne vous plaindrez pas trop haut, je l'espère, que j'aie fait connaître au monde des *crecelianus* et des *creceliana* qui auraient dû porter d'autres noms...

— Quoi ! monsieur, pouvez-vous comparer à de semblables bagatelles les bienfaits sans nombre dont vous nous avez comblés ?

— Des bagatelles, jeune fille ? Des découvertes à rendre jaloux le grand Linneus lui-même !... Mais si vous avez cette opinion, soit ; tout est bien ainsi, et considérons-nous comme quittes... Pour vous, maître Rodolphe, j'ai autre chose à vous demander.

— Quoi donc ? monsieur le doyen.

— C'est qu'un jour, lorsque vous aurez succédé à votre père dans sa charge de bailli du Brocken, vous ne vous montriez pas trop sévère, en dépit des ordonnances et des rescrits impériaux, envers ceux qui se feront reconnaître à vous pour membres de cette association à laquelle vous devez le salut de votre famille.

— J'irai plus loin, docteur, répliqua Rodolphe en baissant la voix, et je solliciterais moi-même la faveur de prendre rang parmi eux, si certains scrupules...

— Dites-les-moi hardiment... Je ne serai pas tout à fait aussi sévère pour vous qu'autrefois dans l'enceinte du mall, quand vous nous bravâtes avec tant d'imprudence.

— J'ignorais alors que des hommes puissans et éclairés, tels que le noble comte, notre seigneur, et le docteur Crécelius, fussent les chefs des invisibles. Cependant, je ne comprends pas encore le but de cette association, et ses formes bizarres ont pu me paraître toucher à l'impiété...

— Ne faut-il pas frapper vivement l'imagination du vulgaire par un étalage de mystère et de puissance ?... Mais nos doctrines, débarrassées de cette vaine fantasmagorie de mots et d'images, réservée aux initiés vulgaires, ne peuvent que satisfaire l'âme chaleureuse de Rodolphe Stengel.

— Et quel est leur but, docteur ; vous est-il permis de me l'apprendre ?

— Oui, car en ma qualité de chef suprême, j'ai le droit de lier et de délier, et je sais à qui je m'adresse... Ce but, c'est *la liberté et la régénération de l'Allemagne*

FIN DU ROI DES MÉNÉTRIERS.

Par — Imprimerie J. Voisvenel, rue du Croissant, 16.

www.ingramcontent.com/pod-product-compliance
Lightning Source LLC
LaVergne TN
LVHW051509090426
835512LV00010B/2432